谷口
TANIGUCHI
RYU-RYU
流々

はじめに

わたしたちは歴史のなかに生きている。毎日が歴史の一頁といってもよいだろう。一瞬一瞬は過ぎ去り、その積み重ねがその人の、その街の、その国の歴史になっていく。

でもそのなかで、ほとんどの人は人類の歴史に名前を刻むことはない。それでもわたしたちは生活し、暮らし、生きている。歴史上は名もなきわたしたちだけれど、時に必死に、時にだらだらと毎日を生きる。

そんなわたしたちを主人公にした番組を作りたいと思った。歴史に残ることを成し得た人物ではないけれど、それでもそんな人々に会って話を聞いてみたい。

わたしたちの毎日は小さな積み重ねの連続で、それさえもできずにつまずいたり、言い訳したり、挙げ句の果てには投げ出したり…自分で決めたことのひとつひとつもできないことが多い。

そんな毎日のなかでも、とにかく「何か」をやり遂げた人、やり遂げようとあの手この手で模索する人、試行錯誤しながら自分にとっての「何か」をやっと見つけた人、そんな人たちがいる。それはきっとわたしたちのことだと思う。そんなわたしたちを主人公にしたら、きっとそれぞれの物語がわたしたちの生きるこの時代の物語になるんじゃないか、と。

そしてそれを観れば、考え方ややり方がちがっても、それぞれが気づくことはきっとあるはず。

この番組の舞台は京都である。日本の歴史を語る上で京都を欠かすことはできない。そんな京都で、わたしたちの物語が繰り広げられている。未来の教科書に載らなくても、わたしたちは京都で必死に生きた人たちである。

これはその番組「谷口流々」の書籍版。出演してくださった方に感謝です。みなさんそれぞれの物語をわたしが勝手に「わたしたちの物語」なんて言ってごめんなさい（笑）。

それぞれの物語がテレビでオンエアされるだけではもったいなくて、どうしても形に残したいと…放送の仕事をしているとオンエアは基本「流れる」だけになってしまうので、形に残すことに憧れるのです。デジタルなのかアナログか、とかよりも形に残すことに一度ぐらいはこだわりたい（結局アナログです。笑）。この番組は「物語」なんだから、本にすることに意味がある！と、思うのです。

谷口流に毎週の主人公のそれぞれの物語をきくことができました。そしてこの本を読んで頂いて、それぞれの物語が同じ時代を生きるわたしたちの物語になることを願っています。

谷口　キヨコ

もくじ

谷口流々

TANIGUCHI RYU-RYU

CHARACTER

#001

大行寺住職

英月さん

2015年より真宗佛光寺派大行寺の住職を務める。著書「そのお悩み、親鸞さんが解決してくれます」を出版。
現在「毎日新聞」で映画のコラムを執筆中。

大行寺 HPあり

☎ 075-341-7010

京都市下京区佛光寺通高倉東入西前町380（MapⒶC-2）

拝観は「法話会」・「写経の会」の時のみ

拝観は要予約・詳細はホームページ

#001

谷口　初めまして。

英月　ようこそお参りで。

谷口　ご住職、と言うふうな形でいいですか？

英月　はい、住職を務めさせていただいております。

谷口　ではもともとお家の娘さんということですか？

英月　はい、そうなんです。はい、ここの娘だった、って言うか今も娘なんですけどね。（笑）

谷口　ありがとうございます。

住職を務めさせていただいております。

大行寺

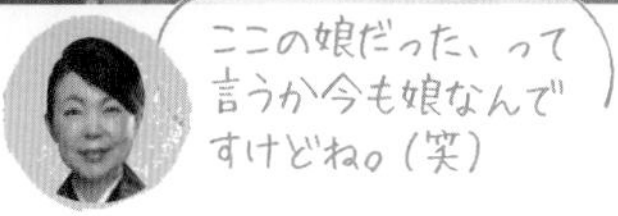
ここの娘だった、って言うか今も娘なんですけどね。（笑）

35回のお見合い

谷口　袈裟の姿も美しいですけど、やっぱり女の子やから振袖姿も…

英月　ふてくされた顔してますでしょう。

谷口　なんか、私のイメージでは、お寺の長女さんでいらっしゃるから、あと男性兄弟がいらっしゃる。

英月　はい、弟がおりますけど。

谷口　ほんなら、その人が継ぐことが決まってて、でもお寺さんの長女やからお寺さんに嫁がなあかんかった。

英月　ピンポーン！

谷口　やっぱり（笑）だから、何十回もお見合いされた。

英月　そうなんですよ。

谷口　まぁそれだけ重ねてったけど、例えばどうしても来てほしいとか、きっとそういうこともあったんじゃないかと思うんやけど、本人的に行く気は全く…

英月　相手の方がどうのこうのじゃなくって、両親…ま、他人っていうか、自分以外の者に自分の人生を決められるっていうことが、もう耐え難かったんですよね。

谷口　別に、結婚自体はしないって決めてたわけじゃなくって

英月　別にそういう訳でもなかったんですけど

谷口　はいはいはい。こうしろ、ああしろがちょっと嫌やった。

英月　二十歳になるかならないかの頃ですけど、母がね、「あなたは大きいし、可愛くもないし、賢くもないから、あ

なたにある取柄は若さだけですよ。その若さがあるうちに結婚しなさい。」ということでお見合いのお話をたくさん頂いて。

谷口　あぁ、でも、親ってえげつないこと言いますよね。私も今から思たら…

英月　でも、正直ですよね、ある意味…

谷口　言葉の暴力を結構言われてる感じが…

英月　それでも、いややいややって言って、27かな、28かな、それぐらいの時にね、母がぽろぽろと泣きましたね。「こんな年になっても嫁に行かないのはね、何か恨みでもあるんですか？親を殺したいんですか？」って。

谷口　いやいやいや、それほど心配してるってことですね。

英月　心配。まぁ、それで35回ですかね。はい。

逃避行

英月　実はお見合いだけが理由ではないと思うんですけれども、私耳が聞こえなくなったんですよ。

谷口　そんなに嫌だったんですか。

英月　本当に嫌で…

35回のお見合い
「ちょっとお手洗いに行ってまいります。」って言って、そのままとんずらしてしまったり、とかね。
ちょっと懐かしいですね。ずらかったんですね。

谷口　完全なストレスの塊じゃないですか。

英月　そうです。このままではいけない。っていうので、場所だけでも、環境だけでも変えようかなということで、アメリカに「家出」しました。

谷口　でも、それ、わかった時はもう親御さんは「じゃ、行っといで。」だったんですか？

英月　ちょっとバケーションに行ってまいります。ま、長くても半年くらいかな？って言って10年かな。

谷口　ハハハ、長いバケーションやな。それこそまさに逃げるようにして行ったってことは、そこで何があるとか、何をしようかとかっていうことではないわけですよね。10年間、何してはったんですか？

英月　あのー、本当、いやもういろいろしました。まず行って気付いたんですけど、私、英語ができるかなと思ったんです、イタリア語やスペイン語に比べたらね。This is a pen. って言えるから。

谷口　イエスイエス！（笑）

英月　でも、空港着いた瞬間に「あれ？ちょっと英語できないかも。」って思って。

谷口　空港でThis is a pen.使いませんよねぇ（笑）

英月　そうなんです。（笑）で、ま、英語できない、別に友だちがいるわけでもなく、お金がたくさんあったわけでもなく、だからもう無い無い尽くしの中で。だからもうほんとに生きるためというか…サンフランシスコで（笑）たまたまなんですけれども、ふと見つけたオーディションを受けましたら受かりまして、テレビCMに出まして、

谷口　え〜っ！何のCMですか？

英月　ポン酢。

谷口　ポン酢！ということはAre you a ポン酢girl?

英月　Yes!　ポン酢ガールと呼ばれて

谷口　はぁ〜

英月　で、そのCMが全米に流れて、自分で言うのもなんですけど、好評やったらしく、そういったお話が続いて来たんです。でもそんなん、食べていけるほど世の中甘くないんで。ほんとにいろんな仕事しました。それこそカフェでコーヒー作ったり、ホテルのフロントで働いたりとか、一番長かったのがラジオのパーソナリティー、あ、英語じゃないですよ、日本語ですけどね。

谷口　いや〜、でもね、そんなんしてるんちゃうかなってちょっと思ってました。あまりにも話がするする進むんでね。おんなじ業界の臭いはしてたんですけどね。どんな番組してらっしゃったんですか？

英月　もういろいろしてました。ニュースを読ましていただいたり…一番長くしてたのが歌番組です。

谷口　歌番組。日系のラジオでどんなんかけるんですか？

英月　演歌が多いですね。日本に居てる時演歌、あんまり好きじゃなかったんですけど、アメリカで聞いたら号泣！ストーブ列車、ガー！みたいな、出稼ぎ帰ってくる、ガー！みたいな。そこでね、もっと言えば、今まで当たり前やったことが当たり前じゃない、生きてるってことも意識するんですよね。最初は食べるのが大変で、パンの一かけを口にするのもほんと大変やったんですよね。

谷口　お金ないとねぇ。

英月　恥ずかしながら、私は30過ぎてアメリカで知りましたね。

谷口　いやぁ、行って良かったですねぇ。

英月　ほんま良かったです。（笑）

写経の会

英月　アメリカ渡って5年目ぐらいかな、友だちが飼ってる猫ちゃんが亡くなったんですよ。

谷口　ふんふん。

英月　で、あまりにも悲しんでる姿を見て、思わず「良かったらお葬式するけど。」って言っちゃったんですよね。で、お願いするわって言われて、言ったけど私何も知らんしって思って、お経さんわからないんですよ。でも、門前の小僧じゃないですけど、短い短いお経さんっていうか偈文《げもん》を覚えてましたんで、それだけで、枕経、お通夜、お葬式をさしてもらったんですよ。

谷口　そしたら、その死んだ猫ちゃんの飼い主さんはどうだっ

出会った皆さんによって作られた今の私です!

たんですか?

英月　すごいまあ喜んでくれて、「ありがとう。」「救われた。」って。他にも絶対必要としてる人がいるはずだから、このお経さんを写す「写経」っていうのをやったらどうや?って。
　そこから、出会い直しじゃなくて、ほんとに出会わせていただいて…日本から本を送って頂いたりとか、たまたまその時アメリカで出会ったお坊さんたちに教えて頂いたりとか、そこで、ちょうどアメリカに渡って6年目ですかね、「写経の会」をさしてもらった。

谷口　ついに、「写経の会」を開くまでになった。

英月　毎月1回「写経の会」始めたんですよ。宗教の集まりじゃなくって、お経さんと向き合うことによって自分と向き合う、手立て、お経さんを一つの鏡みたいに使っていただきたい。

谷口　あぁ~、ま、「読書会」じゃないですけどそういう感じですかね。

英月　と思ってやってたんですけれども、集まって下さる方がだんだん変わって来たんですよ。

谷口　ほおほお。

英月　で、お寺作ろうって話になったんですよ。アメリカなんで、弁護士さんに相談したりして、そしたらまた別の資格がいるっていうので、日本に帰ってきて資格を取りに行ったんですよ、本山まで。その時に両親が、本当に不思議がって、「なんでそんな資格を取るんや。必要ないやないか。」と。

谷口　逆に!

英月　そう。変えられたっていうか、それこそ「写経の会」に集まって下さる方たちによってお坊さんにならしめられたというか、周りの方たちによって、ならしていただいたような気がします。
　つくづく思うのが、よく「過去は変わらない。でも、未来は変えられるから…」

谷口　過去は変えられないとか言います。

英月　言わはりますよね。でも私本当思うのは、「過去って変わるんやな」って。

谷口　えー、変わります?

英月　過去の話を話しましたけども、ああいった話ってはっきり言って恥ずかしい話なんですよ。でもそれが話せるっていうのは、それがあったから今の私があるんですよね。今がこう受け止められると、過去って変わるんですよね。

谷口　んーん、はい。自分の今の受け止め方、受け取り方。そう思うとフォーカスしているのは今ですよね。今に一番フォーカスしていると、そして今を大切に生きていると、よく「この苦しみがあったから今がある」、とかその考え方ではなくて、その苦しみも苦しみとさえ思わなくなって。

谷口キヨコの流々通信

「英月さん」

京都を舞台にした番組で、初回の主人公はお坊さん。しかも華やか、といってぃいほどの女性僧侶だ。京都の人口の何パーセントが僧侶かは知らないが…、他の街に比べてその割合が高いことは間違いない。京都で街を歩けばお坊さんにあたる…、居酒屋さんで、歯医者さんで、ゴルフ場で…(筆者実話w)。知り合って何年かしてから発覚して、実はお坊さんでした、お寺さんのお子さんでした、も京都あるあるかもしれない。

英月さんも、袈裟でなければメインストリートの四条通を颯爽と歩くキャリアガール。でも、そうなのよね、お坊さん女子とてキャリアガールといってもよいのかもしれない。仏の道をわたしたちに説いてくれるお坊さんの、それは仕事なのか生き方なのか、そのことは私にはわからない。生きることの意味を問い、その答えを出すために王子という立場を捨て、悟りを開いた仏陀王子時代。他人からは幸せな日常だったと思うけど、彼にとっては満足できない日々だったのだ。どんなことをしたとしてもわたしたちがその境地に辿り着くことはない。そしてわたしたちの日常も、平穏な日々が自分にとって幸せな時間に思えないことがある。一度手放してやっとわかる日常のありがたさや幸せ。それを感じることがわたしたちレベルの悟りなのかもしれない。人生はそのための修行なのかもしれない…。英月さんは自分の道を京都から離れて見つけた人。だから英月さんの今があり、その今が過去さえも変えてしまえると彼女は言う。人生は修行、仏様はどう説いておられますか。

英月　そう。でも出会いですよね。ほんとに出会った皆さんによって作られた今の私のような気がします。

谷口　そうですね。出会えて良かったです。

英月　ほんとに私もうれしいです。

谷口　ありがとうございます。

英月　ありがとうございます。

英月さんを表すことば

「今」

はい！英月さんに会って、「今」を感じました。丸で囲んだのは、1周回って今。過去も変えられる今の力、素敵です。

英月さん　大行寺住職　＃001

#002

ヤサカ自動車　四つ葉タクシー運転手

林　洋介さん

2014年にヤサカ自動車に入社。
2016年より、四つ葉タクシーの運転手を務める。
好きな言葉「一期一会」。

ヤサカ自動車㈱ HPあり
☎ 075-842-1214
京都市下京区中堂寺櫛笥町 1（MapⒶA-2）

#002

谷□　初めまして。
林　どうもありがとうございます。
谷□　今回、よろしくお願いします。
林　いつもありがとうございます。
谷□　失礼します。ウフフ、不思議な気分。
林　いつもヤサカをご利用ありがとうございます。本日の乗車記念でございます。
谷□　うわー！四つ葉タクシーですよね。
林　そうですね。
谷□　乗車の記念証とあとこれシールですよね。
林　シールですね、中に、はい。
谷□　何台ぐらいに何台あるんでしたっけ？
林　約1200台中の4台でございますね。
谷□　なんで、1200台の内4台を四つ葉にしようかなって思ったんかなって。
林　元々はお客様の声から生まれた車でして、たまたまお迎えに上がった車両の三つ葉のクローバーに落ち葉が偶然くっついてたんですね。「その車に乗ってからラッキーなことが続いたので。是非そういう車を走らせてほしい」というお客様の声で作ったんです。

谷□　幸運とかラッキーっていうキーワードに基づく理由がちゃんとあるということですね。
林　そうですね。
谷□　「あぁ、四つ葉や！」と思って乗る人と、わかってないまま乗る人と割合どれくらいやと思わはります？
林　8割ぐらいのお客様はお気づきになられてないですね。絶対うそや、っていうような反応が多いでしょうかね。
谷□　絶対嘘!?絶対嘘ってどういうこと？
林　四つ葉にそんな、乗れるはずがないから、と。
谷□　え？そんなに？
林　はい。
谷□　人間ってそんなにネガティブなもんですかね。
林　(笑)
谷□　じゃその少なめのわかって乗る2割の方は、どんな感じですか？

ヤサカ自動車　四つ葉タクシー運転手
林　洋介さん　＃００２

林　大体が、追いかけて来られる方、というのが多いでしょうかね。で、運転しながらルームミラーなんかで見ますから、必死に手を振りながら追いかけて来られると、ちょっと逃げたくなるというような時も結構ございます。

谷口　ちょっとしたホラーですよね。

林　そうですね。

谷口　こんな方いらっしゃいましたって方、いかがですか？

林　そうですね。お叱りを受けるという時もございますね。

谷口　うそやん。

林　2名様であったり複数名様で乗られると、お話割ってまで「四つ葉です。」とは言いませんので。

谷口　そうか。お話の続きでそのまま乗ってきて、中でもずっとしゃべってるって場合がありますよね。

林　そうですね。ま、ご降車の際に、「実は四つ葉でした。」ということを言うと「なぜ最初に言ってくれなかったのか。」と。

谷口　なんで最初に聞きたいんかな、それは。

林　もう少しラッキーな気分に浸りたかったと。

谷口　あ、そうか。もう降りるやないか、と。「ラッキー!」と思いながら車内でワイワイしたかったという。

林　そうです。

谷口　それはもう残念やけど、しゃーないよね。(笑)

プレッシャー

谷口　プレッシャーってどういうことですか？

林　やっぱり、四つ葉のクローバー号というと会社の看板でもありますから、普段の運転自体が、一般車の方からも見られますし、ま、そういった面ではプレッシャーですよね。何事もなく無事に仕事を済ませないといけないという…

谷口　1200台で4台じゃないですか。

林　はい。

谷口　選ばれた人ですよね。

林　そうなんでしょうかね。(笑)

谷口　これは立候補ですか？

林　いや、会社から指名を。

谷口　「あなただ!」って言われるわけですよね。

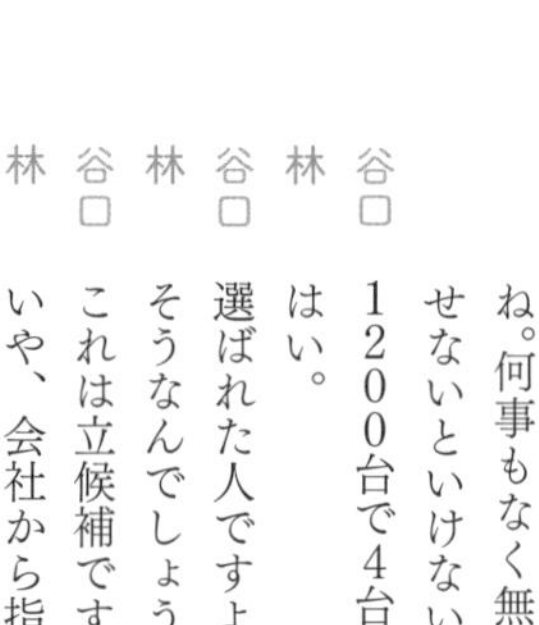

林　そうですね、条件的には無事故無違反であること。

谷口　これまでの実績が無事故無違反。

林　あとは、あまり前に出ない人。とかもあるんでしょうかね。(笑)

谷口　どんなふうに最初聞いたんですか？

林　私の場合は所属長に呼ばれまして。

谷口　呼ばれた時は？

林　もう多分怒られるんだろうなと思いながらは

行きましたけど。

谷□ たいがいそう思いますよね。

林 そうですね。

谷□ 俺何かやらかしたかな?みたいな。ほんで行ったら…

林 いついつから四つ葉に乗りなさい、と。

谷□ その時の正直な気持ちは?

林 正直な気持ちは、光栄であるなとは思いましたけど、心の中では、「かなわんな。」とは思いましたね、はい。

谷□ (笑)正直かなわんな、とはどういうことですか?

林 プレッシャーであるというのは乗る前から思いましたから、自分にできるのかというのはありましたね。

谷□ で、最初に乗った時にはいかがでしたか?

林 ご年配のご夫婦が乗っていただきまして、お供している間はずっと冷や汗が止まらず、言われた場所をですね、忘れたので…もう一度目的地を聞き直すということがありましたね。

谷□ そういうことが…緊張してたんですね。

林 やっぱり緊張しましたね。

谷□ そして、記念品渡す時。

林 手が震えて、お渡しする時やっぱり後ろを振り向いて渡すんで、片手で渡すことになるんですけど、「片手ですみません。」という一言も忘れて、大変失礼なことをしたと思っていますね。

谷□ でも喜ばれてたんですよね。

林 はい、喜んでいただいてましたね。

谷□ 大変なプレッシャーっていうのは、今、なんか具体例を聞いてよくわかったような気がします。

感謝の手紙

谷□ 私がちょっと参考に1枚、手紙をね、いま見せてもらってるんですけども、大学受験のための調査証って言うのを高校に受け取りに行く時やったみたい。その時に乗られたみたいですよ。そしたら、四つ葉タクシーの運転手さんが「必ず合格されますよ!」って言ってくれて、息子さんの分も乗車記念カードをもらって、お守り代わりで持ってはったの。そしたら、合格した。こういう感謝の言葉って、やっぱり、その時であるとか、後々とか、あるんですかね。

林 多いですね。基本的に一期一会の世界ですから、常に気持ちよくご乗車いただいて、気持ちよくご降車いただくっていうのはやっぱり心がけて毎日乗っていますね。

谷□ 特に覚えてる、出来事ってあります?

林 ご乗車いただいた、若いカップルなんですけど、先に女性を送る、と。女性のご降車の場所に着きまして、実は「四つ葉でした。」とカードをお渡ししたんです。すると男性が「じゃ、ちょっと待ってくれ、降ろさずにちょっとどこでもええから走ってくれ」と。

谷□ ほおほおほお、着いたのにね。

林　そうですね。「もう一度発車してくれ。」その時に「結婚してください！」と。

谷□　車内で？

林　そうですね。せっかく四つ葉に乗ってるから、この時に言うわって。「結婚してくれ。」女性も「わかりました。」と。

谷□　えっ、車内プロポーズ。

林　そうですね。はい。

谷□　＠四つ葉タクシー。はぁ〜、それ結構、幸せの頂点レベルの話ですね。

林　なんかこんな場所に自分が一緒にいていいんだろうか、と思うような。

谷□　たいがい二人きりのところで言うことじゃないですか。そこに立ち会ったってことですよね。

林　そうですね。そんな経験はやっぱり普通ではできないですよね。

大切なもの

谷□　ご家族の写真ですよね、これ。

林　そうですね。はい。

谷□　奥様と息子さん？

林　はい、いつも肌身離さず持っている写真ですね。

谷□　どんな思いでその写真をずっと持ってらっしゃるんですか？

林　このタクシーに乗り始めた時から持ってるんですけど、常にこれを見て、平常心を保つんですね。少しイライラしたり、不安定な時にこれを見て心を落ち着かせて、必ず無事故無違反で帰るようにこの写真に誓って運転しますね。

谷□　あぁ、そうか。家族のところに自分が無事に帰るということと、なんかこう、お客様を送るということは共通してるような気も私もしてるんですけど。

林　ま、一緒ですよね。やっぱり無事に送り届けるっていうのは絶対ですから、それにプラス気持ちよく、ですよね。

谷□　送るっていうことの積み重ねが、ご自分が無事にお家に帰るっていう

林　ま、イコールですね。

谷□　でも林さんがそうやってご家族の写真を見てほっこりするみたいに、ご家族で乗られる方もいるし、みんながそこに戻っていく、それをこれが運んでいく…私今、うまいこと言いましたよね。

林　はい。そうですね。（笑）

不安定な時に写真（奥さまと息子さんが写っている）を見て心を落ち着かせて、必ず無事故無違反で帰るようにこの写真に誓って運転しますね

大切なもの

谷口キヨコの流々通信 「林さん」

四つ葉タクシーのドライバーさんに会いたかった。ヤサカタクシーさんの四つ葉タクシーのドライバーさんってどんな人かな。どんな人が選ばれるのって思ってた。

実際、四つ葉タクシーに乗れば会えるけど、今回はその方とタクシーを降りてじっくり話せるわけで。これはもう1200台分の4台の確率よりはるかに低い千載一遇のチャンス！正直、私のハートは偶然に四つ葉タクシーに乗れた高揚感とはまた違うテンションの上がりかたをしていた！

そして現れた選ばれし四つ葉タクシードライバーさんは、ほっこり系の笑顔が優しい、どちらかというと物静かな方。テンションの上がりきった私は行き場のない高揚感をもて余した…。

四つ葉ドライバーの林さんは、自分が四つ葉ドライバーに選ばれたということを自慢するなんてことは全くなく、むしろそれがプレッシャーだという。乗るだけでお客さんに幸運を運ぶ四つ葉タクシー。そこで何か幸運以外のことがあってはいけない、四つ葉タクシーにネガティブはタブーなの。あの密室でそのミッションはかなりのプレッシャーだと思う。では、林さんには一体誰が幸運を運んでくれるの。お客さんを無事に送り届けたその先にあるのは林さんのお家。そこに林さんの幸運のルーツがあった。林さんにとって家族とは幸運を産み出す幸せの塊なのね。

ヤサカ自動車　四つ葉タクシー運転手
林　洋介さん　＃００２

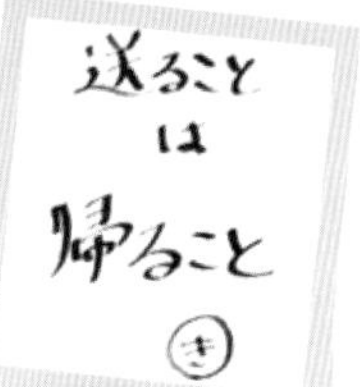

林さんを表すことば　「送ることは 帰ること」

お客様を目的地に送ること、それはイコール無事にその仕事を終えて自分の家に帰ること。大変な思いとか、プレッシャーとかわかったような気がします。でもそれを支えてるのはやっぱりご家族なんだなぁと、そしてその上に私たちは幸せだったりラッキーだったりという思いをさせてもらってるのかなと思いました。

#030

京都産業大学　准教授

久禮《くれ》 旦雄《あさお》さん

京都産業大学法学部 准教授。京都で学生生活を送り、文化史と法制史を学ぶ。元号にも精通し、元号に関する数々の著書を出版している。

京都産業大学 (HPなし) ※研究室

☎ 075-705-1411

京都市北区上賀茂本山（MapE）

#030

江戸時代の天皇（桜町天皇）の即位式の様子

谷口《たにぐち》
久禮《くれ》

谷口　よろしくお願い致しま～す。
久禮　よろしくお願い致します。
谷口　久禮《くれ》先生、もうここ何ヶ月でテレビでおなじみのになってるじゃ…（笑）
久禮　ほんとに瞬間最大風速の…（笑）
谷口　風が今吹いてますよね。
久禮　そうそうそう。
谷口　でもまさに直前という感じなんですけれども、今ちょっとキャッチーな展示会をしていると聞いたんですが…
久禮　はい、そうですね。4月30日、5月1日のご譲位とご即位を目前として、京都産業大学の図書館が所蔵している資料を中心とした展覧会を行っております。
谷口　こちらが、その中でも…
久禮　そうですね。これは、桜町天皇という、江戸時代の天皇の即位式の様子を描いたものです。現代とは違う様子がわかると思いますが…例えば、この服装などを見ていただきますと、宣命使《せんみょうし》とか、外弁《げべん》とか、書かれてる人達ですね。
谷口　はいはい。
久禮　ああいう人たちはいわゆる私たちが考える貴族とは違う…
谷口　中国風な感じがしますけれどもね。
久禮　そうですね。一番わかりやすいのは、韓流ドラマの時代劇の人が、こういう格好してます…これが、東アジアの大きな儀礼の時の正装だったということです。

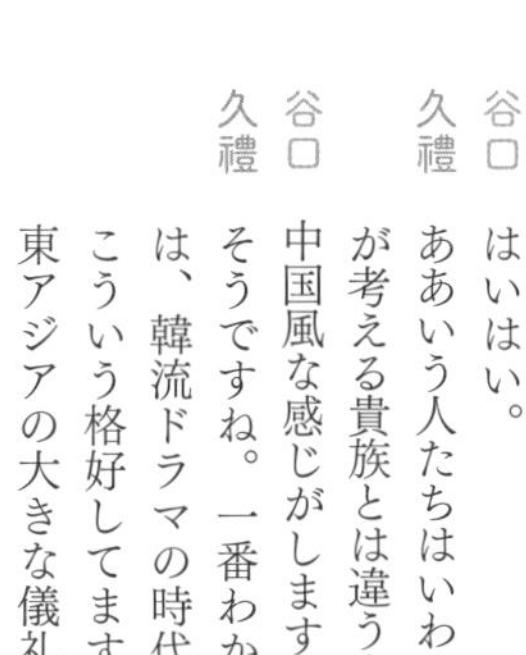

谷口　もうね、その辺の話をしたらですね、３５０時間ぐらいかかるので（周り笑い）それも是非、京都産業大学に入っていただいて、先生の講義を聞いていただく、と。

かわいげのない子ども

谷口　日本中に元号に詳しい先生として今回知れ渡ったわけですけど…
久禮　はい。
谷口　いろんな視点から元号って見ると思うんですが、先生はどの部分から見て、お詳しいという形になるんですか？
久禮　制度の問題。元号という制度がどういう風にされてるかという問題から、いわば日本法制史としてのアプローチということになります。
谷口　でも、お子さんの時から急にね、いきなりね、「元号ってえ

京都産業大学　准教授
久禮　旦雄さん　＃０３０

久禮　えなぁ」とか(笑)あんまりそういうことは…そういうことではないですね。まぁ、小さい頃の記憶はあいまいなんですけど、多分あんまり可愛げの無い子どもだったんじゃないでしょうか。

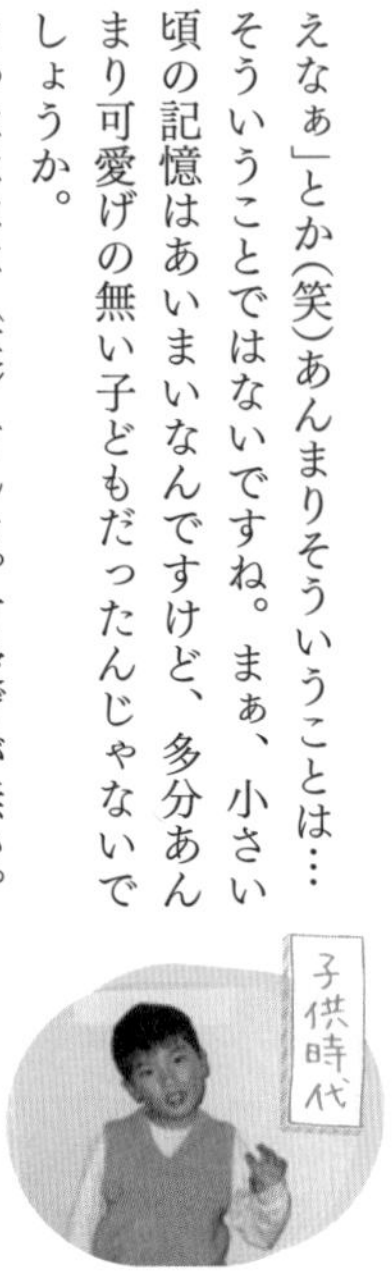

谷□　なっははは(笑)どんな。可愛げが無い。

久禮　あんまり人とは遊ばない、協調性が無い…

谷□　普通に本ばっかり読んでるとか…

久禮　そうです。そういう感じだったので…

谷□　どんな本読んでたんですか？

久禮　昔から歴史が好きでしたから、いわゆる偉人伝みたいなのから始まって、日本の歴史とか、世界の歴史とかの…

谷□　はい、じゃー、あのぅ、高校生ぐらいになったら、こういう学部に入って、こういう勉強して、例えば、研究者の道に行くとか、教員の道に行くってのはもう大体決めてたんですか？

久禮　そもそも協調性がないから、会社勤めができないです。

谷□　あっはは。自分でそれを感じたのは幾つぐらいの時に…

久禮　中学・高校の頃には、多分集団行動はダメだと。

谷□　あんまりみんなとほとんど遊んでない。何してた？

久禮　本読んでましたね。(周り笑い)

谷□　大学の時の研究は何だったんですか？

久禮　同志社大学の文化史学に行きましたので、そこで、神仏習合とか、そういう宗教史の話を少しやりました。

谷□　大学でそういう勉強されて、研究者というか、教員というか、そちらの道に進まれるということですけれども、年号の研究に行くまでちょっと間があるかなぁという感じがするんですが…

久禮　ああ～、まぁそうですねぇ。あの、法制史で元号・年号の研究者としては、京産大の名誉教授、所功先生がいらっしゃいますよね。

谷□　私も大学時代習ってたんです～。(笑)

久禮　所先生から「元号についていろいろやるから手伝ってくれ。」って言われて、次に『日本年号史大事典』というのを書くから手伝えと…

谷□　えー、じゃ別に研究室の師匠と弟子じゃないんですね。

久禮　師弟ですが、そういう関係では多分無いですね。そこで大量の原稿を書く羽目になって…

谷□　元号をどう調べるんですか？

久禮　見開き1ページで全ての元号について解説する、という事典だったので…

谷□　一個一個？

久禮　一個一個。元号の出典とか、その決める会議に誰が参加していたかとか、その元号案をどういう人が提出して誰の案が選ばれたとか、その会議ではどういう議論が行われたかとか…

谷□　そんなん、つい最近の話だけじゃないじゃないですか。

久禮　そうです。

谷□　「大化の改新」の「大化」からとかっていう…

久禮　大化の時はね、会議の様子なんか全然わからないですねぇ。

谷□　残ってないですよね。じゃ、意味とか。

久禮　そうですね。どういう経緯で「大化」という元号が決められたかとか、平安時代ならその会議に出たのは誰と誰と誰みたいなことをず〜っと…

谷口　もう、壮大な…

久禮　すごい面倒くさい…

谷口　(笑)あっはははは。研究のほとんどは、面倒くさい(笑)…

久禮　そうです、そうです。そういう面倒くさ〜いことをやらないと、人と違うこと言えないですよね。

アイドル

谷口　急に「アイドル」出て来ましたよ、ふふっ(笑)先生。

久禮　そうですね。宝塚とアイドルが趣味、そういうところです。

谷口　(笑)趣味…まず、宝塚のどこがお好きですか?

久禮　ま、一つは、宝塚は結構歴史物を扱いますので、どういう風に表現するかというのが楽しみの一つですけど…

谷口　エンターテイメントでありながらも…

久禮　やっぱり、その時代の空気をエンターテイメントの中に取り入れてるわけですよ。

谷口　や、でも、先生、そんな事ゆうて、普通に、ほら、綺麗なぁとか、素敵やなぁとか…

久禮　そういうのはありますよ。もちろんありますけど…

谷口　良かった。あります、あります。

久禮　あと、私が好きなのは、「ハロー!プロジェクト」っていう…

谷口　あ、「ハロプロ」。それはやっぱり最初のモーニング娘。ん時から…もうこれ、世代ですよね、つまり。

久禮　世代。

谷口　「日本の未来は(歌って)」…

久禮　っていうのを、モーニング娘。について言われると、現在のファンは、「そればっかりじゃない!」って怒る、という…(周り笑い)

谷口　(笑)ですか。「ウォウウォウ」ゆうてほしかったんです、今。ゆうてほしかったんですけど、言いませんね。

久禮　また、「ラブマシーン」か…(周り笑い)

谷口　はっはははもう、怒られてるやん。

久禮　後はやっぱり、「アイドルってこうあってほしい!」って求められるじゃないですか。

谷口　先生は、どうあってほしいなと思ってらっしゃるんですか?

久禮　私はその人たちが好きなようにしてくれたらいいと思うんですけど…一つのイメージとしてね、そういう人格を形成していく存在としてのいわば一つのモデルなわけですけど、それって例えば私がやってる、儀礼とか神祇祭《じんぎさい》祀《し》とか、そういう研究と相通ずるところがあると思うんですよ。

谷口　ほお、ほお、ほお、ほお。

久禮　人間として生まれた人が人間を超える存在となる、と。つまりどこに居てもおかしくない子がそこにしかいない子になる、そういうシステムがどういうふうにできてるかみたいなところに多分共通する要素があるんじゃないかって思いますね。

谷口　もう、先生、全くその通りやと思います。

また、「ラブマシーン」か…

京都産業大学　准教授
久禮　旦雄さん　#030

久禮　はははは。

谷口　そういうふうに見てらっしゃる人がこの世に中に居たんだということに、今日、本当に驚きました。（笑）

よりそうこと

谷口　今日もう4月の27日で、5月に一つ新しい時代がまさに始まるという直前の時なので、先生が今思うことをお聞きしたいなぁと思うんですけど、いかがですか？

沿線に人が立っていて陛下の電車だというと手を振るかもしれない。
あ〜、もう知らんぷりしておくわけにはいかない、と。

久禮　そうですね、4月の末で、現在の今上陛下《きんじょうへいか》がご譲位されて、新天皇陛下が5月1日に即位と、こういうことになる訳で、今上陛下がどういう天皇像を作って来られたかということはなかなか重要なことでありまして、電車なんか乗っていらっしゃる時でも、ずっと窓の外をご覧になってる。お座りにならないんですね。

谷口　んん〜。

久禮　なんでかというと、沿線に人が立っていて陛下の電車だというと手を振るかもしれない。それに対してずっと手を振り返さなければいけない。それって、なかなかねぇ大変なことだと…思いますね。ず〜っと各地に行かれても、常に笑顔でいらっしゃる。

谷口　そうですね。

久禮　なかなか大変なことだと思いますね。でもそれが今上陛下の天皇たる行為ということであったと思います。この前、陛下のお言葉にあったのが、「まだ終わっていない」という言い方をされてるんですね。象徴のあるべき姿への道はまだまだ遠いということを言われてる。まだ満足されていないということですね。

谷口　そうですね。

久禮　そういう、いわば人を超えた存在というものに、象徴としての存在にいかに天皇がなるべきかということを、今回天皇陛下が「ずっと考えていた」ということを繰り返しおっしゃられてますね。

谷口　はい。

久禮　これは非常に重要なことで、我々もそれをしっかりと受け止めて行かないといけないし、おそらくは次の新天皇陛下も継承されていくと思いますので、そういう点で、この機会に平成を振り返りつつですね、次の令和時代…

谷口　令和。

久禮　に思いを馳せるということが重要ではないかと考えております。

谷口　そうですねぇ、そう、そう。天皇陛下もいろいろお考え、ねぇ、考えながら、そうやっていらっしゃったんだなぁと、なんか初めて知ったような気がして、じゃあ私たちももっと考えないといけないかなぁ、というのも、ぐっと身近に思えたような感じが致します。

谷口キヨコの流々通信

「久禮さん」

２０１９年は日本にとってメモリアルイヤーになった。天皇の譲位により、元号が平成から令和へとかわったのだ。まさに時代がかわるそのときに、久禮先生は世間から一番必要とされた人のなかの一人である。

元号を「元号という制度がどういう風にして、維持され続けているのかという問題から、いわば日本法制史としてのアプローチから」研究しているのが久禮先生である。う～ん、難しい。簡単に言うと、元号の成り立ちや歴史について研究してらっしゃるから、それをよくご存知…、これでよいでしょうか、久禮先生。

そんな久禮先生は研究分野が日本法制史からみた元号、趣味が宝塚歌劇とアイドルだそうな。あまりにもかけ離れている…、これはあまりにも固いことをやっていると、反動ですごく柔らかい方に興味がいく、みたいなことなのか。意外にもそれはよく聞く話だが、久禮先生がこの両極端なものに興味を強く持つのはそれだけではなさそうだ。

かつて現人神と呼ばれた天皇は、戦争が終わって人間であることを自身で宣言した。令和になり、今上天皇が人間であることを否定する根拠は見当たらない。

かたやアイドル。彼女たちはかつて普通の女の子だった。しかし、自分がアイドルと名乗り、世間が彼女をアイドルと認知した瞬間から、彼女らは単なる普通の女の子、つまり私たちと同じ普通の人ではなくなり、アイドルとなるのである。ある人にとって普通の女の子だった彼女はアイドルとなり、神格化される。普通の赤ちゃんとして生まれたはずなのに、そこに生まれ天皇になっていく一人の人間。アイドルと天皇。全くちがうこの二つだが、普通の人間が普通ではない存在になっていくことに久禮先生は強く興味をひかれたようだ。宝塚のトップスターにいたっては、舞台で性別もかえてしまうのだから。普通から普通とちがう、普通を越えた何かになる。それは一体どのような人生なんだろう。

久禮さんを表すことば　**「成長」**

はいっ。先生のお話で時代も人も成長して行く。そこが非常に面白いと思ってらっしゃるのかなというふうに思いました。時代が成長して歴史になって、一人の女の子が成長してアイドルになる。それがもしかしたら神のような存在になる。
そういうことですよね、先生

京都産業大学　准教授
久禮　旦雄さん　＃０３０

#032

地域づくりコーディネーター

野池雅人さん

プラスソーシャルインベストメント（株）代表取締役社長。地域が抱える問題を解決するための活動を支援、地域の発展に貢献している。京都大学大学院、関西学院大学大学院の非常勤講師も勤めている。

プラスソーシャルインベストメント株式会社 HPあり

☎ 075-257-7814

📍 京都市上京区河原町通丸太町出水町284番地（MapⒶC-1）

#032

谷口　今日はどうぞよろしくお願いしま〜す。

野池　お願いします。

谷口　プラスソーシャルインベストメント株式会社。すみません。どのようなことをされてるんでしょうか？

野池　簡単に言うと、町づくりとか、地域づくりと呼ばれるいろいろな地域活性の取り組みについて、お手伝いをする仕事になります。

谷口　あ、なんかそういうことは、行政がするって…私たちどうしても思っちゃうんですけども、そうじゃなくって、民間の会社がする。

野池　そうですね。具体的なところで言うと…例えば、京都では「NPO法人」と呼ばれる…ご存知ですか？NPO。

谷口　NPO、NGO。NPOはなんか民間のこと。NGOはちょっと政府とか行政が関わってること、非営利団体だ。もう、そこしかわかんない（笑）

野池　NPOは、おっしゃるように企業と対照的に、営利を追求しない民間の団体のことですね。NGOも同じでして、これは行政ではないけれども、民間で様々な地域課題の解決のための事業をする、ということなので、どちらも民間…

谷口　NGOは政府とかと関わりあるんかと思ったら関係ないんですね。あ〜、やっとわかった〜。

こんな活動ってあるんだ！

谷口　なぜじゃあ今それをやってらっしゃるのかっていう…

野池　きっかけは、僕が就職活動を終えて、大学の先生に就職決まりましたっていうふうに言いに行ったんです。ま、通常、「おめでとう。」とか「頑張ったな。」とか…

谷口　まあね、褒めてくれるかなぁ…

野池　褒めてくれるかなぁと思ったらですね…「つまんないなぁ」「普通に就職して働いてどうするんだ。」みたいな…「大学院に行け！」と。で、「俺が作った大学がある。」と。

谷口　（笑）

野池　第1期になるからそっちに行こうと。

谷口　あっはは。何を勉強する大学院の学部。

野池　非常に幅広いテーマで、人間科学…「対人援助」っていう言い方だったんですけど…

谷口　人間科学、対人援助。

野池　ちょっと違う世界を見ろっていうことで紹介してもらったのがNPOだったんですね。当然言葉は聞いたことあるかなぐらいですけど、先ほどの谷口さんのようにですね、「何してんだろ？」と…ただ、行ってみてそれは僕にとってすごい変化だったんですけど…こんな働き方とか、こういう人たちが京都にいるんだと…

谷口　はい。

野池　どんな活動見に行ってたかって言うと、例えば、高齢者の方々が退職されて、これからもっと高齢化社会になって

NPO（「非営利組織」の略）
営利を追求する組織ではない民間の団体のこと（営利を追求する企業と対照的に扱われる）

NGO（「非政府組織」の略）
行政ではないけれども、民間で様々な地域課題の解決のための事業をする団体のこと（地球規模の問題解決にとりくんでいる団体をさす事が多い）

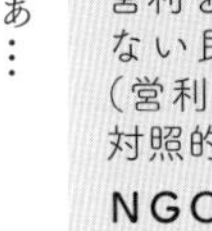

どちらも政府に関わりのない民間の団体です

地域づくりコーディネーター
野池 雅人さん　＃032

行く…

谷口　はいはい。

野池　もう退職後は余生を過ごすじゃない我々高齢者がいろんな仕事をしようと。で、自分たちで何か仕事を作って行く…そんなＮＰＯの方々にもお会いしましたし、家庭内暴力について…

谷口　あ、ＤＶ…

野池　ＤＶ、虐待を受けてきた被害者の方たちが集まって、グループになって、こういうものをやめさせせようとか…

谷口　ふんふんふん。

野池　そういった取り組みとか…様々なテーマでいろんな人たちが動いてるのを見ました。

地域に貢献したい！

野池　まだＮＰＯやボランティアについて深くは理解してないし、すごく刺激は受けたけど仕事になるとは思ってなかったんですね。

谷口　こういうことがあるんだ。すごいなぁ、と。

野池　すごいけど、僕には関係ないな、ということで、大阪の行政機関に…教育委員会が持っている、生涯学習とかがテーマの、公共施設に就職をしました。それまで、ＮＰＯとして民間でやってたところを…公共センターに行きましたら、

谷口　はい。

野池　今度は税金を使って、行政の立場でやるっていうことは、全然真逆だったんですね。

谷口　まぁ、何て言いますか、非常に硬い、と言いましょうか…

野池　そうですね。そういった仕事を3年間したという。

谷口　でも3年で終わっちゃったんですね。何か、あったんでしょうか。

野池　はい。やっぱり面白くないっていう…

谷口　あ〜っははははは（周り笑い）

野池　自分としては、ＮＰＯの活動って、やっぱりすごいことだったんだなっていうのを、一旦離れてみて改めて気づいたっていうことですね。

谷口　おお〜〜。

野池　自分たちでお金を集めて、自分たちの必要な仕事を作って、町の役に立とうとか、人の役に立とうっていうことは、税金を使って、計画通りにいろんな仕事をしていくっていうこととはまた違う尊さがあるんだなというのを気付けて、これはまた京都に戻ろう、と。

谷口　一つ転機になることがあったって伺ったんですが…

野池　はい。祇園祭の取り組みっていうのをやらしてもらった

祇園祭ごみゼロ
大作戦

NPOだけでやるのじゃなくて、企業の方も行政、京都市も巻き込んで、一つの組織を作って、食器を買い、約二千人のボランティアの方々を募って…やったっていう…

んですね。ごみの問題ですね。

谷口　ごみ、すごいです〜。私も界隈なので、本当にすごいです。はい。

野池　そうですよね。山鉾の横にごみの山が夜中になるとできちゃう…ごみ山ができちゃう。「祇園祭ごみゼロ大作戦」っていう、ごみを出さないようにしようという取り組みがスタートして…

谷口　もう、出さないようにすればいいじゃんっていう…

野池　そうです。屋台でごみにならない、リユース食器と呼ばれる食器を導入してもらうと。夢は壮大なんですけど…じゃ、その食器を買うお金、どこから出て来るの…

谷口　どうやってリサイクルできるように洗うの？とか…

野池　はい。ほんとにいろんな課題があって。これも一つのNPOだけでやるのじゃなくて、企業の方も入れて、行政、京都市も巻き込んで、一つの組織を作って…

谷口　んん。

野池　お金集めもし、住民からの寄付で約一千万円を集めて…

谷口　一千万円！集まりましたね。

野池　で、食器を買い、約二千人のボランティアの方々を募ってやったっていうのが私たちの経験としては非常に大きなものだったですね。

谷口　どうですか。それまでやってたこととそこの違いっていうのは…

野池　このテーマはこの町にとって必要なんだって旗を掲げるとですね、みんないろんな力を出し合えるんだ、と。で、解決したらまた解散してもいいんじゃないかと。

谷口　んん。ふんふん。

野池　そのやり方が広がったような気がしましたね。

継続的な地域貢献

谷口　その祇園祭の成功体験があって…そうなるとやっぱりこれまでの活動と少し変わって来ますよね。

野池　ほんとにそうなんです。NPOだけじゃないんじゃないか。企業でも、個人でも、できることがあるんじゃないかっていうことで、テーマが対象の組織に広がって行ったというのが一つですね。

谷口　ん〜。

野池　もう一つはそういう人達をみんなで応援する仕組みをもっと作った方がいい、と…やっぱり、町づくりとか地域づくりって、そういうイベントだけじゃなくて…ずっと継続して行かなければいけない時に、やっぱりお金なんだ、と。

地域づくりコーディネーター
野池 雅人さん　＃０３２

お金をどうやって皆さんから集めるのか…それを仕事にしようと。お金を集めるっていうことを一緒にやれないか、ということで作ったのが、クラウドファンディングという仕組みだったんですね。

谷口　クラウドファンディングは「俺」が作ったんですか？

野池　クラウドファンディングの仕組みを京都で作ったんですね。

谷口　すご〜〜い！

野池　寄付型じゃなくて、投資型って呼ばれるものを作ったんですね。

谷口　あの、寄付型と投資型は読んで字の如しですか？

野池　はい。

谷口　投資型やったら返さなあかんのですか？

野池　返さなあかんのです。

谷口　うぉう、おうおう！それは全額ですか？

野池　全額です。

谷口　うぉう！これは…

野池　配当や特典を付けて返してねっていう取組なんですね。

谷口　お〜！例えばどんなことにどんなサービスで返したりとかあるんですか？

野池　今やらしてもらっているのは奈良県の下北山村というですね、人口800人

ぐらいの過疎の村で、水力発電所を作ろうと。元々村が持ってたものが壊れてきた。でも村じゃ直せない、と。それを直すお金を集めましょう。ただ、これ、寄付じゃないので、ちゃんと水力発電所も事業をして、お金を稼いでもらって…で、長〜い期間かけてでも返しましょう、と。

谷口　売電するんですか？

野池　そうですね。長期で投資って形があると、一緒に関係性ができるっていうか、事業ちゃんとやってますか、とか…

谷口　ふんふん。

野池　町づくりの成果出てますか？っていうようなことが長くいらえるじゃないですか…

谷口　んん、んん。

野池　これが、今後の町づくりとか地域活性に大事なんじゃないかなって思ったんですね。なので、そういった仕組みを作る会社を2016年に立ち上げています。

谷口　自分一人じゃなくて、地域のみんなとか、いろんな人と関わりを持ってみんなが暮らしやすくなる。そうなれば、いいですよね。

野池　いいですよね。

谷口キヨコの流々通信

「野池さん」

NPOやNGOはまちづくりや地域の活性化と関わりがあるとは思っていたが、それがどう関わっているのか、具体的にどのようなことをしているのかは知らなかった。

京都に越してきて20年過ぎた。父が亡くなって宝塚の実家を処分し、母に京都に来てもらって6年になる。私のホームは京都になった。

そうなってから地域に対する見方が少しずつ変わってきた。この町の住みやすさは今では母が基準である。高齢で他の町にそんなに出掛けて行かない、つまりこの町にベッタリの母がここに住みやすいかどうか。防犯、防災に対してしっかり考えられていて、誰もが安全にゆっくりできるスペースが町にあるとよい。安心できるお隣さんとよい距離感が保たれている。これは子どもにとっても住みやすい町ではないだろうか。その町に住む多くの人がそうは思っていても、考え方の少しずつのズレから現実はうまくいかないことも多い。そんな時は困り事ややってほしいことを、行政にお願いするのだと思っていたが違うんだな。全ての町のお困り事を行政に解決してもらうことは手が足りなさすぎて無理だし、それは税金を投入することにもなる。そうではなくて、それらを仕事にする仕組みを作り、実際に誰かの仕事にする。野池さんはそれを今、関西でされている。

やっと、少しだけ、理解できた気がする。

自分が住んでいる町のこと。行政にしてもらえることと、自分たちですること。自分の町のことは本来、住んでいる自分達が一番知っているはず。そこから問題点を見いだしてよりよい町にしていく。でもそれをどうやって実践したらよいかわからない。野池さんはその仕組みを作ってくれている！ということですよね、野池さん。

地域づくりコーディネーター
野池 雅人さん ＃032

野池さんを表すことば 「NPO NGO」

ハイッ！**N何かしら、Pポチっと出てくる、Oお困りごと、その中で、N何かを、Gグループで、O起こす行動**。（笑）一人ではできないことも、で、人任せにしないことも、人と一緒にできる事がきっとあるんだなって。NPOってそういうこともやることなのかな、って。……違いますかね、ははは。

#038

京都産業大学　神山天文台　台長

河北 秀世さん

2004年に国際宇宙空間研究委員会COSPARよりゼルドビッチ賞を受賞。2010年より京都産業大学、神山天文台の台長を務める。2015年第一回地球惑星科学振興西田賞を受賞。

京都産業大学 (HPなし) ※天文台
☎ 075-705-3001（神山天文台）
京都市北区上賀茂本山（Map E）

#038

谷口　せんせ～い！

河北　あの～、元々ですね、私どもの京都産業大学というのは、今から54年前にできたんですけど、その時の最初の創立者が荒木俊馬と言いまして、天文学者だったわけですね。

谷口　はぁい、知ってま～す。はっはははは。

河北　と言うことで、荒木先生が天文学者だったことを記念して、天文台を作ろうっていう動きが今から10年くらい前にありまして、できてやっと10年経ちましたというところです。その中でもこの望遠鏡は私立大学の中で一番大きく、荒木望遠鏡という名前が付いております。

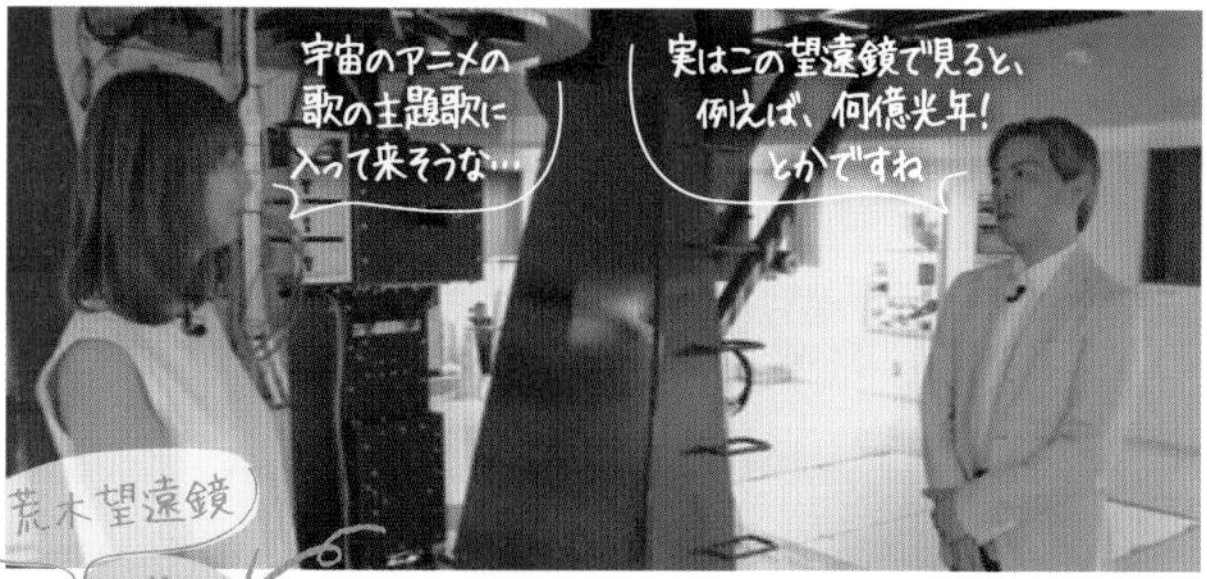

宇宙のアニメの歌の主題歌に入って来そうな…
実はこの望遠鏡で見ると、例えば、何億光年！とかですね

荒木望遠鏡

谷口　どれぐらい遠いものがこれだと普通に見えるんですか？

河北　例えば、私たち肉眼で、望遠鏡を使わずに一番遠くまで見えるのは約２００万光年先なんです。

谷口　はぁ～。

河北　そうすると、この望遠鏡で見ると、例えば、何億光年！というぐらい遠い星の集団でも見えることがあるんですよ。もう１００億光年とかね…でも、意外と近いんですよ。

谷口　近くないってば！

河北　（笑）

(『100億光年』意外と近いんですよね。)
近くないってば！

星に魅せられて

谷口　どこの時代ぐらいから興味を持たはったんですか？

河北　元々は大阪市内が実家だったので…

谷口　星、見えます？

河北　全然見えないんですよ（笑）だから星空が「わ～！素敵！」みたいな体験は小さい頃にはほとんどしてないんですね。

谷口　はい。

河北　で、当時、私が子供の頃っていうのは、月にアポロが行って、宇宙にはいろんな探査機が飛んでって、ボイジャーだとか…土星には輪っかがあるみたいな…

谷口　ちょっと華やかな時ですね…

河北　そうです、そうです。いろんなテレビ番組でやってたのを見て、「あぁ～、すごいな！」って思うんだけど、家の外に出ても見えない。だから憧れてたんだと思いますね。大学に行ったタイミングで「天文サークル」があるわけなんです。たまたまそのサークルにちょっと大きめ

京都産業大学　神山天文台　台長
河北　秀世さん　＃０３８

の望遠鏡がありまして、「あれを使ってもいいよ！」と。

谷口　ああ～。

河北　じゃ、「それ使わして下さい。」と。で、いろいろ見たいんだけど、写真撮るにはまたお金がかかるから、スケッチという…

谷口　スケッチか～!!そこ行くか～!!

河北　スケッチなんですよ。木星というのは、実は全部あれ雲なんですよね、見えてる模様が…毎日変わるんですよ。

谷口　あぁ、そうですよね。雲だったら変わりますよね。

河北　しかも木星がぐるっと回るのに10時間かかるんで…

谷口　ちょっと待って…（笑）もしかしたら定点観測を毎日して、木星の模様を描いてたんじゃないですか？

河北　そうです！

谷口　あっははは（周り笑い）

河北　木星だけならまだしも…火星と木星ダブルヘッダーとかって言うのは結構きついですね。（周り笑い）

谷口　きついわ、それ。一緒に見えるってことはないんですか？

河北　同じときに両方見えてる時もあるんで、その時は木星優先です。

谷口　あはははは。

河北　木星、好きなんで。

谷口　河北青年は、そんなことしてて、ちゃんと就職できたんですか？

河北　ま、何とか、ですね、一応第一志望のメーカーに就職ができたんです。

谷口　何のメーカー？

河北　いわゆる電機メーカー。就職しても続けたかったらどうしたらいいかっていうのを就職する前に、同じようなことを働きながらやっている人たちに聞いたんですね。うちはフレックス制がある、と。

谷口　ほぉ～。

河北　フレックスだと出勤時間も自由に変えていいはず。だから、俺は木星に合わせて仕事をしてる！と。

谷口　（笑）もう一人おった、木星人が。

河北　そうなんですよ。その人の意見を聞いて、「じゃ、フレックスのある会社に行こう！」と。

谷口　あっはははは。その時もまだ毎日描いてはったんですか？

河北　ほぼ毎日やってましたね。

天文学を本職に

谷口　台長、聞きましたよ。「木星ラブラブ」って言うてはるくせに、浮気したんでしょ。

河北　浮気性なんです。

谷口　フッ。（笑）（周りも笑い）どの星に、浮気されたんですか？

河北　あの～、「ほうき星」って良く言いますね。彗星…

谷口　尾っぽが付いてるやつですね。

河北　そうです。あれに、ちょっと浮気しまして…たまたま通るほうき星が木星にぶつかったんです。

谷口　あら！

河北　それまで彗星のことなんか何にも知らなかったんですけど、彗星って何だろう?ってこと気になり始めたころに、すごく明るくて大きな彗星が地球の近くに来たんですよ。

谷口　なんか、名前とか付いてるんですか?

河北　百武(ひゃくたけ)彗星って…それがまたものすごく印象的な彗星で…私は当時まだ社会人で、普通に昼間は仕事をしておりましたが…

「木星ラブラブ」って
言うてはるくせに、
浮気したんでしょ。
浮気性なん
です。

谷口　そうですね。

河北　その頃たまたま群馬県に、科学館で大きな望遠鏡を備えている天文台を作ろう、と計画がある、というのを近しい人から聞きまして…

谷口　んん。

河北　「河北君、行ってみる気あるんだったら紹介してあげるよ。」というふうに言って頂けて…で、群馬県職員としての試験も受けて、合格しまして…転職、と。

谷口　(笑)

河北　これでいろいろ論文を書いたり、海外の研究会に行ったり、そういうことができるようになって、たまたま海外の方からもいろいろ認めていただいて、非常に大きな、有名な賞を頂きまして…

谷口　天文学の賞ですか。

河北　はい、これは海外の天文学の団体があって、そこの若手賞みたいなんですね。

谷口　ふんふんふん。

河北　これをいただくことになって、また一つのきっかけになって…いろんな方に認めていただけたし、元々出身が関西なので、関西に帰りたいなぁっていうのもちょっと…

谷口　(笑)

河北　あ〜。そうね。

谷口　ボチボチ考えてたんです。で、ちょうど当時、本学が創立50周年に向けて天文台を作ろうじゃないか、という機運があった頃で、作ってくれる人を募集しよう、と。ま、たまたま私が群馬県の天文台を作るところから関わっていましたから、全部ノウハウが…一通りやったので何でもできますよ、って言う形で、それこそ面接の時に「何でもできますんで、言ってくだされば…何でも作りますよ。」って。

谷口　(笑)じゃ、絶対合格じゃないですか。なんて、願ったり叶ったりなんでしょう。

河北　そうなんです。その通り…

谷口　すごい!それこそ、すごい強運のホシを持ってはります

京都産業大学　神山天文台　台長
河北　秀世さん　#038

よねぇ。（周り笑い）

河北　そうかもしれませんねぇ。

ものづくりの拠点に

河北　私、やっぱりものづくりっていうのをすごいリスペクトしてる、すごい好きなんですね。

谷口　はい。

河北　天文学の研究って、望遠鏡だけではできないんですね。望遠鏡は光を集める道具、なんですよ。人間の目の何倍も何万倍もある大きさの鏡で光を集め、集めた光を分析する機械が絶対いるんですけれども…

谷口　分析する機械が要るんだ！

河北　はい。何億円という規模でお願いして一品もの…オーダーメイドで作るんですよ。

谷口　そうなんですか。

河北　とはいうものの、やはり基本的な概念は僕らで設計しないといけなくて…なので、私が以前いた天文台では、ま、望遠鏡があって、そういう機械はどっかにお願いをして作ってもらう。っていうやり方だったんです。けど、そうじゃなくてここで作りたい。だから、ここでものづくりができるまで人材が必要だ。そういう装置作りのスペシャリストを何人もかき集めまして…で、その方たちと一緒にこの天文台を作ったんですよ。

谷口　はぁ～。

河北　で、その装置のものづくりの拠点、っというそういう形にしたかったですね。

谷口　台長にとっての、天文の魅力ってどういったところなんでしょうね。

河北　やはり、未知っていう、謎っていうところだと思うんですね。何かひとつわかれば、次またわからない謎が出てくる。10わかればまた10の…或いは１００の謎が出てくるんで、もういつまでも終わらない。でもそれをやってるのがやっぱり楽しい。そこが一番魅力じゃないかと思いますね。

谷口　うんうん。

河北　謎を明らかにしていってくれる次の世代っていうのをやっぱり育てていきたいな、と思います。

谷口　んん～。生きることとか人生に置き換えたり例えたり…そういうことあるんですか？

河北　ま、いろいろありますけれども…人生とか、難しいなぁと思いますねぇ。

谷口キヨコの流々通信

「河北さん」

空をよく見る。晴れ渡った青空も清々しく気持ちよいが、一番惹かれるのは雲の動きだ。変幻自在、こんなに移ろいやすく変化にとんだ美しいものが他にあるだろうかと思う。

夕焼けの西の空の雲も素晴らしい。暮れていく太陽を邪魔するように存在する雲。形の変化はあまりなくても色がこの世のものではないように、まるで幻を見ているかのように移ろいいく。

そういえば、空を見るのは好きだがあまり夜の空を見上げない。たまに見上げたときに怖いぐらい大きな月やいつもと違う赤い月に遭遇すると、理論的に説明できる天体現象なのに何か不吉な前触れのような気がして身がすくむ。

夜の空は私にとって怖いものなのである。

天文台長の河北先生にとって空は憧れの対象である。中でも木星ラバーの先生は、何年間も木星を定点観測し続けスケッチする…、いや、スケッチしまくる…、毎日10時間描いていたそうだから、これはもうスケッチしまくる、と表現した方が妥当である。ちょっと待って！ 10時間連続してできること。私には寝ることしかできない。他に思い付きもしない。しかも10時間寝るっていっても、一度は起きてしまう。先生の毎日10時間連続スケッチに比べてなんと実のないことか。根気とガッツといい意味の執着心のない自分を恥じるぐらいだ。

私の人生において数少ない趣味といえるゴルフも麻雀も「下手の横好き」の連続だ。でも河北先生の天文は「好きこそものの上手なれ」。どこが違うんだろう…、あっ、それに対する根気とガッツといい意味の執着心がないからか…、ん〜悪い意味の執着心はあるんやけどな。

でもでもね、河北先生のおかげで、夜の空は漆黒の闇ではなく、その向こうに輝く星があるということを改めて知りましたよ。怖がらずに夜も空を見上げてみますね。

谷口　ははははは（笑）そっちの方が解らんことが多い？

河北　わからんこと多いですねぇ。星の方がよっぽど素直だなぁって思うことがあります。

河北さんを表すことば　「未知の知」

先生は宇宙についてご自分が知らないということを強く知ったんですねぇ。でも、その知らないっていうことをわかったことが先生の生きる目的？目標になったのかな、と思いました。

京都産業大学　神山天文台　台長
河北　秀世さん　＃038

#049

HOSTEL NINIROOM

西濱 萌根さん

株式会社NINIの代表。姉妹でホステルの企画運営やイベントプロデュースを行っており、地域の暮らしに根差した活動を行っている。

HOSTEL NINIROOM HPあり

☎ 075-761-2556
京都市左京区東丸太町30-3（MapⒶC-1）

#049

西濱さん姉妹
HOSTEL NINIROOMは「友達の部屋」っていうのをコンセプトにしています！

谷口　谷口と申しま～す。

西濱　西濱で～す。よろしくお願いしま～す。

谷口　いや～、とってもいい雰囲気ですね。

西濱　ありがとうございます。

谷口　この1階のスペースはどういうところになるんですか？

西濱　1階は宿泊ゲストのラウンジと地域の人も来てもらえるカフェになってます。

谷口　あ、じゃ、別に泊まってなくてもここに来れる。

西濱　はい。

谷口　あ～、そうですか。1階がこうですからお部屋がすごく楽しみです。やっぱり1階2階3階とコンセプト的なものってあるんですか？お部屋に？

西濱　HOSTEL NINIROOMは「友達の部屋」っていうのをコンセプトにしてて、部屋ごとに違うインテリアなので是非見てください。

コンセプトは「友達の部屋」――

西濱　こちらが二段ベッドのあるツインルームで…

谷口　あ、かわいい～～！すごいかわいい！これ、テーマカラーって感じですか？赤は？

1階は宿泊ゲストのラウンジと地域の人も来てもらえるカフェになってます

西濱　そうですね。この部屋はこういうテイストで、あと、おんなじ形でも全然違うタイプの部屋があります。

谷口　カーテンもすごく…

西濱　そうですね。ちょっと窓が少なくて暗い雰囲気になりがちなんで、明るいテイストのテキスタイルを入れたりしてます。

谷口　だから、わざと明るめのもので、ということで…

西濱　はい。

谷口　この部屋を選ぶ方っていうのはどんな方が多いですか？

西濱　お友達同士とか、女の子同士でこの部屋を指定される人とかもいらっしゃいますね。

谷口　でもなんか、友達と来て、なんやかんや言って、「じゃ、もう寝ようかな」って、そういうのがすぐ浮かんでくるようなお部屋ですよね。

西濱　はい。

谷口　わぁ、かわいい。めっちゃ可愛い。

NINIROOMの想い――

谷口　代表、お一人じゃないんですよね。

西濱　はい、姉の愛乃と一緒に二人で共同代

HOSTEL NINIROOM　西濱　萌根さん　＃０４９

表としてやってます。

谷口　役割分担みたいなことはあるんですか？

西濱　姉が元々建築関係の勉強をしてたりとか、デザインをしているので…デザイナーとしてインテリアとかそういう空間を作るところを彼女が担当していて…

谷口　はい。

西濱　私は元々メーカーでPRの仕事とかをしていたので広報とか、そういうPRの分野を担当してます。

谷口　あ〜、そっか。お姉さまも昔仕事してはって…萌根さんも仕事してはって、今ここに、至るまでがあると思うんですけど…

西濱　元々大阪で父が建築事務所をしていて、京都でも…

谷口　大阪人やねんね。

西濱　そうなんです。（笑）京都もよく父は仕事で来てたりとかするので…ここのビルを持ってるオーナーさんから、しばらく空き家になってるので、活用の相談を父が受けていたのがスタートで…すごく場所がいいので、落ち着いていて…賀茂川も近くて…なので、宿泊施設とか、すごくいいんじゃないかという提案をしていて。父が最初は「やる！」って言ってたんですけど、姉を誘って…

谷口　あ、お父さんが宿泊の施設やろうと思って…

西濱　ちょっと興味を持ってて、姉にやらないかって声をかけたのが最初で、その時私と姉は一緒に東京で住んでたので…

谷口　あっ、そうですか。お仕事東京だったんですね。

西濱　そうなんです。で、二人でいろいろコンセプトとか相談をしてるうちに、私もすごく楽しくなってしまって（笑）せっかくなので二人で会社を作って、「二人でやろう。」ってなりました。

谷口　お〜、お父さんにとったら、どれだけ頼もしい娘。

西濱　あははは（笑）

谷口　お父さん、喜んだでしょう、きっと。

西濱　心配してたと思いますけど。すごく応援はしてくれてましたね。

谷口　んん〜ん。こちらのねコンセプトが、「友達の部屋」、それももう聞いたらもうはいはいってね、聞いたらみんなわかると思うんですよ。やっぱり「仲のいい友達の家って居心地いいよね。」みたいな、あるけど、それこそ具現化するのは…簡単でしたか？どうでしたか？

西濱　すごい難しかったです。「友達の部屋」って言う前に一つ出て来てたのが「先輩の部屋」

谷口　「先輩の部屋」か。（笑）

西濱　（笑）学生時代に先輩の部屋に遊びに行ったりして、そこに置いてあるインテリアとか本とか…

谷口　はい。

西濱　結構ゼロから1になった瞬間は「先輩の部屋」っていうワードやったかもしれないですね。

谷口　「先輩の部屋」から「友達の部屋」に、こっからここはどういうふうになっていったんですか？

西濱　私たち、東京で二人で一緒に住んでいて、お互いの友達が良く家に来てて…で、お互い知り合って…

谷口　はい。

西濱　おっきく仲良くなったりしてて…そういう雰囲気、繋がっていくような雰囲気を作りたいねって言ってて、コンセプトを「友達の部屋」ってすることにしました。

谷口　あ〜、そうなんや〜。

西濱　私も姉も旅行好きで、姉は元々海外に住んでたりもしてたんで…

谷口　あ〜、そうなんですか。

西濱　はい。私も今までたくさん行ってきて、その中で自分の好きな旅のスタイルみたいなのを二人で体現できたら楽しいねっていう話はしてました。

谷口　あ、そうか。どんなアイデアが出た、とかはありましたか？

西濱　すごく感覚が似てる二人で、一番出たのは、地元に根差してそのローカルな人たちがどういうふうに過ごしてるのかっていうのを感じられるような旅が自分たちの中ではすごく印象に残ってるねっていう話をして

地元の人になり切って過ごした時間っていうのがすごく印象に残ってます。
暮らすように旅をするっていう…
NINIROOMの想い

て…

谷口　あ〜、それを逆の立場で体現することができると思うとめっちゃワクワクする…

西濱　そうなんです。めっちゃ楽しいと思って。

谷口　それだけ二人で仲がいいと、二人で閉じちゃうかなって思ったんですけど、聞いてると二人いるからこそ、どんどん広がってるんですね。世界がね。

西濱　はい。

谷口　だからやっぱりお家のお部屋にいてもやっぱり二人だけで楽しむ部屋と、その友達が来てどんどん広がる部屋っていう…

西濱　はい、そういうイメージです。

谷口　や〜、それ、ほんと、ここで、具体的にここにそれが出来上がったって感じですよねぇ〜。

西濱　はい。

谷口　ご自身が行った中で、ここの国でこんなことあったんがすごい楽しかったとかって、そんなんはありますか？

西濱　国内で言ったら、奄美大島の近くの沖永良部島っていう島があるんですけど、そこ出身の友達がいてて…それは姉も一緒に行ったんですけど、なんかその友達を訪ねる沖永良部島に初めて行った旅はすごく楽しくて。

谷口　んん。

西濱　例えば、お祭りに参加さしてもらって、おじいちゃん達が車座で飲んでるとこに混じらしてもらって島の話聞いたりとか、地元の人になり切って過ごした時間っていうのがすごく印象に残ってます。

谷口　あ〜、ま、暮らすように旅をするっていう…

西濱　自分もその街の一部になれたらすごくリラックスできるし、見えてくるものもすごい変わってくると思うので、なんかそういうのを今提供できたらいいなとは思います。

谷口　あ、そうか、そやね。じゃ、このNINIROOMのNINIはどっから来てるんでしたっけ？

西濱　私たちの名字が『西濱』なんですけど、西濱の最初の頭文字のNIを取って、二人のNINIの部屋っていうふうに付けました。

谷口　あ、そうか。そこでまた友達の…

西濱　そうです。

谷口　部屋、みたいな…

おとなりさんと、よそさん——

西濱　私たちがNINIROOMを立ち上げたのはこの町のこのエリアの魅力を知ってほしいっていう想いから立ち上げているので、この町に住む空気感を伝えたいと思って、新しいメディアを立ち上げたんですけど…

谷口　ほぉほぉ。

西濱　「おとなりさんと、よそさん」っていうタイトルで今ゆるゆると始めてるとこで…

谷口　「おとなりさんと、よそさん」(笑)

西濱　これは、1階のカフェが地域の人もよく来てくれるので…

谷口　それは世代も関係ないんですか？

西濱　そうですね。もう80代のおじいちゃんが毎日来てくれてたりするので…その、愛すべきおとなりさんたちと、毎日入れ代わり立ち代わりくる、あの、京都では「よそさん」ってよく言わはりますよね。

谷口　はい。

西濱　ですけど、ポジティブなイメージの言葉じゃないのかもしれない…

谷口　あ～、ちょっと隔てたイメージはあるけど、まぁ、そういうことではなく…

西濱　はい。なんか私たちは愛をもって、よそさんを受け入れたいなって思って。私たちもそうやったから…なので、おとなりさんとよそさんの目から見たこの町の魅力とかNINIROOMってどうや、とか、そういうのをお話を聞いて、淡々と記録していくというサイトなんですけど…なんか、町の人とか旅人の視点でこの町がどう映ってるかっていうのがゆくゆくまとまったサイトになればなんかステキだな、と思って。

谷口　そうか。じゃ、その、おじいちゃまの思うええとことかは実際立ち上がって出てるんですか？

西濱　出てますね。このエリアの歴史とか、あとは、あそこの店は昔からやってはって、今は何代目で、とか…

谷口　(笑)

西濱　そういうのも、すごい教えてもらいますね。

谷口　あ、そうか、でもやっぱり、地域に根差すというのは、まぁ、それをめんどくさいと思うか、面白いなぁって思えるかっていうところも、もしかしたらあるのかも…

西濱　そうですね。面白い、めっちゃ面白がるタイプが集まってる

谷口キヨコの流々通信

「西濱さん」

NINIROOMには、かわいいがつまっている。

まず、名前がかわいい。西濱姉妹だから名字の『に』をとってつなげてNINI。にに。ニニ。まるでにっこり微笑んでいるかのようである。

場所も鴨川の近くでロケーションがかわいい。そこで寝泊まりできるなんて京都暮らしの一つの幸せの形である。その辺をお散歩していたら、犬にあったり、猫が河原にいたり、鳥も優雅に飛んでいて…、なんてかわいい想像もできる。

前のお庭が小さくてかわいいし、一階は誰でも利用できるカフェで、そこがフロントってところもホテルっぽくなくて日常を思わせてくれてかわいい。

友達の部屋をイメージした部屋は、それぞれのコンセプトによるファブリックが使われていてやっぱりかわいい。こんなお部屋に住んでる友達が実際にいるとしたら、その子はきっとかわいいにちがいない。

そしてお会いした西濱（妹）さんもとてもかわいい方でした…、となると、外国暮らしの長いお姉さんはどんなにかわいい方なんだろうと想像が大きくふくらむ。

ここでふと思う。かわいいを連発されると私自身はその対象に対して引いてしまうかも、と。

でもね、NINIROOMのかわいいは子どもっぽいかわいさではなく、ギャルのいう「カワイー」でもなく、日本語でかわいいとしか表現できないよさなのです。そしてこの「かわいい」は、外国語に翻訳不可能だそうだ。日本語の「かわいい」はとにかく「かわいい」なのである。

このよさは、手に届くセンスのよさであり、違和感のない居心地のよさであり、楽しく優しい色づかい、触ってみたくなる質感にあふれるよさである。

NINIROOMの西濱姉妹は地元のみなさんともっと親しくなろうと色々画策している。その気持ちがやっぱりかわいい。かわいさにあふれる場所だった。

と思うので、私たちは…なので、みんなで面白がって…

谷口　あはっ。

西濱　やってます。（笑）

西濱さんを表すことば

「毎日が地蔵盆」

「毎日が地蔵盆」です。大人にとってはちょっと準備とかで大変だと思うんですが、やっぱり子どもにとっては1年で一番の「晴れの日」。でもやっぱりその姿を見て大人もうれしいと思うんですね。地域の中で一番輝く日が地蔵盆やと思うし、その場所がとても素敵な場所やと思います。

HOSTEL NINIROOM　西濱　萌根さん　＃049

谷口流々
TANIGUCHI RYU-RYU

CAFE &
RESTAURANT

#003

女性バーテンダー

今泉 玲さん

京都出身。20代のころから、バーテンダーとして活躍。祇園にあるバー「アンドレイ」のオーナー。

アンドレイ HPあり

☎ 075-541-0078

京都市東山区花見小路新門前上ル東側花見会館汀館2F
（MapⒶD-2）

#003

谷口　初めまして。

今泉　初めまして。

谷口　お噂はかねがね。

今泉　こちらこそ。

（カクテルを作って出してもらい）

谷口　ありがとうございます。これはどのような？

今泉　ベースは白い感じにいろんな色をいつも付けてらっしゃるイメージですね。

谷口　それは、私、今、ものすごく褒められてるの…？

今泉　（笑）もちろんです。

谷口　ありがとうございます。（一口飲んで）ん〜、あの、さわやかさの中にも、甘さがあって、まさに「キヨピー！」といった感じで。

今泉　色とりどりで。

キヨピーイメージのカクテル
ベースは白い感じにいろんな色をいつも付けてらっしゃるイメージ

さわやかさの中にも、甘さがあって、まさに「キヨピー！」といった感じ

谷口　玲さんはいきなりこの「アンドレイ」のオーナーさんになったわけではなくて、やっぱりその始まりがあるじゃないですか。

今泉　そうですね。きっかけはですね、若い時に歯医者さんでちょっと助手の仕事をさせてもらってまして…

谷口　歯科助手さん。

今泉　してたんですね。それで、歯医者さんっていうのはきっちり時間が終わるので、知ってるお店にちょっとアルバイトに行ったのがきっかけなんです。

谷口　それがバーってことですか？

今泉　その頃はですね、ビアーレストランですね、今でいう。

谷口　ビアーレストラン！

今泉　楽しかったですね。いろんな方と…

谷口　あぁ、お客さんとしゃべるのが。

今泉　楽しくて、お金いただけるって、やっぱりこれほどいいことないですよね。

谷口　めっちゃわかります。私もそういう仕事じゃないですか。自分の好きなことしゃべってお金もらうって、なんていい仕事なんだって。

今泉　ね、そう、同じですよね。

修業時代

谷口　すごい、身分証明書みたいな。写真ですね。

今泉　そうなんですよ。（笑）

谷口　しかも、身分証明書にこう蝶ネクタイ…髪形もスカッとしてますやん。

今泉　そうです。カウンターの中に女性が入ってるということ

谷口 で、バーテンダーとしてあまり見られない、みたいな…意外に、っていうか、まあ普通なのか、男性社会なんですかね、やっぱり。

今泉 バーってやっぱりそうですね、男社会じゃないですかね。髪形から、とりあえず男になろう、みたいな…

谷口 うわ〜

今泉 宝塚のね、男役さんみたいにとりあえず頭をバシッとして仕事してましたね。お客様は、やっぱり男性の方多かったので、なんていうんですか、すごくこだわってらっしゃる方があって。やっぱりマティーニがお好き、カクテルの王様…

谷口 あえて…ジェームス・ボンドですよね。

今泉 そうですね。でも、女の酒は飲まない、女のマティーニは飲まない、っていうようなお客様がいらっしゃったんですが、

谷口 すみません。私が今ちょっと想像したんですよ。今ここでそんなんなったら、私、お客さんでもペキンって。

今泉 (笑)

谷口 でもお客さんやし、私が連れの女性やっても、「おいおいおい!」ってなるんですけど、言われたご本人は、その時は…

今泉 そのころの、まあ言われた時の、こう、なんていうんですか、こう、ガーンときますよ、そりゃやっぱり、覚えてますね。そこでなんか悔しいっていうか、やっぱり自分がその時は全然カクテル作らしてもらえなかったですけど、でもいつかは自分が作ったお酒を認めてもらいたいという思いがやっぱり強かったので…

谷口 二十台半ばの玲ちゃんのなんか覚悟みたいな

今泉 そう、かもしれない。そうですね。そうですね。

谷口 必死さが、なんか、伝わりますね。

今泉 そうですね。

コンテスト――

谷口 どういう感じなんですか、コンテスト…

今泉 私が出てた当時は、カクテル5杯ですね。5杯調整なんですけど、同じカクテルを5杯作ります。練習も結構やっぱりきつかったですね。

谷口 練習ってどういう…

今泉 仕事が終わって、まあ店が3時までで、4時とかに終わって、そっから練習するんですよ、朝までやって、朝ちょっと家帰って、ちょっとだけ仮眠してお風呂入って、またすぐ店来て、みたいな時期が続きますね。

谷口 はぁー、かなりのスパルタというか。

今泉 そうですね。三十前でそれをやってた時、お客さんに、なんか化粧の乗りが悪いとか、すごく言われました。(笑)

谷口 (笑)ねれてへんねん。練習しとんねん!言うて

今泉 いやー、それ仕方がないんです、って言うて。優勝もらったりとか、準優勝だったりとか…賞いただいて、舞台に呼ばれて、お客様とか皆さんの前で表彰されるっていうのはやっぱり気持ちよかったですね。もう、ほら、二十

コンテスト
練習も結構やっぱりきつかったですね
店が閉店してから練習していた

代三十代になってあまり人前で表彰されることってありますか？

谷口　無いです。私なんか、小さい時から無いです。(笑)やっと、だからいろんな方から一人前のバーテンダーとして認められるという。

今泉　多分それぐらいからだと思います。

谷口　ほんで、思い出した。マティーニのお客さん、いはりましたやん。

今泉　マティーニのお客さん。

谷口　「飲めへん！」言うて…コンテストで優勝した言うたら呼んで飲ましたいくらいです。

今泉　いや、10年とか随分空いてからたまたまお会いすることがありまして。たまたま勤めさせてもらってたお店でお会いしたんですけど、あのう、久しぶりのお顔見て…やっぱりそこが蘇って来たんですよね。

谷口　覚えてるんですね〜。

今泉　蘇りました、蘇りました。「これは絶対言わな」と思いましたね。

谷口　(笑)

今泉　それで、「じゃあ、一回作ってみてくれ。」って言われてお作りしたんです。はい。それで本当においしかったかどうかはわかりませんけども、一応「うまい！」と言ってくれましたけど。

谷口　そりゃそうでしょう。

今泉　うれしかったですね。

働き詰め

今泉　33の頃に、東京で仕事をしないかってオファーいただきまして、お店を3軒くらい任していただいていたので大変で…35才で病気になってしまって。血管が詰まる病気ですね。血圧も上が170とかで、今すぐ倒れてもいいぐらいのような状態だったみたいで、休業することになって…

谷口　ぐんぐんぐんぐん、自分の力で、自分のパワーと努力できたのに、とうとう自分のそういうことでは越えられない

今泉　そうですね、そうですね。

谷口　病気ってそうですよね。いくら自分がやっても…

今泉　全くそうですよね。なんかすごく、本当に悲惨な気持ちになりました。もうなんかちょっとね鬱っぽくもなりますし…

谷口　精神的なダメージがすごく…

今泉　きつかったです。社会的になんか必要とされなくなった、みたいな、そういうのをすごく。

谷口　きついですねぇ。でも復活できたってことは、ねぇ、素晴らしいことだと思いますし、やっぱりそうなると病気と言う大きな壁のこっち側とこっち側ってちょっと変わってくるかなって思うんですよ。

今泉　そうですね。あの、病気する前っていうのはもう毎日に

追われて、何ていうんですか、人のこう、感情というか、そういうなんにあんまりゆっくり向き合うというか…

谷口　あぁ〜

今泉　ぱっぱっぱっぱっぱと走ってるから、全然あまり人と向き合ってなかったような、お客様も含めて…

谷口　あぁ〜、向き合うって時間かかりますよね。労力もすごくかかるしね。

今泉　でもやっぱり病気をしてから時間があって、その間にいろんな方にお会いしたりとか、できなかったことをしたりとか、そうするといろんな人のいろんな、何ていうんですか、ありがたさとか、すごく感じました。

谷口　なんかこう、見えないものが見えてきた。そういう感覚ですかね。

今泉　それがだんだんだんだん、いまもそれ、感じてます。えぇ、その辺から、病気してからですね。すごく変わったところですよね。

相思相愛

今泉　40才で開店して、今46になりますけど、今でこそ、もっと人の気持ちとかがより深くわかるようにはなったと思うんですね。

谷口　うん。

今泉　お店とお客様って、お客様が偉いとか…もちろんそうなんですけども、でもそうじゃなくて、お客様もお店の人間も相思相愛で、そういう感じでこの仕事をずっと続けていければなぁ、と思ってますね。

谷口　はぁ〜。

今泉　50代になって、60代になって、どんどんそれが深くなって…ねぇ、だから私は90才ぐらいまではカウンターに入ってたいなと思って…

谷口　すごい！

今泉　昔来られたお客さんが、何十年ぶりに来た時に「懐かしいですね。」って話ができればいいですよね。

谷口　90は…行けると思いますよ！

今泉　ふふふふ（笑）

谷口　私もね、90まで現役で

今泉　だって100才過ぎてもずっとしゃべってはりそうじゃないですか。（笑）

谷口　そうですよ。しゃべってますよ。テレビに出してもらえる限り。あとラジオやったら、カフって、オンオフがあるんですけど、「何とかです」ってそのまま こうなって、あぁ寝てんのやろなとおもたら、「死んでるやん！」って（笑）

今泉　（笑）それ、いいです。

谷口　いいでしょう。それ目指します。

今泉　じゃぁ私はカウンターの中でしゃべりながら、こう…

（握手）

谷口　寝てるやん…似てる〜

今泉　同じ

谷口　それそれ、迷惑やん。（笑）

今泉　（笑）確かにそうかも。

谷口キヨコの流々通信

「今泉さん」

女性バーテンダー、なんだか素敵。アダルトで、セクシーでミステリアスで聞き上手。お酒を扱う華麗なるプロ、憧れるぅ。

　バーに行って一人で飲めるのはカッコいい大人の証明。私は何度もバーでの一人飲みをチャレンジした。携帯と本は見ないと自分に課してカウンターに座ってはみたものの、手持ち無沙汰に足がぶらぶら。そんな私を掌で転がしてくれるのがバーテンダーさん。はい、転がしてくださ〜い！　私、転がりにきたんですから〜！　いつまで経っても初心者の私にとって特に女性バーテンダーさんはありがたい。そう、そんなとき私は母性的な優しさに飢えている。もしかしたらバーに通う男性客もそうじゃないかな…。お酒を飲みたいだけじゃなくて、誰かと少し話がしたい、聞いてもらいたい。楽しさも、仕事的イケイケも挫折も、そして体調のことなんかも。結果、そんな数々の経験が自分にもあるからお客さんのお話を本気で聞ける母性満開のバーテンダーさんになる。だって玲さんが目指すのはお客さんと相思相愛の関係。接客業で相思相愛って究極よね。いや、それはもしかしたら基本の形なのかもしれないなぁ。

　人間は一人。生きることも死ぬことも一人で背負わなくてはならない。でも実は自分一人だけで完結することなんてなくて、何をするにも人の手を借りないと生きていけない。となると…。誰かと相思相愛なんて究極の幸せ。その関係がこのバーにはある。

女性バーテンダー　#003
今泉　玲さん

今泉さんを表すことば　「SS」

はい、「SS」。相思相愛のことを「SS」って言いましたよね。このSとSは、実は酒と筋。お酒、欠かせませんね。そしてやっぱり一本筋の通った気持ちの良い女性やと思いました。だから居心地がいいんですね。

#009

バリスタ

岡田 章宏さん

カフェ「Okaffe Kyoto」のオーナー
2008年ジャパンバリスタチャンピオンシップにて優勝
ラテアート世界大会第3位の経歴を持つ

Okaffe Kyoto HPあり
☎ 075-708-8162
京都市下京区綾小路通東洞院東入神明町235-2
（MapⒶB-2）

#009

おススメ的には
混ぜてもらうことが
おススメなんですよね

谷口　今日は、どうぞよろしくおねがいしま〜す。

岡田　よろしくお願いします。

谷口　ありがとうございます。

岡田　どうぞ。おススメ的には混ぜてもらうことがおススメなんですよね。

谷口　え、岡ちゃんのこのハートがここに折角あるのに？

岡田　岡ちゃんのハートは多分もう入っていると思うので…（笑）

谷口　じゃ、岡ちゃんのハート、飲んじゃいますよ！

岡田　どうぞ！（笑）

谷口　あの〜、バリスタってよく聞くし、いわゆる、なんとなくわかってるカタカナ職業のトップ3ぐらいに入ると思うんですよ。

岡田　元々イタリアから生まれた仕事というか、ま、イタリア人、元々陽気じゃないですか。だから、ちょっと楽に仕事してるんですけど、みんなサービスマンのプライドはしっかり持っていて…

谷口　ん〜。

岡田　左右のお客さんを繋げたりとか、地域のコミュニティーの場の中心に立とうとしているのが、イタリアのバリスタみたいな感じですけれども…

谷口　あぁそうか。なんか、技術的なことばっかりにちょっと目が行ってたんだ。

岡田　そうそうそうそう。

谷口　それが岡ちゃんスタイルのバリスタっていうことですよね。

呉服店

谷口　ご出身はどのあたりですか？

岡田　すぐ2〜3本向こうの通りで生まれ育ったので…

谷口　じゃ、いわゆる生粋の「京都生まれの京都育ち」ですね。学校出はってから、いきなりバリスタでもなさげですね？そんな匂いがちょっとしますよ。

岡田　ははは（笑）。うちのおやじが呉服店をしてたので…

谷口　あ、そうですか。

岡田　それを、誰かが継がないといけないという空気感になって…3人兄弟なんですよ、実は。

谷口　何番目？

岡田　僕、2番目です。

谷口　真ん中さん。

岡田　はい、上見て下見て育ってるので、一番コミュニケーションのとり方が上手だということで、「あなた、うちの店を継ぎなさい。」

谷口　えぇ！お父さんすごいですねぇ。

岡田　そう。当時ね、僕も「これがどうしてもやりたい！」ってこともなかったので…

谷口　どうだったんですか？入ってみて実際…

岡田　コミュニケーション能力みたいなのは、今でもまぁまぁ自分の中ではあるな、とは思ってるんですけど、それを鍛えてもらったんはその呉服屋さん時代な気がしますねぇ。

谷口　ほぉほぉほぉほぉ。

岡田　着物、反物を持って、各職人さんとこを回るんですよ。ちょっと年上の女性の職人さんもおられますし…

谷口　(笑) 年上キラーだぁ〜!!

岡田　若くてニコニコした男の子が来てくれたらやろうかな、って気にもなったりするじゃないですか。

谷口　はぁはぁ。

岡田　ま、そういうのをうまいこと利用しながら、鍛えられた笑顔ですから。(周り笑い)

谷口　(ちょっとずっこけて) それ、ものすごく順調に行ってる感じしますけど、でも〜、やめはったってことになるんですよね。

岡田　そうですねぇ。時代がねぇ、どんどんと高級品が売れなくなるというかねぇ。独立してやる時にはなんか苦しくなるだろうな、みたいなことあって…

谷口　うん。

岡田　お仕事一回辞めて、それから好きなことしようかな、というのがまぁきっかけですね。次の道への。

自給８００円からのリスタート——

岡田　その当時ちょっとしたカフェブームみたいなんもあったし、元々カウンターでサービスする喫茶店のマスターとかに憧れた瞬間もあったし…

谷口　ついにコーヒー関係を仕事にしようと。

岡田　そうそう。結構その時でも31ぐらいだったと思うんで…

谷口　31才で！

岡田　そう、もうね、当時僕結婚もしてましたし…いろいろ考えたんですけど、京都で、有名なコーヒーロースターで修行さしてもらおうと思って、京都の有名なコーヒー屋さんに…

谷口　それ、いきなり正社員になれるんですか？

岡田　いや、全然。アルバイトです(笑)８００円でしたね、時給。

谷口　はぁ〜〜。

岡田　でもアルバイトリーダーにすぐしてもらえたんで、８２０円になりましたけどね。(大笑い)

谷口　どうだったんですか？そのアルバイトリーダーをやりながらも…

岡田　相変わらずのコミュニケーション能力は発揮してるなと思ったんですよ。

谷口　(笑) 自分で言うぐらいですから絶対してると思います。

岡田　そうそう。お客様もそうですし、スタッフは僕より若い20代、18才…大学生から入ってるし、先輩の社員さんはもっと上やし、僕、ちょうどいい潤滑油ゆうか…

谷口　ん〜ん〜ん〜。

岡田　上の人は上の人で、こんなことを言ってほしい…。

谷口　さすが真ん中、次男坊ですよね。

岡田　若い子は文句言うじゃないですか。「社員むかつく…」「まぁまぁまぁまぁ…そやけどな。」言いながら上にまた変換しながら言って…

谷口　すっごい!!

岡田　上からこう言われるし、また変換しながら「まぁまぁまぁまぁ」

谷口　すっごい！これ見ながら、「人材欲しい！」と思う…（周り笑い）会社の方がいらっしゃるかもしれないですよ。

岡田　（笑）

谷口　でも、そっから付帯的な目標がある訳じゃないですか。お金貯めなあかんとか、いろいろあると思うんですけども…

岡田　そうそうそうそう、その時、バリスタっていう職業知ったんですよ。で、そこが、バリスタのチャンピオンシップっていう大会をやっている。うまいこと行けば、日本一になれる、世界一になれる…「あれ、これ行けるんちゃうかな？」と思て…

谷口　すごい、「行けんちゃうか？」と思うところが岡ちゃん…（周り笑い）

岡田　で、それを耳にはさんでくれた上司が、「本気でやるんなら日本一のバリスタを俺らは作る！お前はそれに付いてこれるのか？」「はい、僕は付いて行きます。」って、で、そこで黙々と、まぁコーヒーの勉強ですよね。どうすればエスプレッソは出来て、どんな味になって、こんな豆使ったらこんな味…こうしたらこう、みたいなことをずっと一人でやってて…

谷口　大会はどんなことが競技として行われるんですか？

岡田　基礎っていうのは、当然ですけど、味ですね。

谷口　味。

岡田　味を競う。で、抽出の技術、あとサービスですね。満面の笑顔を呈する…

谷口　サービスはねぇ…満面の笑顔

岡田　そうそう、それ（笑）で、実際その大会の中入ってみると、全然行けなくて…

谷口　あぁ〜、やっぱり見るとやるとでは大違いだった…

岡田　そう、やりながら、しゃべりながら。同時にやっていくと、本当にしゃべれないし、しゃべってるとできないし…それがスムーズにできるようになるまですごい時間がかかりましたけどね…

谷口　でも、もしかしたらチャンピオンに…

岡田　2008年にチャンピオンになりました。

谷口　おめでとうございま〜す！（拍手）日本一！

岡田　日本一です。

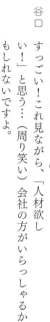

輝ける場所

谷口　ワールドクラスのバリスタさんになると、やっぱり会社での立場も変わって来るかなぁと思うんですが…

岡田　そうですね。バリスタというその部門というか、その場所を一から作らしてもらったので、やっていけばいくほど、後輩も入って来ますし、その指導であったりとか、基本ずっとオフィスの中にいてパソコンと向かっている時間が増えるというか…

谷口　それはご自身にとってどうだったんですか？

岡田　いや、多分ね、無茶苦茶苦手だと思うんですよねぇ～…。

人と人をつなぐ事でみんなを笑顔に

谷口　お、ついに苦手が…今までは岡ちゃんには苦手はなかったですよ。

岡田　そう。元々やっぱり、コミュニケーション能力とか、大会に出よう、日本一になろうみたいなものも、どう自分が輝いて、みんなにちやほやされるかみたいな…（周り笑い）

谷口　おっと、正直！人前に出るのが大好き！

岡田　前に出て、みんなに「岡田さ～ん！」（拍手）って言ってもらえるのが好き。で、そのための手法をいろいろ考えた時に…

谷口　めっちゃ正直。

Okaffe
2016年に独立し「Okaffe Kyoto」を開店

岡田　バリスタがあったり、チャンピオンっていう称号があったり、チーフみたいなところがあったりとかしたと思うんですよね。

谷口　はい。

岡田　カウンターの中をステージにして、みんながこう、岡田さんの動きであったりとか、トークを聞いてたりとか、そういう見てくれている場所みたいなことが、一番輝いてる場所だと思ってますけどね。

谷口　と言うことは、それはご自分のお店。

岡田　はい。自分の店ですね。名前もロゴマークも全部岡田中心に諸々ができているので（周り笑い）これも岡田のシルエットですし…名前は岡田のカフェで「Okaffe」ですし…

谷口　そう!!

岡田　僕が中心の店であるということをちゃんとアピールしようってのがまぁ一つですね。僕がやりたかった接客サービスって、みんなを笑顔で元気にしてあげたい、みたいなところがあるので、人と人を繋げて、みんなが笑ってくれたらいいなぁと思ってるので…

谷口　あの、すみません、コーヒーの話出てこないんで…（周り笑い）あはは…

岡田　（笑）どっちかっていうと、そっちの方が僕は結構重要だと思ってて、ま、コーヒーも大好きやし、コーヒーって言う液体を介して、それを誰がどういう思いで淹れて、誰と一緒に飲んで、どういう空間で飲んだっていうこと

谷口キヨコの流々通信

「岡田さん」

岡ちゃんになりたい！　そう思っている人が実は岡ちゃんの周りには結構いるのではないだろうか。

明るい、とにかく明るい。前向き、ポジティブ。話していて楽しいし、何よりも本人がいつも楽しそう。バリスタ日本チャンピオン、お洒落なカフェオーナー。

ほら、岡ちゃんになりたくなってきた！

私も初対面の大人に対して、いきなり「岡ちゃん！」と愛称で呼ぶことは、ほぼない。でも岡ちゃんは岡ちゃんだ（岡田さんだけど）。岡ちゃん以外の呼び名は思い付かない！　そんな、人を寄せ付ける力を彼は持っている。

オカフェのカウンターには、そんな岡ちゃん好きがずらりと並ぶ。もちろん日本チャンピオンの特別なコーヒーが飲みたくて来るのだが…。例えば、その美味しいコーヒーを飲むだけで満足して帰れる人はどれだけいるだろうか。

オカフェは美味しいコーヒーと共に、岡ちゃんトークや笑顔や接客をセットで楽しむところである。それがオカフェに来る意味でもある。

では、なぜ岡ちゃんなのか。岡ちゃんは自己肯定の巨人だ。現代人、特に令和の若い人たちは自己肯定をできずに悩む人が多いらしい。悩める若者よ、岡ちゃんをどうぞご覧ください！　コーヒーが特別美味しいのも、コミュニケーション能力が高いのも、すべては岡ちゃんの自己肯定感の高さである。

自分はできる、自分はやれると大好きな自分を叱咤激励し、大好きな自分は目標に向かって努力する。そんな自分が愛しい、誇らしい。やっぱり自分大好き！

うまくいかないことも、つらいこともあっただろう…（あったように見えないところが、さすが岡ちゃん）。

でも、そんな逆境があればあるほど、そこでふんばる自分を「俺って偉い！　がんばってる！」と肯定し、前に進む岡ちゃん。あなたはやはり自己肯定界の巨人だ！

が価値があると思ってて…その価値観って、サービスマンの軸だと思ってるし…うん。

谷口　だから、お店の名前も「Okaffe」

岡田　Okaffe

谷口　「俺の！」っていう。

岡田　そうそう、Okaffe…はじめ「それで、ほんまに行くの？」って言われましたけどね。

谷口　あはは（笑）

岡田さんを表すことば

「丸しぼり岡ちゃん」

丸ごと自分を出せる人は強い人だと思います。勇気のある人だと思います。「岡ちゃんの丸しぼり」を飲みに来てください！

バリスタ　＃００９
岡田　章宏さん

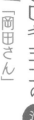

#010

苺専門家

渡部　美佳さん

スイーツ専門店「メゾン・ド・フルージュ
苺のお店」のオーナー
人気商品は「ショートケーキ」

メゾン・ド・フルージュ苺のお店　HPあり
☎ 075-211-4115
京都市中京区東洞院通三条下ル三文字町201　1F
（MapAB-2）

#010

谷口　こんにちは〜。

渡部　こんにちは。

谷口　うわぁ〜！テンション上がる〜（笑）むっちゃ上がる！プレミアムショートケーキー！タルトー！ティラミスー！ここのラインナップも変わることあるんですか？

渡部　変わります。メインのラインナップもあるんですけれども、苺が毎日変わります。苺の品種が。

谷口　でも、全部、苺、いちご、ジャムもイチゴ。いちごちゃん（渡部さんを指して…）（笑）

渡部　（笑）

谷口　わおわおわおお。（笑）めっちゃおいしそう…

苺が毎日変わります。
苺の品種が。

スポンジのピンクなのも全部いちご果汁

渡部　うちの中では、スペシャルなショートケーキになります。

谷口　「いただきま〜す！」（一口食べて）ん、さすがスペシャルですね。私が今まで食べた、普通のショートケーキより、ものすごくイチゴ感が！普通、苺のショートケーキって、やっぱしケーキの中に苺ですよ。これ、苺の中にケーキですね。

渡部　ここにも苺が入ってるんです。スポンジのとこがピンクなのも全部苺果汁で…

谷口　（また一口食べて）うん、ほんまや。なんか、スポンジというよりも…苺のジュースみたいな、そっちの方が強い感じですよね。美味しゅうございます。

二人　ふふふ…

人生を変えた苺

谷口　苺との出会い…今のこのお仕事に繋がってゆく出会いとは、どんなとこですか？

渡部　15年前になんかもうすごいおいしい苺に出会って、友達が、「これ、めっちゃおいしいねん。」って言って…

谷口　「フワッ!!」っと思わせる苺、いろいろ今名前ありますけど、何だったんですか、最初のその苺ちゃんの名前は。

渡部　あっ、あの〜一般的なんですけど、「さちのか」っていう苺です。

谷口　第一声とか覚えてます？

渡部　言葉が出なかったですね、最初は。その瞬間は。で、「めっちゃおいしい〜！」って。で、もう「今まで食べた苺って何やったんやろう？」っていう

のが次に出た言葉だったと思います。

谷口　そっから苺の世界に入っていくってことですか？

渡部　はい。すごいおいしい苺って、「ちょっとこれめちゃおいしいねん。」って人に勧めたくなるじゃないですか？　それを店でやりたいな、って（笑）

谷口　特に女子はね。

渡部　はい、そうですね。

谷口　自分がいいなぁと思ったものを人に紹介するってのも、一つの喜びですよね。

渡部　はい、それを一番知ってもらうのに、ケーキ、お菓子っていう形が一番届けやすいかなぁと思って。で、苺のお菓子屋さんがスタートしました。

谷口　それまで、ケーキとかには携わっていらっしゃったんですか？

渡部　いえ、全くです。

谷口　うそっ！（のけぞる）

渡部　（笑）それまでは服飾の企画デザイン室にいて、一番最初に「苺おいしいねん」って言ってたその友達と二人で始めたんですけど、その子はウエディングドレスのデザイナーをやってました。

谷口　うそ～。全然関係ないやん。

1からのスタート

谷口　「さぁ、作ろう！」となって、試行錯誤しながら、どんな感じだったんですか？最初の何年間ってのは。

渡部　もう、まず『作る』ってことがおぼつかないじゃないですか。なんで、二人で別々なお菓子教室とかに行って…

谷口　教室通ったんですか（笑）…

渡部　そうなんですよ。「どうやったらケーキ屋さんみたいになるんですか？」みたいな。

谷口　（笑）あはははは…もうその時仕事辞めてたんですか？

渡部　辞めてました。あの苺に会って1か月後に辞めて、一緒に始めたんですよ。

谷口　すごい～！正直言います。無茶です！

渡部　（笑）（周りも笑い）

谷口　お客さんは…？

渡部　ゼロの時もあり、もう大変でした。

谷口　ゼロ！片っぽが男性だったりすると、「減価償却どうすんねん？」とか…具体的な話なってくと思うんですけど…

渡部　そうですね。

谷口　女子の場合って、すごくやっぱり乗りで「やっちゃおうぜ～！」みたいな…

「ケーキ屋さんみたいな
ケーキって、どうやったら
作れるんやろう。」って…

渡部　原価計算とか何年後にしたんやろう？って感じで、5年間くらいはしてないと思いますよ。

谷口　すご～い。（周りも笑い）じゃ、とにかくその5年の間、とにかくおいしいケーキを作ることが一番！って感じですか？

渡部　「ケーキ屋さんみたいなケーキって、どうやったら作れるんやろう。」って…

谷口　あははは（周りも笑い）まぁでもそれ続く

と、なかなか厳しいですよね。

渡部　そうなんです。

谷口　なんか、きっかけは…

渡部　たまたまお知り合いの方の紹介で、雑誌のライターさんが紹介して下さって、それで初めて、なんか知ってもらえたかな、という。雑誌に紹介されると、来られるお客様から「なんか、千本通りって行く用がないねんな。」って言われて。

谷口　地元の人はもう絶対行くし、大切な通りやけれども、どっかから行くっていう感じはもしかしたら今はあまり無いかも知れないですね。

渡部　そう言われた時に二人で、京都市内の町中に出店っていうのを考えたんですよ。でも、どうせ建築費とかそういうなんが一緒なんやったら、日本一便利なところにお店出したらええんちゃうかな？っていうのが二人の間で上がってきて、「銀座にお店を出そう！」っていう話になって。

谷口　ぎぃぃん〜ざ〜！（笑）

渡部　4坪だったんですけど、小さいお店を…

谷口　銀座、どうでした？東京出店は？

渡部　やっぱり銀座って4坪やったら販売スペースをほとんど取らないと立たないじゃないですか、売上って。

谷口　そうですよね。

渡部　だから製造室とか作ると無駄なんですよね、やっぱり。で、そういうのはちょっとずつ学んできてて、製造はやっぱり京都でしたものを送ったほうがいいんじゃないかと。

まぁでもそれ続くと、
なかなか厳しい
ですよね。

谷口　で、それを…

渡部　はい、届けてもらってたんですけど、でもやっぱりすごい無理があって、どうしても崩れるっていうことがあったんですよね〜。

谷口　だって、繊細ですもんね。

渡部　ですよねぇ。で、銀座店では生菓子がなかなか販売しにくくなってきたんですよね。

谷口　原点は、やっぱり生のおいしい、そのおいしい苺をケーキで食べてもらいたいってことですよね。

渡部　はい。で、やっぱりそれが出来ないっていうことで撤退するんですよ。

谷口　全然今までお金で動かされてないですね。

渡部　あぁ〜〜。計算してない

谷口　良くも悪くも全く計算してませんね。

二人　（苦笑い）

理想の苺を求めて

谷口　東洞院三条下がったところにお店があって、本当に日常の中にある非日常っていう感じが…原点がやっぱり、「うわ〜！この苺！」って思ったってことですから、まぁもちろん苺へのこだわりっていうのはそりゃすごいと思うんですけど、今、苺との関係っていうのはどういう関係なんですか？

渡部　全国の農家さん、すごくこだわって作ってらっしゃるってちょっと聞くと、必ず足を運んで、一軒一軒行く様に

「あぁこれはすごい!」と思った物を完熟の状態で送ってもらう
完熟!

していて、その農家さんの人柄とやっぱりその苺と、その圃場を見させてもらって、「あぁこれはすごい！」と思った物を完熟の状態で送ってもらうということを今お店ではしてます。

谷口　完熟！一番の大切さである「おいしい」っていうのをメインに使うことができる。

渡部　はい。で、それを今までは京都に集めてたんですけど、ここでは到底入らなくなってきたので、どうしようかなぁと思っていた時に、岡山に縁があって、岡山の西粟倉村（にしあくらそん）ってところで、苺の研究所を作ろう！という。

谷口　苺の研究所作るんですか。

渡部　まず全国の苺がそこに届いて、加工できる状態にストックしていくっていうことをします。それもした上で、品種別と時期別によって苺の味が変わるんですよね。

谷口　うん。

渡部　で、それがどういう風な形に加工するのが一番おいしくできるのかっていうことを研究してます。

理想の苺を求めて

谷口　これからどんなふうに苺と関わって行こうって今思ってはりますか？

渡部　今、いろんな地方っていうか、いろんな県で、県の苺っていうのが育ってるんですけれども、代表的にすごく上手にやらはったのが「あまおう」。福岡の「あまおう」はすごい…

谷口　すごいおいしいですよね。1個300円、400円みたいなのありますね。

渡部　県の苺って皆さん作ってはるんですけど、いまいちそれがどんな違いがあるのかとか、そういうところまではわからないと思うんですよね。

谷口　はい。

渡部　作ってはるところはなんかやっぱりその味を皆さんに知ってほしいと思ってはるんですよ。特徴を伝えたいと思ってはるので、それのお手伝いがもっとできるようなことがしたいなぁと思ってます。

谷口　あぁ、やっぱりだんだん苺のゆるキャラさんに見えて来ました。（周り笑い）

谷口キヨコの流々通信

「渡部さん」

「好きな食べ物は…、苺です!」かわい〜!他にいろんなおいしいものがあるのに、苺が一番好きってかわい〜!

あのフォルム、あのルビーカラー、あの先っちょの緑色のところ、あぁ苺って全部可愛い。

小学校の頃の仲良し女子グループは、遠足のとき必ずお揃いのハンカチを持っていった。全くのお揃いではなく、色とか模様とかを決めて、その範囲でおしゃれを競う、そんな遊び。そのモチーフでは苺が断トツの人気を誇っていた!結局、ほとんどが苺だったので私のハンカチは苺のワンポイントや苺プリントのものが多かった。

市販にない苺柄を求めて生地屋さんに行き、苺柄の布でみんなの分を作ってあげたこともあったなぁ。あのときはなぜか、子ども心に奇をてらったのか黄色い苺柄だった。黄色苺ハンカチをあげたときのみんなの微妙な表情…。もっと喜んでくれると思っていたのに…(泣)

苺はみんなが可愛いと思うものだから、奇をてらう必要はないんだよ、と子供のキヨコに教えてあげたい。苺の可愛さは王道である。

その美味しさにやられた苺姫(私は勝手にそう呼んでいたが、実は彼女はあちこちでそう呼ばれているらしい。やっぱりな…)は、苺伝道師としてまっしぐら。ほぼ後先考えずに(ごめんなさい)、苺を使ったケーキの道にはいり、あんまり人が来ないなぁと千本通りから、人が一番たくさん来そうな銀座に出店、店が小さすぎてそこでケーキを作れないから京都から運んでいたら、つぶれちゃったので、やっぱり京都に戻ってきたり…、苺の絶対的な可愛さがある故に他のことは後付けだ。でもなんとかなる、なんとかなった!今では苺のケーキといえば、の有名店になってしまった!苺の可愛さ、苺の美味しさ、苺の可能性…、苺を信じたあなたの勝ちです、苺姫!

苺専門家 #010
渡部 美佳さん

渡部さんを表すことば **「いちご第一主義」**

「いちご第一主義」おいしい完熟のいちごをどうやってみんなにおいしくたくさん食べてもらえるかという、そこがやっぱり一番の目標で、それがまったく今もぶれてないところが一番のおいしさの秘密だと思いました。「いちご第一主義」です。

#015

蕎麦カフェオーナー

重 陵加さん

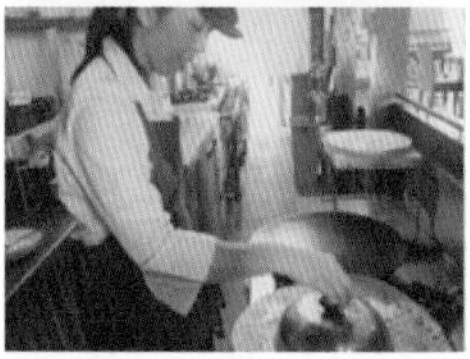

「SOBA cafe さらざん」のオーナー
自ら蕎麦の栽培にたずさわり、蕎麦を愛して
やまない筋金入りのガレット職人!

さらざん
「SOBA cafe さらざん」は、2020年6月に閉店されました。
現在徳島県にて新しい拠点を準備中。
最新情報はFacebook「さらざん」にてご覧いただけます。

#015

谷口　失礼しま～す。こんにちは。
重　こんにちは。
谷口　made by 重陵加さんのガレット～！イェ～イ!!（拍手）やっぱり出来上がるとテンション上がりますね。頂いてもいいですか？
重　はい、どうぞ。
谷口　でもね、食べるの難しい～。手でいっていいですか？
重　もちろんです。
谷口　良かった！（笑）いただきます。（笑）んふふふ…おいしい。どうですか？ガレットって蕎麦粉からできてるっていうのは皆さん…

上におかずが乗ると
いうのがそもそもの
ガレットです！

手でいって
いいですか？
んふふふ…
おいしい。

重　少しずつね、広まってきてますね。
谷口　どうしても、こう、クレープと比べられることがあるので、クレープって甘いイメージがあるじゃないですか。
重　はい。
谷口　でも、このガレットは甘いのもあるし、そうじゃないのもあるって感じですか？
重　本当は甘いのは無い。
谷口　あっ。ほんまは無いんですね。
重　はい、主食になるところがガレットの蕎麦粉でできたこういう形で、あと、上におかずが乗るというのがそもそものガレットです。
谷口　あ～。非常にすごく洒落たものみたいに思いますけど、一般的な庶民が食べる…
重　そうです。
谷口　関西人で言うと、これは…お好み焼きですか？たこ焼きですか？
重　西洋風お好み焼きです。
谷口　西洋風お好み焼き！そう思うと非常にもっと手軽に…
重　そうですね。親しみが持てる…
谷口　親しみ持つけど、ちょっとおしゃれな気分もありつつ…
重　そうですね。それも味わえるし…

蕎麦の可能性

谷口　どうしても、あの、ガレットに目が向きがちなんですけど、でも考えてみたらやっぱり「蕎麦」ってことですよね。
重　はい。そうです。
谷口　まず、なんで蕎麦なんですか？
重　蕎麦は、すごいいろんな可能性を秘めてる食べ物なんですね。
谷口　可能性を秘めてる…ほうほうほう。
重　農業に興味があって、一番手のかからない食べ物は何かと、いろいろ考えた時に蕎麦だったという。
谷口　手がかからないんですか？

蕎麦は、すごいいろんな可能性を秘めてる食べ物なんです

重　そうなんです。まず、農薬がね、要らないと言われてます。

谷□　虫があまり好まないから食べられることが無い。

重　はい。あと、肥料もいらない。

谷□　はぁ～。

重　よく言われる、やせた土地で育つのが蕎麦だ。救荒作物って言われるんですけど…こういったところがあるから一つの糧となったということが…日本もそうなんですけど、世界中でそういう歴史があるということですね。

谷□　はぁ～。

重　で、最初、友人が作ってるから、私も参加して、種を撒いてっていう。そこからなんです。だから食べ物としてではなかったんですけど。

谷□　作物として。

重　そうです。作物としての可能性にまず惹かれて…で、できた作物が次、加工品、加工することで姿を変える。だいたいつるつるっとした麺にしますよね。

谷□　そうなんですよ。それしかイメージが…

重　ねっ。

谷□　あと、蕎麦殻とかね。

重　あ、そうですね。枕に…

谷□　はい。ま、それは後のもんだと思うんですが…

重　そういう、食べ物として加工した時に、蕎麦の麺だけじゃない、いろんなものができるということに気が付いて…

谷□　蕎麦の実って、粉にして、そこから例えば麺にしたり、クッキーにしたり…

重　そうですね。ま、いろんな形で実は使えるんじゃない？っていうことを私が提案しまして、じゃ、「これ、売ろうよ！」という話になって…それで行ったのが手づくり市、だったんです。

谷□　どうなんですか、売れたんですか？

重　あ、それが意外に好評で…はい。

谷□　（笑）

重　はい。あの、月1回しかないんですけど…毎月買いに来てくれる人とかもね、いたりして…

谷□　あ～、それもう完全にファンですよね。

重　そうですね～。

谷□　そうなると、ま、自信がつくっていうか、若いから調子に乗るっていうか…

重　ふふふっ（笑）そうですね。

谷□ それこそ可能性がもうぐ〜〜んと増えて来ましたね。

重□ これは〜って。そこでね、その手づくり市の主催者の方いらっしゃるんですけど、「学生だからって、中途半端なことしちゃいけないよ。しっかりちゃんとしなあかんよ。」っていうことを言われた時に、逆に、本気でやるって面白いなっていうのを、ふと思ってしまってですね、それがもうきっかけで…人生が…

谷□ ま、でも多分、分かれると思うんですよね、「なんやねん、もう、うるさいなぁ」って思うか、「本気でやるって面白いやん」って。

重□ (笑)そうですね。

谷□ ちょっと背中を押されちゃったんですね。

重□ あぁ、そうかもしれないです。

蕎麦プロデューサー

谷□ ちょっと小耳にはさんだんですけど…

重□ はい。

谷□ 賞を取られたことがあるって…

重□ はい。２０１３年に「京都女性企業家賞」の「優秀賞」を受賞させてもらったんですが、女性でなんか事業を起こした人が、どういった事業をしているかという発表する場所だったんですけど、私は、蕎麦の可能性、新しい可能性を伝えていくことで、需要を興して、農業や農村と言うところの活性化するっていうようなモデルを目指して今事業をやっていますということを発表さして頂きました。で、元々ね、私、農業、農村っていうところにすごく問題意識があって、大学生の時に日本中を放浪の旅を…

谷□ 放浪？

重□ はい。バイクに乗って…

谷□ バイクで！放浪？テントとか？

重□ はい、テント積んで…お金無かったから（笑）

谷□ ええ〜〜!!それは何を見に？日本の何を見に？

重□ それがまさに日本の農村の衰退しているっていう現場を見たいと思って、確認をしに行く旅ですね。はい。で、その時の、そういう、ま、ゆったら良いものにいっぱい触れて、それがやっぱり無くなって行っちゃう危機感。そこがすごい、ものすごい切ないし、「どうしたらいいんだ？」っていうのがずっとあって、それは今でも奥底にあるんですね。

谷□ ん〜ん〜。ガレットがやっぱりいろんな思いの結晶になってるというか。

重□ そうですね〜、はい。

谷□ 今のこのお店もそうですし…

重□ お店、２０１０年に始めて、一度ちょっと休業していたので、もう無くなっちゃったと思っておられる方が多くて…

谷□ あ、そうなんだ。

重□ もう一度ここからちゃんときちっと伝えていきたいと今は思ってきています…

蕎麦カフェオーナー
重 陵加さん ＃０１５

一人一人の想像力

谷口　お店の黒板にも書いてましたけど、出かけてはるんですね。

重　あ、はい。（笑）講習会、教室、ガレットを焼く教室を今さしてもらってます。

谷口　それはどういう思いで始められたんですか？

重　一旦お店を休業した時に、せっかく生み出したガレットを、おいしい食べ物を、蕎麦のおいしい食べ方、新しい可能性、そういうものが、無くなっちゃうんだってことに気が付いたんですね。

谷口　あ〜。

重　この蕎麦を伝えていく、そしてその先にある農村、農業、そういったものに繋げていく。そういったところで、やっぱり続けなくちゃいけない。そしたら、おいしく焼ける人を増やすって言うか、そういったことにしていかなくちゃいけない。

谷口　続けるってことは、別に自分で続けるってことじゃないんですね。

重　私が焼くものは、私の経験とか、そ

2010年　蕎麦料理専門店「さらざんカフェ」をオープン

うですね、思いだったりとかで生まれて来ますけど…

谷口　そうですね、同じじゃないですものね。

重　谷口さんが焼かれたら谷口さんのこれまでの経験で出てくるものが上に乗っかったりするんです。

谷口　うわっ！散らかってるやろ（笑）

重　ほんとに！だから、その人その人のものが生まれてくると思うんです。

谷口　一人一人が蕎麦の可能性を広げるってことになるっていう。

重　うん、そうですね。だから、なんかこう、農村の衰退ってことに元々ね、危機感を感じて始めたものなんですけど、打開していく、次の時代を作っていくってのは、多分一人一人が持ってる想像力だと思うんですね。それがね、今までだいたい込めて、重いかな…（周り笑い）

谷口　んん〜。そんなことないですよ。重くなるんじゃ

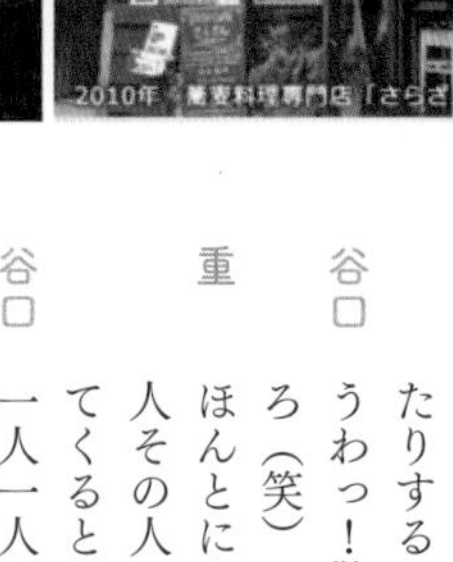

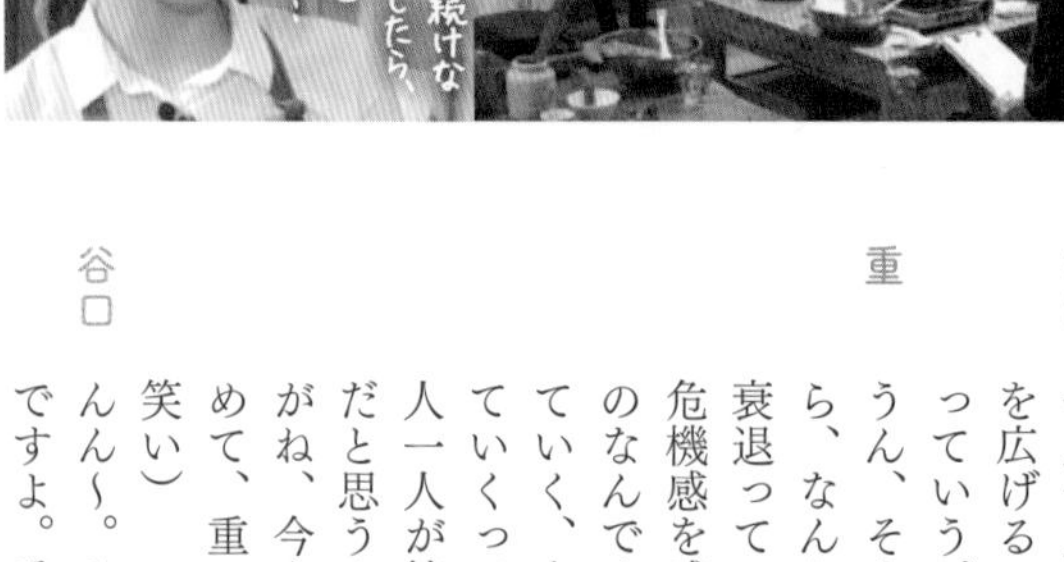

なくて、おいしくなると思います。

重　おいしくなる。ん〜、そうですね。

谷口　きっとそうやと思います。

重　よりおいしく。

重さんを表すことば…

「実は強い」

ジャン、「実(じつ)は強い!」重さんは非常にソフトな方ですが、実は強い。そして蕎麦の実(み)はとっても強い、思いました。

蕎麦カフェオーナー
重　陵加さん　＃015

谷口キヨコの流々通信

「重さん」

お蕎麦よりうどん!!仕方ない、私は関西人。子供の頃は蕎麦を食べる機会があまりなかった。お蕎麦屋さんは近所になかったが、うどん屋さんは駅前に必ずあった。そこで食べるお蕎麦は珈琲専門店で飲む紅茶のように味気なくうどんの方がお腹いっぱいになった。

でも、いつの頃からかお蕎麦も好きになった。お蕎麦屋さんに連れていってもらったことがきっかけで、自分でも行くようになった。

そこではお蕎麦を食べるだけでなく、お酒も飲んだ。お蕎麦屋さんにはお酒を飲みながら…、という蕎麦文化があり、それに触れてしまった私は虜になった。お蕎麦というものは、それだけでお腹いっぱいになるものではないのだ。

お酒なんかも飲んじゃって、美味しいものもつまんじゃって、フィニッシュにお蕎麦食べて、それでまぁまぁになるあのかんじ。ほろ酔いとほどほどの満腹感。大人の自制心とグルメのハーモニーの蕎麦、手軽に美味しく食べられてお腹いっぱいのうどん。私のなかでこの図式が出来上がった。つまり大人ならお蕎麦だ。

そしてお蕎麦のポテンシャルは私が考えていたよりもはるかに高かったのである。蕎麦粉を使ったガレットというものが現れた!クレープじゃないの!?小麦粉じゃなくて、蕎麦粉から作るの!?

詳しく聞くと蕎麦ってすごいんだ!荒れた土地でも作れる。虫がつかないから(虫はおいしいと感じないお蕎麦を食べない)人間の手がかからない。やりやすいったらありゃしない、お蕎麦。蕎麦粉を使ったガレットはスウィーツとしても食事としても食べられる。重さんはそんなお蕎麦への愛を込めてガレットを作る。ガレットの作り方を広める。

荒れた土地でも収穫できるから蕎麦は救荒作物といわれる。そこに生きる人にとってはまさにお蕎麦は命を救ってくれる作物である。

ありがとう蕎麦!育ってくれてありがとう!

#018

発酵食堂カモシカ

関 恵さん

発酵食品専門のレストラン、セレクトショップを経営する。
日々、発酵の魅力を発信し続けている。

「発酵8種定食」

発酵食堂カモシカ HPあり
☎ 075-862-0106
京都市右京区嵯峨天竜寺若宮町17-1（MapO）

#018

谷口　こんにちは～。

関　いらっしゃいませ。こんにちは。

谷口　私、いろいろなメディアで拝見しててね、めっちゃ来たかったんですよ。

関　（笑）ありがとうございます。

谷口　この棚にある、これは要するにその子どもたちですよね。

関　子ども達です。

「DNAが喜ぶ味」ってよく言うんですけど…
一つずつが、味がやっぱり深い！

谷口　かもし棚。っていう名前があると聞きましたけど…

関　醸す（かもす）ということが発酵させる、発酵するという…

谷口　醸す…

関　そこから「カモシカ」なんですけど、動物とかけてるんです。醸す人であり、醸す家であるということで「カモシカ」。カモシカの主役の微生物たちの、ある意味ステージですね、これは。

谷口　はぁ～。やったっ!!夢にまで見た「発酵8種定食」が私の目の前にいらっしゃいます。

関　（笑）

谷口　メインの「お揚げの発酵あんかけ」を頂きますね。（食べて）ん～。ん～。微生物の運動場や、みたいな…（周り笑い）

関　ご飯の上に掛かっているのは、へしこの糠のふりかけです。へしこっていうのはこちらのお魚なんですけど…

谷口　あ、じゃ～、まずはふりかけから食べてみようかな。（食べる）ん、ん。全部がいわゆる食が進みますね。

関　ご飯が進む…ほんとにそうなんです。

谷口　じゃ、へしこも頂きますね…（食べる）一つずつが、味がやっぱり深い！

関　そうですね。

谷口　甘いとか辛いとかしょっぱい、ではないんですよね。複雑な…

関　そうですね。すごく複雑で、体の奥から懐かしいような味がわりと発酵食に多いかなぁと…

谷口　「DNAが喜ぶ味」ってよく言うんですけど…もうね、めっちゃ、いろいろキャッチコピー言わはりますねぇ…

関　ウフフフフ…

命を生む

谷口　関さんが発酵に出会うまでにはどういう…？

関　元々は全く違う…コンサルティングの仕事をずっとして

て、中でも医療のコンサル…ってあんまり聞かないんですけど…

谷□　コンサルティングですか。経営というか経済というか…

関　はい。とは言え、健康とか、医療とかはずっと興味があったので…

谷□　あ、そうか、そうか。別の物をコンサルしても良かったのにそちら側…

関　はい。一つの大きな転機は、愛知県岡崎にある吉村医院っていう、すっごく面白い産院があるんですけど、そこは江戸時代の古民家を移築して、そこで妊婦さんが集まって蒔割りしながら体を鍛えて産むっていうところで…

谷□　ま、よく、動かした方がいいなんてのは聞きますけども…そういう程度ではないですよね。

関　そうですよね。

谷□　一番ハードなのはどんな？

関　一日300回スクワットして2時間ぐらい歩きましょうという…

谷□　(笑)出産するために行かれたわけですけれども、そこで、それだけではない何かを、学んだ、感じた、ってことなんですか…

関　そうですね。ま、そこに集って妊婦たちでいろりを囲んで、ものすごくシンプルな、江戸時代の人が食べてたような食事をみんなで食べるんですけど、めちゃくちゃおいしくて…

谷□　んん〜。

関　そこにいる妊婦たちは、みんな自分で何かを…お味噌作ったり、梅干し作ってたりっていう人がいっぱい集まって来ていて…

谷□　そこでやるんじゃなくて、そういうのが好きな方が行きがちな…

関　そう。いわゆる「自然派」ってやつですね。なんか、人の体とか健康って台所でほとんどできるっていうことを教えてもらって…そこからせっせせっせと作り始めて、その後畑も始めて、ただ、大根とかっていうと、一気に大根ができるので…

谷□　そうですね。(笑) 大根一気にたくさんできちゃいますね。

関　そう、これ、どうしようかってなると、やっぱり漬物にするとか…っていうことも起きて来て、そこからどんどん発酵ってことで、お味噌作るだの、梅干し作るだの、いろんなものを作り始めて…

谷□　そうか、じゃ、出産があります、そこで、命にとっていろいろ大切な…それはやっぱり食べるものと、じゃ、自分で作ろうと…で、作った野菜とか、もったいないやん、っていうことですかね？シンプルに言うと。

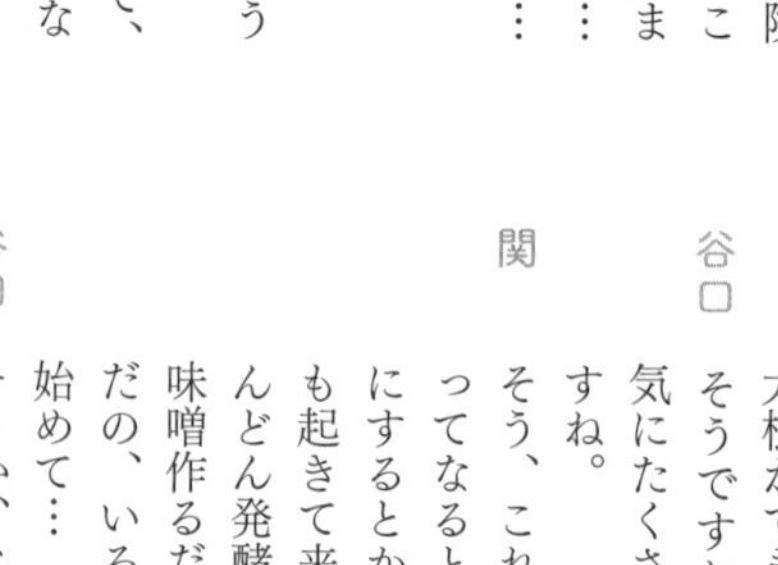

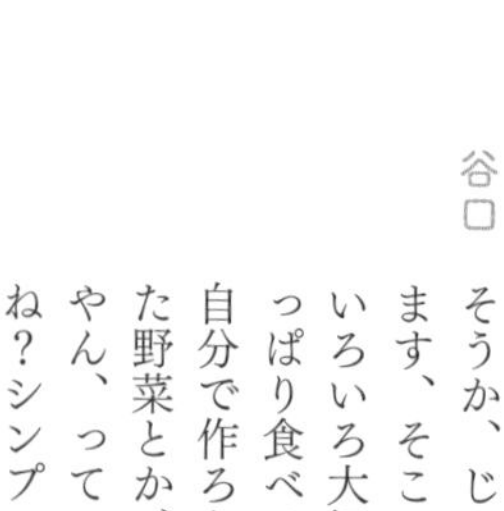

関　そうですね。そういうことを、人に、家族に食べさせるということをやりながら、あ、これが健康の要で予防であり、これが一番の基本的なところだというのが今までの仕事とつながって、食やな、っていうのでどんどん腹落ちしていったっていうのはあるんですけど。

谷口　はぁ〜。

命は命で元気になる

谷口　ご自身で作って、ご家族とか、近所の方に差し上げたりとか…

関　そうですね。

谷口　でもまぁ、今はお店になってますので、やっぱりそこの大きな転機っていうのはあると思うんですが…

関　その大きな転機は、今度は東日本大震災ですね。それを経て、やっぱりこう、新しいこと、かつ本質的なことをしたい、しなきゃいけないということをちょっと端的に感じた、ということがおそらく二つ目の転機で…

谷口　はい。

関　「発酵」ということがこれが多分一番私があの時につかんでた一番本質的なテーマだったんで、これでやってみよう！っていうのは震災があったから、なんか、気付けて

お店になってますので、大きな転機って言うのはあると思うんですが…
東日本大震災ですね。
新しいこと、かつ本質的なことをしたい、しなきゃいけないと

決められたってありますね。

谷口　発酵っていうのは、一つの現象じゃないですか。でも、関さんにとってはそれはどういう意味を持つというか…

関　ん、ん、そうですね。発酵になぜこだわるかというと、まずもって発酵はおいしいっていうのが一つあるし…

谷口　シンプルですねぇ。発酵はおいしい。

関　あとはやっぱり、日本っていう国がこんなに豊かな発酵を持ってるって世界に対して日本の素晴らしさを発信できることでもあるし、あと面白いのは、微生物っていう見えないけどいる人たち、で、その人たちが作る世界観。共同作業という名の世界観の面白さとか…

谷口　なんかまぁ、見えない大きな世界…不思議な魅力に恋しちゃった、みたいな、あはは（笑）

関　そうですね。結構そうですね。恋して、じゃ、これをどうやって発信しようかなぁ、どうやってこれを事業にして行こうかな、っていうふうに考えたのが多分「カモシカ」のスタートですね。カモシカのそのメッセージがですね、「命は命で元気になる」…

谷口　「命は命で元気になる」

関　命はもちろん人だけの命じゃなくて、微生物の命とか、そういった命あるものを食べ

ることで私たちの命は元気になる、命がこう重なり合うっていう世界が発酵なので、そのメッセージをずっと発信し続けてる感じですね。

谷□　先生、メッセージありがとうございます。何も言うことございません。（周り笑い）

関　（笑）

谷□　その通りでございます。

発酵食を台所に取り戻す♪

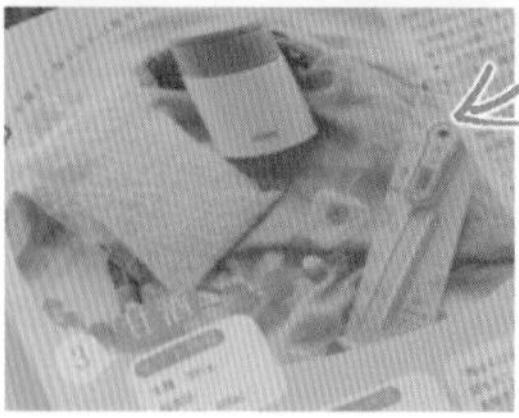

8種類の発酵食を作る手作りキットがご自宅に届く仕組みです。

谷□　やっぱり先生してはるじゃないですか。

関　（笑）

谷□　講義してはりますね。

関　そうですね。時々ワークショップで発酵をテーマに、糠床だったり、甘酒だったり、手前味噌とかしたりして…

谷□　あ、まさに「手前味噌」あとなんか、これが、「手作りキット定期便」。

関　これは、8種類の発酵食を作る手作りキットがご自宅に届く仕組みです。

谷□　ふふふふ（笑）

関　実は、作ってみたいっていう人はもっといるんじゃないかなと思って。でも忙しいし、取り寄せたりするっていう大変なことがいっぱい多分あると思うんで、そういうハードルは全部カモシカが下げて…

谷□　うん

関　「作る」っていうことをもっと楽にやってもらえたら、その先にいろんな楽しいことが待ってるかなぁと思って。

谷□　ベタに言うと、自宅で簡単に、みたいなことですかねぇ。

関　そうです。そうです。ま、なぜそこまで作るということを提案し続けるかというと、やっぱりこれだけ物にあふれてる時代…

谷□　はい。

関　ちょっとものに辟易としている側面があるのと、でも実は人は簡単に作れるし、作ることで得られる楽しさとか自信とか…それはおそらく、作ったら誰かにあげたくなる、関係になっていく、或いは自己表現になる、っていう。そういうことはまだまだ未開拓っていうのがあって、その両極の中で、もっと作るっていうのを簡単にそして楽しく、提案したいな、と思って…

谷□　おいしくて、楽で、健康。あぁ、こんな幸せなことはない。

谷口キヨコの流々通信
「関さん」

微生物、発酵…、めっちゃ興味ある、めっちゃある！

　いかにもからだによさそうな、いかにも奥が深そうな、私の大好きなジャンル！　キタ、キタ、キタ、キタ〜！

　そして、その微生物を愛してやまない今回の主人公の関さん。期待通りの素敵女子。自分の感情だけ、反対に理論だけじゃない、そのどちらもミックスして熟成させたグッドバランスの発酵ガール。バランスがいいから、話がとてもわかりやすい。そうなると説得力あるんです、そういう方のお話。華麗なる発酵の伝道師です。

　「命は命で元気になる」とか、「命が重なりあうのが発酵の世界」とか、言われた日には、気になりすぎるでしょ発酵！　ほっとけないでしょ発酵！

命を考えたとき、健康というキーワードが出てくるのは当然だ。と、なると…、大切な人を守るためには命につながる健康が何よりも大事になってくる。健康の要であり、病を予防するのは食べるということが基本だという考えに至った関さん。その考えが「腹落ち」して、これはもう考えているだけではなく行動に移すしかないと。

　人間、生きていると色々経験する。と同時に色々考える。で、また経験する。そして考える…。この経験と思考がぶちぎれだと少々もったいない。積み重なるだけではなく、そこから発展するようになり、それまで思いもつかないようなものができれば経験と思考は糧になる。そうなると…人間も発酵する生き物である。

関さんを表すことば　**「あなたの知らない世界」**

「あなたの知らない世界」。微生物による発酵の世界。見えませんから、私たちは知らないと思ってました。でも、食べてみるとそこに気持ちのいい味が広がってました。それは私の知ってる世界の味でした。

発酵食堂カモシカ
関　恵さん　＃018

#026

木山　料理長

木山 義朗さん

日本の文化、“だし”の物語を紡ぐ料理人。開業から僅か1年でミシュラン一つ星を獲得し、多くの美食家たちから注目を集めている。

木山 HPあり
☎ 075-256-4460
京都市中京区絹屋町136 ヴェルドール御所（MapⒶC-1）

#026

木山　こんにちは。いらっしゃいませ。

谷口　今日はどうぞよろしくお願い致します。以前来させて頂いて、もうほんとにおいしかったですし、素晴らしい時間をね、お料理を堪能させて頂いたんですが…

木山　ありがとうございます。

谷口　今日は、木山さんという人間をキヨコが堪能させて頂きます。（周り笑い）

木山さんという人間を
キヨ子が堪能させて
いただきます。

茨の道を歩む——

谷口　日本料理ね、今なかなか大変でね、入っていく人少ないって聞いたんですよ。（笑）ということは、それぐらい修業時代厳しいというイメージがあるんですけど、なんでこのお仕事選ばはったんですか？

木山　当時高3の夏ぐらいですかね、図書館行ったんです。

谷口　図書館（笑）

木山　あるんですよ。なりたい職業シリーズの本がずら〜〜っと。でまぁ、死ぬまで働きたいと思ってたので、一番最初に、とにかく一番しんどいと思う仕事をしようと思ったんですね。

谷口　なんで、しんどい仕事をしようと思いますか？

木山　なんか、60で引退して後は余生を…なんてことは考えられなかったんで、多分自分の性格上…。

谷口　え、それは18の時からですか。

木山　そうです。死ぬまで、70になっても、80になっても、もうぎりぎりまで仕事してたいと思ったので…

谷口　現役で動いていたい。

木山　一番しんどいことと思ったのが料理人だったんですよ。

谷口　（苦笑い）

木山　あ、これだな、と思って。

谷口　そんなん言うたら、若手、なってくれませんやん。（周り笑い）

木山　特に和食だな、と思って。で、岐阜の日本料理屋さんに。

谷口　で、入ってどうでしたか？

木山　まぁ、毎日泣いてましたね。

谷口　あはっはっはっ（笑）。その通りやったって。

木山　ほんと泣いてましたね。厳しい先輩がいたんですよ。

谷口　あぁ。いるんですよね、その当時は。

木山　そうです。絵に描いた板前さんがいはったんですよ。でもね、私、その先輩に憧れてたんです。

谷口　な〜に？

木山　カッコいいなぁと思って、その仕事内容が。もう包丁は常にピカピカだわ、鍋も全部ピカピカで、掃除もピカピカで、刻みもんしてももう、びっくりするぐらい上手くて、もうこんなん、どうしたらできるのかわからないぐらい上手くて、その厳しかった先輩が、僕が入社した時から、「関西行け、関西行け。」って言うてたんです。

谷口　あ、先輩が…

木山　そう、先輩はずっと関西を渡り歩いた板前さんやったんです。だから、とにかく「料理するんだったら関西行け！」っていうのがその人の口癖で…

谷口　あ、日本料理は、やっぱり関西がええんやという…

木山　今の時代、和久傳さんや、と。でも紹介できひんし、電話番号だけ教えてやるわ、と雑誌の切り抜きをもらったんです。

谷口　あっはは（周り大笑い）古いタイプですねぇ。

木山　そう。和久傳に電話して、本店に勤めさせてくださいい、って言って。で、そこで面接お願いして、面接してもらったのが今の師匠に当たる方で…

茨の道を歩む
初めてですよ、その先輩とそんなに笑顔で話せるの

谷口　あぁ、そうですか。

木山　で、なんとか内定をもらって、晴れてこう…

谷口　先輩に報告に行かないといけないじゃないですか。

木山　そう。先輩も「良かったなぁ、良かったなぁ！」って言って、初めてですよ、その先輩とそんなに笑顔で話せるの…

谷口　あっははは（周り笑い）どんだけ怖かったん…

木山　その先輩より怖い人っていうのはどんな人だろうと思うぐらいの人だったので…

谷口　ええ、ええ、ええ。大丈夫やと。

木山　もう大丈夫やと。

谷口　と思って来て、和久傳さんで働いてみて、どうですか？

木山　次元が違いましたね。

谷口　あっはははは（大笑い）

最年少料理長

木山　わかりやすいようなポジションがありますので、この世界には。最初は追い回しから、焼き物になったり、揚げ物になったり、魚にふれられるようになったり、味を付けられるようになったり、っていうような、こう、わかりやすい…なので目標は常に明確なんですね。本店に勤めて5年ぐらいしたら味付けっていうことまでさしてもらえてたので…

谷口　味付けっていうのは、ほぼ最終の段階。

木山　そうですね。はい。

谷口　そこからの昇格というのはやっぱりあるわけですよね。

木山　ま、突然やって来ますよね。お店を出店とかいう時のタイミングに。

谷口　んん〜。

木山　で、その時にJR京都駅の改札口の前に、和久傳の新店舗が開業するというふうに決まりまして、「はしたて」という…師匠から「お前が行ってきなさい。」という話を頂いて。

谷口　もちろん「和久傳」がやってる店という看板があるわけですよね。

木山　嫌だったんです。そっちに行くのが。もう、ほんと…

谷口　解放されてもう晴れ晴れするじゃないですか。羽が生えるじゃないですか。何が嫌なんですか。

木山　不安だったんです。ほんとに、速くそこの立場まできてしまったこと、もっと師匠の元で勉強したい、もっともっと勉強することが今現場にある…。で、師匠にも、何回も「いや、自分はもっと勉強させて下さい。」って丁重にお断りを…

谷口　でも、例えば私がその師匠だったら、「やりますよ〜。まかしてくださ〜い！」みたいな人よりも、「いや、勉強したいです。勉強したいです。」っていう人にやってもらいたいですよね。（笑）

木山　いや〜、ね〜。

谷口　大将としてやってみていかがだったですか？

木山　ま〜、本当にしんどかったですね。（笑）もう、全然次元が違うしんどさが…新規オープンですし、店長兼料理長ということで任されましたので…言うたら、面接から、調理場の設計から…パソコンも触ったことない…スーツも着たこともない。そんな世界にいて、急に一般社会人になった、みたいな感じになる訳じゃないですか。

谷口　でも、まぁ、今ここ「木山」さんっていう立派なお店の大将でいらっしゃるってことは、また次に「独立」っていう大きな、大きな転機がやってくるわけですよねぇ。

木山　そうなんです。それがまぁ、タイミング的にここの場所に出会ったってところがまず一番大きな…

谷口　はぁ〜。探してた、とか、じゃなくて、例えば、いいとこがあるよって噂を聞いた、とかそういうことですか？

木山　そうなんです。何の気なしにここにふら〜っと来たら、もう心が「あぁ、ここでしたい！」と思ってしまって、本店行って、「女将さん、実はちょっと一軒見てもらいたいところがあるんですけど。」って言って。で、一緒にここまで来て、外から見て、「あ、あんたがここでやるべきやな。」って言われたんです。

谷口　ええ〜。

木山　その流れやったな、って。「ま、あなたにやってほしいことがたくさんあったけど、ま、これはあんたの流れやから頑張りなさい。」って言ってもらえて…

谷口　そこまでもう全力でやってきたのを周りの方皆さん見て

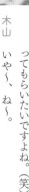

るんでしょうね。

木山　いやいや…

だしの文化を紡ぐ

（カツオを削り、だしを取る。）

木山　どうぞふたをお開け下さい。

谷口　はい。

（ふたを開けて）わ〜おぉ！

木山　今日は、はまぐりと卵豆腐の沢煮椀になってます。どうぞ、お召し上がりください。

谷口　（飲んで）ん〜。美味しいに決まってるんですけどね。ふふふ（笑）すごいベタなこと言いますけど、ほんとに季節を感じるんですね、日本の料理って。

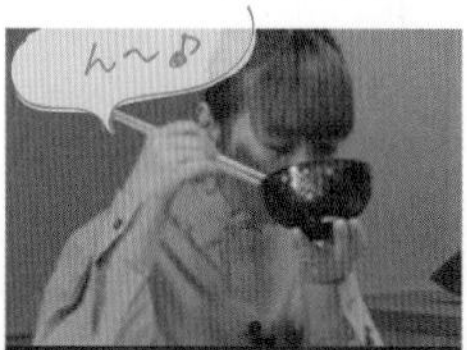

木山　それがいいところですね。

谷口　だし。おだしっていうの、非常にこだわってはるというか、この「木山」さんてお店ではそれをある意味メインに、持ってきてはると思うんですが、なんでそういうふうにやらはったんですか？

木山　ここが決まった後に、師匠に相談しに行ったんです。

谷口　はい。

木山　そしたら師匠が、「絶対、こう、お客さんの目の前で、削りたて、引き立てのだしでお椀を仕立てたらどうや？」って、師匠が言ってくれはったんです。

谷口　あ、師匠が！

木山　そうなんです。

谷口　これからは、どういう風にしていきたいなぁって思ってはりますか？

木山　今まで通り、もうほんとに目の前のことに、お客様、料理、そして一番に「出汁」に焦点を合わせて日々精進していく、ということだけですね。

谷口　皆さん、木山さんはいつまでここに…そんなんわかんないっすよ。今のところずっといてくれます。（周り笑い）

木山　（笑）いつ、ね…

お客様、料理、そして一番に「出汁」に焦点を合わせて
日々精進していく、ということだけですね。

谷口キヨコの流々通信

「木山さん」

京都は他のまちと比べるとお坊さん、大学の先生、日本料理の料理人さんが多いと思う。その人たちについては、はっきりと職業をきかなくてもだいたいわかる。人生経験で、といいたいところだが、ほぼ居酒屋さんのカウンターでの経験で、だ。お坊さんは誰が見てもヘアスタイルでわかる。しかし話の内容から一番判断しにくいのはお坊さんである。どのジャンルについてもよく知っているから、特定しにくいのだ。だから剃髪していない浄土真宗のお坊さんはわかりにくい。大学の先生は荷物が巨大(本と資料)なのでリュックだし、ジャケットを着ていてもネクタイはしない。そして眼鏡をかけていて、薄毛よりもなぜか白髪の方が多い。日本料理の料理人さんは短髪でやせ気味の方が多く、名店といわれるところの料理人さんはなぜかお洒落さんが多い。清潔感がありこざっぱりしているのだ。外見で人を判断するなんてナンセンスなのだが、職業はたいがい当たってしまう。その職業が醸し出す雰囲気があるからだろう。

木山さんも私服で会ったとしても、日本料理の料理人さんだとわかると思う。潔いと言っていいほどの清潔感の持ち主なのである。お話を聞いて納得した。仕事への向き合い方が一途なのである。一生仕事をしたいから、一番しんどい仕事を選んだという木山さんの発想。そんなことで仕事を決めて続くはずはないと、最初はわけがわからなかった。

しかし、だからこそ木山さんはその仕事を一筋に続けていける。課題に出合いクリアしていくことを、一生続けていけば興味は尽きることなく終わることはないと、木山さんは考えているのではないか。そう思うと、その仕事はおもしろく、一生続けていけるものになるかもしれない、と。

木山さんの目の奥は鋭い。好きだ、という料理人の仕事の奥の奥を探しているようだ。

それは一生続くのだろう…、ということは、私たちは木山さんのお店でまだまだ新しい美味に出合えるのだろう。

木山さんを表すことば…　**「全力一歩」**

ジャン！「全力一歩」です。そうしようと思っても、たった一歩に全力を尽くすのは無理です。でも木山さんは一歩一歩全力進んでいらっしゃいます。あんなに澄んでるのにあんなに深い味がするおだし。ありがとうございました。ごちそうさまです。

木山　料理長

木山　義朗さん　#026

029

喫茶店オーナー

宮澤　記代さん

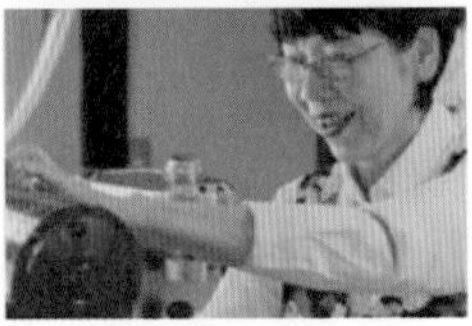

喫茶ギャラリー「さろん淳平」のオーナー。地域の方々の憩いの場として、1階は喫茶スペース。2階では様々なイベント活動を行っている。

喫茶ギャラリー　さろん淳平 HPあり
☎ 075-702-5501
京都市左京区下鴨西本町31-4（MapK）

#029

宮澤　こんにちは。いらっしゃいませ。ようこそ。
谷口　こんにちは。谷口キヨコです。
宮澤　宮澤でございます。
谷口　みんなどう言わはります？やっぱり「ママ」ですか？
宮澤　いやいや、私ね、「ママ」って似合わしませんやん。記代って言いますので、「記代さん」と呼んでください、と（笑）
谷口　ほんなら私がここにおる時に「キヨさん」と言われたら、私も「ハ～イ」言わなあきませんね。（周り笑い）
宮澤　是非！おんなじです。
谷口　そうですね。
宮澤　「キヨピー」ではないですけど。
谷口　あはは（周りも笑い）

自分の店を持ちたい！

谷口　こちらはもう何年ぐらいですか？
宮澤　え～と、9年と半ですかね。
谷口　っていうことは…その前にはやっぱり…いろいろと歴史が…？
宮澤　はははは。はい。
谷口　どこから聞いて行きましょう？
宮澤　そうですね。出産があって、子育てがあって、子どもが幼～い時に、「絶対に何かを自分でしたい！」という思いがあって…長男と次男の名前を一字ずつ取って「淳平」という店をする！って決めてたんです。
谷口　ほ～。「淳平」っていう店をするって決めてたんですか。
宮澤　（笑）家族がみんな麺類が好きなので、「麺処　淳平」っていう名前決めてたんです。
谷口　はっはっは（笑）あの～、私はサラリーマンの家の子なんですよ。せやし、お店屋さんをするっていうイメージは全くなくって、やっぱりそういうのって、家庭環境にもあるんかな～と…

長男と次男の名前を一字ずつ取って「淳平」という店をする！って決めてたんです。

宮澤　そりゃ大いにあると思いますね。
谷口　ってことは、お店屋さんのお嬢さんやったんですか？
宮澤　あの～、東山区で京料理店を営んでる…
谷口　あ、老舗の
宮澤　次女です。
谷口　お嬢です。
宮澤　そんな…。45才になるぐらいまでの20年間近くを実家の手伝いで、一従業員として…手伝いをしてたんですね。
谷口　じゃー、奥様もしながら…お母さんもしながら…さらに、ご実家のこともお手伝いをしながら…
宮澤　はい。
谷口　は～、そこでは、だから接客業いうことですよねぇ。
宮澤　直にお客様とは接してないです、私は。調理場とお座敷を結ぶ中番ってのがあるんですけど、それとか帳場の仕事とかしてたんですね。

谷口　じゃあ、お店の中を仕切る、というか…

宮澤　そんな偉そうなもんでもないけど、まぁよう動いてたと思います。それが長～い間続いたんですよね。

谷口　ほんで、そうしながらも、「麺処　淳平」！

宮澤　そう、それはず～っとありましたね。このまま齢を重ねるのは非常につらいもんがある、と…

谷口　正直、その時お幾つぐらいだったんですか？

宮澤　あの時で40は越えて、しばらくしてからですねぇ。

谷口　アラフォー言うんですかねぇ、今で言うたら。

宮澤　アラフォーですね、まだまだばりばり元気な時で。

谷口　そうですね、もちろん。

広がる価値観

宮澤　そっからなんかもっといろんなもんを見たい、経験したい、がありまして、ほんとにいろんなジャンルのとこに顔を突っ込むようになったんですね。で、元々…

谷口　え、ほな、そこですぐ「麺処　淳平」はしてないんですね。

宮澤　してない、してない、できませんでした。まだそこまで具体的なもん、何にも出来上がってへんし…

谷口　ふんふんふんふん。それでも「麺処　淳平」は…

宮澤　ずっとありました。あっは(笑)でも麺処からはちょっとだけ外れていってました。いろんな世界を見出したら、面白いもんもあるなぁってのがいろいろ見えて来て、洋菓子店、喫茶店、全く関係の無い農機具屋さんも行きました。

谷口　(笑)

宮澤　それから佃煮屋さんも行きました。いろいろなとこ覗いて、最後に陶磁器、つまり器屋さん。五条坂の器屋さんに行った時に、「これやな。」と、なんか感じるもんがあったんですね。器をまず一つ入れよう、と。

谷口　取り扱うということですね。

宮澤　そうです。で、まぁ、そこの力添えで、樟葉で2回ほど器の予約販売会みたいなんしたんですよ。ギャラリーを借りてやったんですけど、ちょうどその時に真向かいに古い喫茶店があって、そこの、それこそママさんが来てくれてはって、そこへ私も出入りするようになって…。そこで、大好きなコーヒーと合体ひょっとしてできるかも、と思った時にもう50近かったですかね。

谷口　(笑)どこも、淳平に行かない…

宮澤　もう麺処はどっか消えてました。(周り笑い)

谷口　(笑)消えてたんや！

宮澤　「カフェ」です。「コーヒー&くらふと淳平」いう名前で今から19年前に始めました。

谷口　やりたいことがマグマのように出て来るじゃないですか。次々出てくるのは不思議なんですけど…

宮澤　このまま人生終わるの嫌！と思たんです。(笑)　この形で終わってしまうのは…

谷口　この形で終わるのは嫌。

宮澤　どっかに出向いて体を動かして収入を得るような仕事、というよりか、むしろ自分が活かせるステージを捜したいという思いが、ものすっごい、がーっと来たんですよ。

谷口　自分を活かせるステージ!!

宮澤　そう。そうです。ここは私、自分のステージや思てます。

谷口　んん〜。

宮澤　自分が楽しめるというのは周りの方も楽しんでくれはるという思い込みが元々あるんですよね。

谷口　あはっははは。

宮澤　そやさかいに、ここで、自分のステージで自分を活かして出したら、きっと面白いことができると思たんですね。

谷口　んん〜。自分の好きなものに囲まれて、人に来てもらって、さらに、人に楽しんでもらうという場所がご自分のステージということですか。

宮澤　そう思てますね。

楽しさの共有

谷口　こちらが今の記代さんのステージですよ！

宮澤　そうです。

谷口　「さろん淳平」さんが！

宮澤　（笑）

谷口　ご自身が楽しいと思ったことをみんなに共有してもらいたい、きっとそれがみんなにとっても楽しいことなんじゃないか、ということですけれども、具体的に何かイベントとかもされてるんですか？

宮澤　はい。一応1年を通して4つの柱みたいなのがあるんですね。お正月は、「新春チャレンジ」というタイトルで…

谷口　「新春チャレンジ」！何にチャレンジしましょう？

宮澤　年明けて、あえて、「来年のイノシシの絵を描いて下さい。」と皆さんに頼みました。

谷口　はいはい。

宮澤　いきなり。何も見ないで。それで大勢の方が想像を膨らましながらイノシシの絵を描いてくれはったのを展示した。そういういきなりのことをやるのが「新春チャレンジ」です。で、二つ目はお雛さん。陶器のお雛様を飾る。これは一個人のお方が長年にわたって集めはったコレクションなんですけれども、この陶器のお雛様二百五十点あるんですね。それを二階で見て頂くという会をしています。

谷口　ん。

宮澤　で、その後「お客様のご自慢展」というのをしてるんですね。

谷口　「お客様のご自慢展」！どんなんでしょう？

宮澤　最初の頃、皆さん「こんなん作ってん。」って、見せ合いをし

楽しさの共有
63歳の時にさろん淳平をオープン

てはったんですね。あ、これの発表会したらどうやろう、って思たんです。それをお預かりして私が全部飾るという…。それが「お客様のご自慢展」です。そして夏休みにね、お客さんに宿題出してるんです。

谷口　夏休みの宿題。あぁ、これね。２０１３年って書いてあります。

宮澤　そうですね。２０１３年。毎年、毎年形変えてやってます。

谷口　「自分のステージ」っておっしゃいましたけど、自分でもやらはるんですか？記代さんも自分で参加してはるんですか？

宮澤　全部参加してます。

谷口　あぁ〜。でも「自分のステージ」なら自分でコレって考えて自分でやって、自分のを置いて、見てもらったらいいんですよね。

宮澤　そうですね。

谷口　でもそうじゃないんですね。

宮澤　そうです。そうじゃないんですね。「私のステージ」っていうのは、遊ぶのが好きなんですね。皆さんとご一緒に遊びたい。それを、「巻き込んでる」っていう…

谷口　いらっしゃる方は、もちろん一見さんの方もいらっしゃると思うんですけど、やっぱり常連さんになる方が多い。（うなづいて）おなじみさんですね。

宮澤　そういう関わりがあるのがすごい嬉しいですよね。

谷口　要するに、ご自分で楽しみに来てる人もいるんやけれども、ここに来ると何か関わりができるということですか？

宮澤　そうそうそう。それは絶対的に感じてます。

谷口　意外にそういうふうな場所って、ありそうで無いですね。

宮澤　でしょうかねぇ。たまたまここにご縁ができてそういう姿をたんと見られるようになって、ほんまに嬉しいことです。このスタイルがこれからも積み重ねられたらええな、と思てます。ほんで、ゆくゆくは息子にバトンタッチできたらええな、と思いますけど、私は自分のためにはしがみつきます。（周り笑い）

谷口　いやいや。淳と平にね。（周り笑い）

宮澤　そう、しがみついて、私のできる範囲で。

谷口　まぁ、でも時代の変化と共に…もしかしたら変わっていくかも知れへんけれども、その芯が、思わはる思い

谷口キヨコの流々通信

「宮澤さん」

今回の主役・記代さんは、会社員であればリタイアし、いわゆる第二の人生を歩んでいる世代である。第二の人生を喫茶店のオーナーとして生きる。ひとつの理想の形といってよいだろう。この生き方、男性に多いパターンなのかな、と。しかし記代さんは女性である。二人の息子さんのお母さん、会社員だったわけでもない。つまり、会社からのリタイア組ではない。

お話をうかがっていると、子育てで中断の何年間以外は何らかのお仕事を記代さんはずっとされている。しかもその最中に「絶対に何かを自分でしたい！」「このまま人生終わるのは嫌！」と、明確に思っていた人である。

で、実際に彼女は動く。思い描く形は麺類好きの家族からヒントを得た麺処「淳平」。暖簾は黒地で白抜きの淳平である。そのイメージだけははっきりとあった記代さん。

頭の中にイメージがあり、やりたいという気持ちがある人はこの世に五万といるだろう。でも記代さんはそれだけではなく実際に動いた。いろんな場所で経験を積みそれを全部栄養にして、ついにたくさんの人が集まり楽しむ喫茶店「淳平」をオープンする。この際、「麺処じゃないやん！」とかのツッコミはなしにする。だって麺か珈琲か、そんなのどうでもよいことだ。

喫茶店「淳平」は記代さんにとってのステージだ。しかし、そのステージは観る人を満足させるためにあるのではない。淳平のお客様も、そこに来ることで、そこのステージに上がりそれを楽しみ満足する。そんな場所を記代さんはみんなに提供しているのだ。提供してみんなに喜んでもらう。これが「絶対に何かをしたい」の何かだったのではないだろうか。この気持ちに突き動かされて生きてきた記代さんはついに答えをみつけたようだ。

宮澤　が、受け継がれて行くと…もう、それはもう何よりですね。

谷口　楽しむ。やってる人が楽しむ、来てくれる人が楽しむ…

宮澤　そう、そうです。ほんとに両方共が…。ほんまにそう思てます。やし、「来て良かった」とか言うてくれはると、ほんとに嬉しい。

谷口　そうですね。

宮澤さんを表すことば

「主役」

ジャン！記代さん、あなたはあなたの人生の主役です。キヨコもキヨコの人生の主役になりたいと思いました。

喫茶店オーナー
宮澤　記代さん　＃０２９

034

日本茶カフェオーナー

須藤 惟行さん

日本茶カフェ専門店YUGENのオーナー。
敷居が高いと感じる日本茶を、気軽に楽しんでもらうために様々な活動を行っている。

YUGEN HPあり

☎ 075-606-5062

京都市下京区大黒町266-2（MapⒶC-2）

#034

谷口　谷口と申します。よろしくお願い致します。

須藤　よろしくお願いします。

谷口　不作法やと思いますけど、頂きます。

須藤　いえいえいえ、どうぞ。

谷口　ん～、ダイレクト！

須藤　ははは。

谷口　気分ですよ。なんかコーヒーとか、なんかそういうんよりもなんか栄養みたいなんがあるんちゃうか？カテキンって、ええんちゃうか？って思いながら摂ってるんですけど…

須藤　はい、やっぱり葉っぱなのでビタミンとか、あとはお抹茶とかには特になんですけど、アミノ酸っていうのがいっぱい入ってるんですね。

谷口　あ～、そうそう。だから、玉露とかいただいたら、本当に普通に飲むお茶とは違う味がしますよね。

須藤　はい。

谷口　何でもええもんはこうやって食べたらわかるのと、もちろん成分とかも分析したらわかるのと、例えば、作られてるところに行くとね、太陽さんさん浴びて、もう照り照りの濃い濃い緑色になってる、照り照りとなってるような茶葉を見ていくと、成分では計り知れないような栄養があんのやろなぁっていうのは、感じることがあります。

須藤　はい。

お茶離れ

谷口　なんでお茶なんですか？コーヒーとか、バリスタとか流行ってるじゃないですか。

須藤　はい。そうですね。

谷口　あと、お酒とか、ソムリエとか…

須藤　たくさん理由はあるんですけど、一番はやっぱり抹茶が好きだから、みたいなところから始まったんですよね。

谷口　好きだから。

須藤　はい。小学校高学年とかやったと思います。初めては、多分。抹茶は体にいいとか、賢くなるとかいろいろ言われながら…

谷口　あ～(笑)賢くなる…それはまぁキラーワードですよね。(笑)

一番はやっぱり抹茶が好きだから、みたいなところから始まった
好きだから。

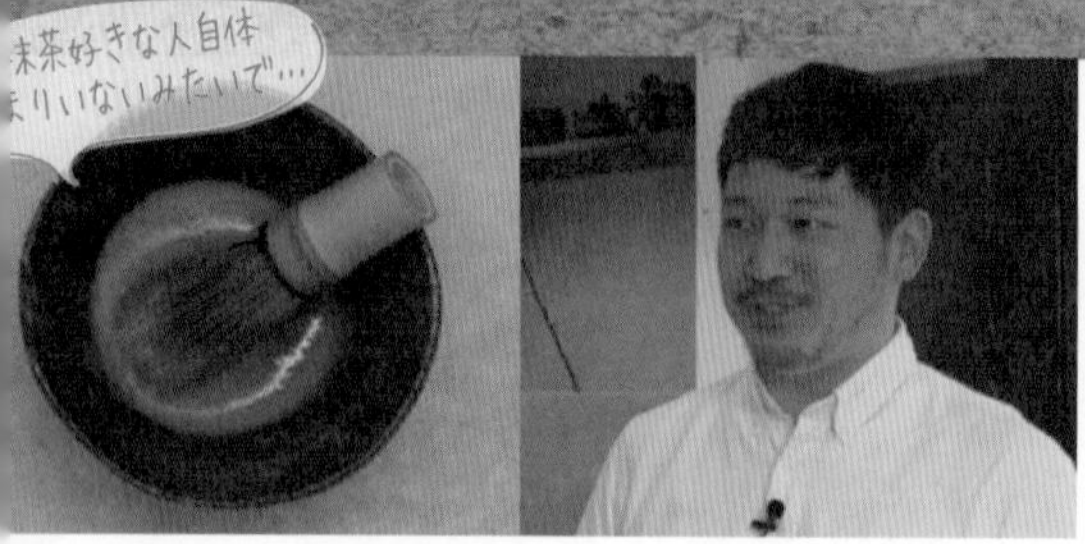

須藤　（笑）大人になって気付いたんですけど、今の時代に、抹茶とかを飲んだことない人がほとんどみたいな感じになってるっていうのを…

谷口　家でお母さん点てはるんですか？

須藤　あぁ、はい、点てて頂いて…はい。

谷口　それはなかなか。私も日本料理屋さん行って、最後出て来てびっくりする、みたいな…

須藤　あぁ、はい。ははは。

谷口　誰かが飲むのを待って、それを真似して頂く、みたいな。

須藤　や、ほんとにその機会ぐらいやと思うんですね。ハードルが高い高いところにあるようなイメージで。かたや、抹茶のお菓子とか、すごい人気じゃないですか。

谷口　うん。

須藤　僕は「抹茶、好き。」って感じで試すんですけど、周りに聞いたら抹茶好きな人自体あんまりいないみたいで…

谷口　お抹茶って聞いたら、食べ物っていうか、飲み物っていうか、そちらの味よりか、「作法」って最初に思うからやと思います。

須藤　んん〜。

谷口　そっちが先に来て、だから、味は好きやねんけど、お作法わからへんし。飲まへんみたいな、多分そっちかな。

日本茶マーケティング

須藤　元々東京の方で働いてまして、マーケティングのコンサルティングをするような会社を、同世代の仲間と立ち上げたりしてたんですね。マーケティングという領域で言うとですね、フランスブルゴーニュ地方のロマネコンティーみたいなワインがあったり、スコットランドのアルボアみたいなスコッチがあったり、なんか色〜んなものがすごい世界中に知れ渡っていて評価されているのに…

谷口　あぁ、その土地とその農産物であったり、その土地とその職人さんが作るものであったり…

須藤　はい。っていうのはすごい認知されてて評価されてるのに、お茶っていう日本にしかないコンテンツで、僕はめっちゃ好きなのに、あんまり知られてないってめっちゃもったいないって思ったんですね。

谷口　そうか、自分が好きなものと仕事のマーケティングが合体したわけですね。

須藤　はい。

谷口　それ、最高じゃないですか。

須藤　あはははは。で、僕もすごい気になったんですよね。実際に作ってる人達は幸せなんかな？みたいなことが…

谷口　あぁ、そうか。日本にはいいものがある。お茶。でも知れ渡っていない。その問題は何か？じゃ、現地に聞こう。で、行かはって、フィールドワークはどうだったんですか？

須藤　後継者問題だったり、年々沈んで行ってますっていう状況で…お菓子を作ってくれって言われたりとか、お菓子を作ってはる人とかは伸びてました。

谷口　あぁ。

須藤　おいしいものっていうのを追求したいっていう、なんか職人の気持みたいなんは全然関係なくなって来てるんですね。

谷口　あ、売れるものを作ってくれ、今売れてるものをもっと作ってくれ…それを聞いたマーケティングのプロであり…お茶大好きな須藤さんはどう思ったんですか？

須藤　僕しか多分やれへんのかな、って思ったんですよね。

谷口　来ました。

須藤　ははは。めっちゃこだわって作ってはる人がいて、でも商売なんで、今までずっと叩かれてきてるわけですよね。卸先から。

谷口　あぁ〜、ふんふん。

須藤　飲む抹茶というのがやっぱりハードル一番高いところにあるような気がしてるんですよね。で、一番身近なところで言うと、やっぱりお菓子の抹茶。一番上に到達するまでの間の部分がないなぁと思ったんですよね。

谷口　そうですねぇ。

須藤　はい。で、まぁそれを、僕としては役割を担う必要があるのかな、と思ったんですよね。ここに到達するまでの。

谷口　お菓子の抹茶と、いわゆるお点前で頂くお抹茶の間には何があるんでしょうか。(笑)わからへん。

須藤　まぁほんとに身近に飲んで頂くお店、街にあるようなお店かなぁと思ったんですね。

谷口　でも、農家さんとタッグを組まないと、「自分一人でお店やりま〜す！」ではちょっとやりにくいかなと思いますね。

須藤　はい。ま、いろんな農家さんお話お伺いさせて頂いて、すごい応援して下さるって言う方は、結構うれしい話、いらっしゃいまして。で、勇気づけられたと言いますか。

谷口　ふんふんふん。

須藤　やっぱりやっていいんだ、と思って踏み切ったっていう感じですね。

ティーバリスタ

谷口　お店でまた新しい試みもされてると聞いたんですが。

須藤　お茶がスポットを浴びるような状況をたくさん作っていきたいなと思ってまして…

谷口　はい。

須藤　京都はおいしいコーヒー屋さんがいろいろありまして、僕らとしては、コーヒーで言う「バリスタ」っていう役割の感覚で仕事をしてるんです。お茶をサーブして対価を頂いて、僕たちは生きられる、みたいな職業。これを「ティーバリスタ」という形で表現してまして…

谷口　はい。

須藤　みなさん忙しい時代だと思うんですけど、お茶はほっとするというか、一息つける大切な時間になると思うんですね。熱湯であっても、冷まして待つお湯を入れるお茶であっても、その時間を僕は結構楽しめるものだと思っ

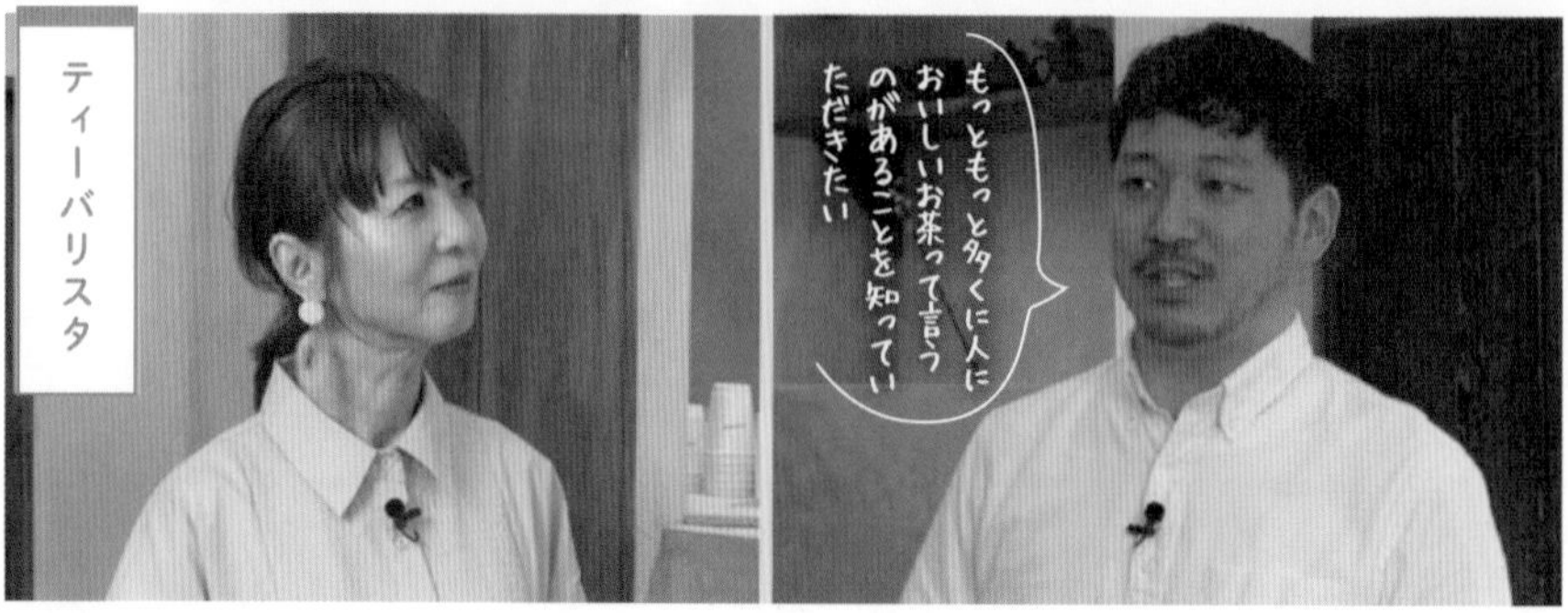
ティーバリスタ
もっともっと多くに人に
おいしいお茶って言う
のがあることを知ってい
ただきたい

てまして。ま、こういうところも含めて『お茶!』みたいな感じで。ちょっとね、感じてほしいなとか思って。

《おススメの日本茶を煎れて頂く》

須藤　どうぞ。
谷口　これは何でしょうか?
須藤　「ほうじ茶ラテ」ですね。
谷口　いただきます。おいしい。
須藤　ありがとうございます。ははは。(笑)
谷口　うちは、父親が焙煎したものが好きなんですよ。
須藤　あぁ。
谷口　だから、コーヒーとほうじ茶が大好きだったので、私としては親しみやすいですね。

ほうじ茶ラテ

YUGEN

須藤　あぁ、ありがとうございます。
谷口　お抹茶、お点前っていうのがあって、お菓子なんかに使われるお抹茶があって、この間をっていうのおっしゃってましたけど、お茶の品質と共に、やっぱり新しい出し方っていうこともやっぱりこのお店でトライして行くってことですか。
須藤　はい、そうですね。
谷口　そう思うと、やっぱりお茶もいろんな種類があるし、いろんな品質のものもあると思うし…。これからはどんなふうに…広げていく、深めていく、前へ進んでいく、どんな形を思っていらっしゃいますか?
須藤　もっともっと多くに人においしいお茶があることを知って頂きたくて、嗜好品としてのお茶とかが世の中にあるんだというのを知って頂きたい、というか。もっとお茶のステイタスを上げていきたいんですよね。で、それにあたって、ティーバリスタとしていろんな場所でお茶を提供したいなと思ってます。

谷口キヨコの流々通信

「須藤さん」

お茶が好きだ。飲み物のなかでは一番好き！

そういえば、犬派？　猫派？　ってよく話題に出てくる。正直どっちも好きだから困るけど、わたしの場合は「猫派です。でもどっちも好き」と答える。

しかし珈琲派？　紅茶派？　ときかれたら即答だ。「紅茶派です！お茶は全部好きです！」と。

お茶の味が好きなのだが、味以上に飲み物は澄んだものが好きだ。濁ったものがからだにはいっていくより、澄んだものがからだにはいっていくかんじが心地よい。飲み物は液体だから余計にそう思うのだろうか。その飲み物がからだの中にはいっていくかんじがダイレクトに想像できるから。飲みながらからだがきれいになるというか、浄化される気がするのである。

須藤さんはお抹茶好きだそうだ（お抹茶は粉にしているから濁ってるけど）。マーケティングコンサルタントというキャリアから、好きなお抹茶、つまりは日本茶をもっと知ってもらうにはどうしたらよいかを考えた。好きなものとキャリアが重なった瞬間である。そこからは「お茶をもっとよく知ってもらう」ということに邁進。だって元々好きなものだから関わっていられることが喜びなんだよね。音楽が好きで、それに関わる仕事をしていることが喜びであるラジオＤＪの私は、その気持ちに共感します！

須藤さんを表すことば　「町茶店」

今回はこちらです。お茶って、当たり前にあるもんだと思うんですけど、それに気付かないことがありますよね、良さに。それをちゃ～んと真剣に向き合ってくれる人が教えてくれると、その本当の良さに気付けるっていうふうに思います。ここで私も気付けたかな。

日本茶カフェオーナー
須藤　惟行さん　＃０３４

039

味噌ソムリエ

床　美幸さん

味噌ポタージュ専門店
「MISOPOTA KYOTO」のオーナー。
味噌の魅力を広めるべく様々な活動を行っている。

MISOPOTA KYOTO HPあり
☎ 075-754-8630
京都市中京区大黒町88 シルブープレビル（MapⒶC-2）

#039

ビーツとさつまいもの「華やぐ紅」

谷□ 初めまして〜。
床 いらっしゃいませ。ビーツとさつまいも味の「華やぐ紅」という名前のMISO POTAでございます。
谷□ ありがとうございます。あ、冷たい！
床 そうなんです。これからの暑いシーズンは冷たいスープも提供しておりまして、こちら人気のスープでございます。
谷□ んん〜、おいしい！
床 おおきに。お味噌もね、八丁味噌と麦みそをブレンドしてるんですよ。
谷□ ちょっと香ばしい。下の方は、シャーベット状の物、まだちょっと残ってて…んん〜！初めての感覚です。おいしいですね。

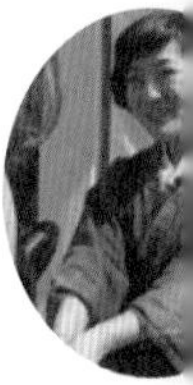

床 今の方がお味噌汁を食べなくなった原因って何か解らはります？
谷□ 何やろな。私は結構コンスタントに食べるので…
床 一番多かった理由はね、パンとか洋食と合わへんから。
谷□ あ〜、そっか。ご飯ならお味噌汁やけど、パンはもうスープ、みたいな…
床 そうなんですよ。それで、じゃ、お味噌が入った物をもう一回作ろう。で、たまたまね、試作を繰り返してる時に一緒にレシピ作ってる人がミキサーをやってくれはったんですよ。その時たまたまビーツがあったんですけど、綺麗な赤になったんですよ。
谷□ はい。
床 これ、ちょっと、女子的にテンション上がりませんか？みたいなお話になって…
谷□ 上がる上がる！これも見て下さい。こんなにきれいな色に…ストロベリースムージーみたいな色になってる。
床 細かくかき混ぜることによってほんとにスープにお味噌感が出る、みたいなね…
谷□ あっ、そう、お味噌味のスープ。
床 はい、そうなんです。それで、これを極めたらええんちゃうか、というのでそこから開発を重ねて、ようやくこのMISO POTAに行き着いたんです。
谷□ 味噌汁という汁物ではなくて、お汁物なんやけども、スープで、そこにお味噌入れる。
床 はい。お味噌入れるのがやっぱりうちのミソでしてね…
谷□ 出ました。ありがとうございます。(周り笑い)いただきます。
床 失礼いたしました。

仕事に没頭するも…

谷□ 大学は京都やと伺いました。
床 京都の同志社大学を卒業しました。
谷□ そのあと、いきなり味噌業界に突入したんでしょうか？
床 いえ。電機メーカー業界に入社いたしました。メーカーって朝早いんですよね。で、夕方から接待に行くんで夜も、結構毎日午前様で帰っていて…
谷□ わっ！

床　朝は絶対しっかり働かんとあかんし、夜はお酒も頂いて遅くなる。そういう生活を3年ぐらい続けたらちょっと体を壊しまして…それで、入院することになったんですよ。

谷口　あっ、入院まで…

床　このまま、もし生き続けることができたら、自分の体を大事にします、と。で、周りの人も、なんか健康になるように私は頑張ります、みたいなことをお祈りしてね…（笑）

谷口　あ、解る。（笑）「だから神様助けて下さい！」

床　はいはい、そうです。「頑張ります。」言うて…その後、メーカー辞めて別に自分で会社をスタートさせて…

谷口　どのような会社だったんですか？何関係の会社を？

床　WEB系のセミナーとか人材サービスをやる会社やったんです。年々少しずつ体調不良を訴える人が増えて来て…日曜日の夜中から月曜日の朝にかけて、熱が出ました、頭痛がする、お腹が痛い…

谷口　（笑）それねぇ、ま、ほんとのことだと思いますけど、半分くらいは「行きたくない病」じゃないですか？（周り笑い）

床　んん。も含めて何かね、働き始めたころは、「すごいこの仕事がやりたかった。」「だから、すごく嬉しいんです。」って言ってた人たちが、なんかお腹が痛くて、とか…吐き気がして、とかね…で、仕事自体は楽しいはずやのに何なんやろ？

谷口　はい。

仕事に没頭するも…
体を壊しまして…
それで、入院することに
なったんですよ。

床　って言ってたら…、昼ごはんの時間も皆さん、休憩してほしいんですけど、なかなかね、忙しいからって言って、おやつだけで昼済ますみたいな…

谷口　んん～、はいはいはい。

床　食事をおざなりにしてる人が結構そういう傾向にあったんですよ。

谷口　ふんふんふん。

床　「あ、やっぱり食事やなぁ」と。それやったらなんか、手早く食べられて、しかも栄養があってっていうものは何かしら？なんて考え始めていた時に、お味噌の効能をいっぱい聞くことになって。

谷口　あ、お味噌ってこんなにいいんだよって…

床　そうなんです。なんか、お味噌を使って人を元気にする事業ができたらいいなと思い始めたんですよ。

谷口　ああ～～！そういうことか。その発想がないんですよ、私。もうご飯食べる時はちゃ～んと食べたいんです。

床　あ～、素晴らしい！

谷口　そうじゃないともう絶対嫌やし、「んん～～、ギ～～」っとなって来る。

床　（笑）「ぎ～～！」って。

谷口　「もう仕事せーへん！」って…（二人笑）

もともとは料理ベタ

床　私家庭科が一番あかんぐらい料理ベタやったんですよ。お味噌汁はそんなにめちゃめちゃ器用じゃなくてもできそうな気がする…

谷口　はい。

床　そうなんです。だから周りが私に、「床ちゃんでも、具だくさん味噌汁ぐらいなら、作れんちゃうの？」ってアドバイスをしてくれたんですよ。

谷口　あ〜。

床　それで具だくさん味噌汁のお店作ろうかなと思って。で、ヒアリングをしてたら、プロジェクトをやってみますか、って話になって…手伝って下さるよって方が、あなた料理下手ですよね、じゃレシピ作れる人必要ですね。

谷口　はい。

床　お店やったことないですよね、お店の運営考えられる人必要ですね、で、飲食店のPRやったことないですよね、じゃPRできる人探しましょう、とか、いろんな人を揃えてくれはったんですよ。

谷口　うわ〜、すごいですよね。自分の想いとそれに賛同する人達が現れたというか…

床　そうなんです。なんか、味噌汁にちょっと新しいコンセプトのポタージュっていうのが乗っかってるのがMISO POTAじゃないですか。

谷口　ふんふん。

床　そしたら、京都も古い文化にちょっとずつ新しい文化を取り入れてどんどんブラッシュアップして行くわけですから…これ、京都の方がええな。ほんなら、京都行こうかな、と思って…

谷口　（笑）話がどんどん進んでいきますねぇ。MISO POTAのポタはポタージュのことですよね。

床　ポタージュのポタと、液体が「ポタッ」って落ちる…

谷口　えっ、

床　「ポタッ」

谷口　でも小っちゃくただ「ポタッ」と落ちても気も付かないし…

床　ほんまですねぇ。

谷口　そやから、小っちゃいとこに大切なエキスみたいなんが「ポターッ」と落ちて、それが幸せのカタマリみたいな…

床　確かに！

谷口　これ、使うてください。(周り笑い)

床　使わして頂きます！

谷口　いや、でもほんま、そう思います。

味噌汁の文化を世界へ——

谷口　こうやって今このお店ができて…でも、こっからどんなふうに広げていきたいか、とかきっとね、そら野望はすごいと思う…はっはは（笑）

床　（笑）

谷口　きっといろんなこと将来的には考えてはると思うんですけども…いかがですか？

床　そうですね。まずは、日本中の方にもっとお味噌を召し上がって頂けるようにMISO POTAだけじゃなくて、お味噌の入った何かをいろいろ提案したり、発信して行けたらええなぁと思っているんですよ。

味噌ソムリエ　床　美幸さん　＃039

谷□　（笑）どっかのお味噌会社の社長みたいになってますよ…（周り笑い）元々は料理ベタだとおっしゃってましたけど…でも人様に教えてる時もあると聞きましたよ。はっはは。

床　はい。白味噌の仕込みのワークショップを寒い時にやらして頂いたり…あとは、お味噌についての利き味噌って言うんですかね、いろんな種類のお味噌をなめて頂いて…

谷□　んん。

床　八丁味噌ってこんな味なんや…とか、お味噌に慣れ親しんで頂くようなワークショップも百貨店さんの催事とかでさせて頂いてまして…

谷□　んん。

床　いろんな方に、「お味噌ってこんなに身近やったんや」っていうのを、改めて思い返して頂くような場を作るようにしてます。「今日はお味噌食べてへんし、気持ち悪いわぁ。」みたいにね、なって頂けるような…、日本にしたいなぁと思ってるんですよ。

百貨店での催事

谷□　ふんふんふんふん。

床　で、日本だけやと狭いから、海外の皆様にも…お味噌の良さをもっと知って頂こうと思っていて。海外でしか無いお野菜とかもあるやないですか。

谷□　あぁ、そうですねぇ。「これ、何やろ？」みたいな、「きゅうりじゃないし…」みたいな、ね。

床　その野菜を使って、海外でも、海外版MISO POTAを作って、それを日本で召し上がって頂くとか…そういうこともやって行きたいな、と思ってます。

谷□　海外行ったら、「あ、これ、お味噌やん！」「MISO POTAやん！」って。「床さん、言うてたやつやん！」みたいな…

床　早うそうなれるように頑張りますわぁ。

谷□　絶対ね、なると思います。

床　ありがとうございます。

谷□　ほんとに、気合を、出で立ちからも…そして、この帯！この帯からも感じます！

床　縛り上げてます。

谷□　「腰入れて行くで！」っていうはい。もう腰折れへんようになってますからね。

床　あっはははは（周り笑い）

味噌汁の文化を世界へ
「今日はお味噌食べてへんし、気持ち悪いわぁ」みたいになっていただけるような…

谷口キヨコの流々通信

「床さん」

ここ何年か本当によく使われる言葉になった『免疫力』。元々は『免疫』から派生した言葉である。5年前に免疫力って聞いてもあまりピンとこなかった人さえも、今は自分の免疫力をすっごく気にする。本来の意味とは違うが、「私、女子高やったしあんまりイケメンに免疫ないね～ん」みたいな使い方もされた免疫だが、それに力があったとは…。この使われ方だと、共学の高校に通っていた私はイケメンに対する免疫力が高い、ということになる…（実際はそうでもない）。

免疫の言葉としての意味は、疫病から免れるということだから、免疫力はそれに対する力。

そして、ネットでも雑誌の見出しにも本当によく見かける『免疫力が上がる』という表現。疫病から免れる力が上がるなら、そりゃ上げたい。上がってほしい。しかし、漠然とした疑問も沸き上がる。そんなん上がるんやろか…、上がるとしたらどうやって…。目には見えない免疫細胞に、どうやって「おい!パワー上げろよ。上げてくれよ～」と私たちは言うのか、それとも細胞に筋トレでもしてもらえばよいのか。いくら自分のことはいえ、無理だ、無理がある。

しかし最近、食べればその免疫力とやらを上げてくれる食品があると聞いた。その名は発酵食品。

ヨーグルト、納豆、キムチ、味噌…、私たちが日常的に摂りいれやすいものたち、しかもほぼ毎日もう食べています～という方も多いのではないだろうか?

私も食べてます。美味しいし手軽やし、いいよね～発酵食品。

日本の食卓が洋風になるにつれて、遠ざけられてしまったお味噌、そしてお味噌汁。

令和の時代が始まり、今では免疫力の向上が全国民の願いである。日本の元祖発酵食品味噌、ついに本領発揮のときがきた!美味しくてからだによくて高くない!やっぱりからだにしっくりくるもの、これからも食べよう。

味噌ソムリエ
床 美幸さん ＃039

床さんを表すことば 「聖 みそ 伝導師」

床さんの熱さを伝える伝導師、でございます。でもその床さんの非常にユニークな個性とそして味噌の持つこの個性って言うのは本当に素晴らしいもんだと思うので、それを掛け合わせたら、必ず世界に伝わって行くと思います。

047

カレー料理人

佐藤 圭介さん

インド式カレー専門店「ムジャラ」のオーナー兼料理人。経験と勘で作られる独特のカレーは2時間で売り切れることも。

ムジャラ HPあり

☎ 080-9161-1191

京都市下京区坊門町832（MapⒶA-2）

#047

谷口 こんにちは〜。谷口キヨコと申します。

佐藤 お願いしま〜す。どうも〜。

谷口 装飾が、なかなかこれ、別にカレー屋さんとは関係ない装飾もあったりするかと思うんですけど。どういう感じでなんすか？

佐藤 頭の中の感じ…ですね。

谷口 あ、これは佐藤さんの頭の中…

佐藤 そうそうそうそう。

谷口 じゃ、自分の好きなものを全部集めた。

佐藤 まぁまぁそう、そんな感じですかね。

谷口 もう一切嫌なものとか好きじゃないものは無い。

佐藤 あ、そうそうそうそう。

谷口 例えば私が家にあるお気に入りのお人形をここに持ってきて、「置いて下さい！」っていうふうに言っても佐藤さん気に入らなければ…

佐藤 もらうけど置かない。

即興カレー

谷口 まるでここに宇宙があるじゃないですか。もう、香りもすごいいい香りがするんですよ。

佐藤 はははは、ありがとうございます。

谷口 どういうものが入ってるんですか？

佐藤 豚のカレーと、こっちがチキンのカレー、こっちが豆のカレー…

谷口 あぁ〜、3種類。まずはこれ、豚？（食べて）んん〜、おいしいに決まってる。

頭の中の感じ…
ですね。（内装）

（もう一口食べる）ん〜ん、このキウイと混ぜたらまた酸っぱさが増して…

佐藤 そうですね。

谷口 これが、…豆。（食べて）おいしいに決まってるわ。んん。これは赤いのは？

佐藤 それ、ビーツ。

谷口 これ、どれと合わそ？

佐藤 どれでもええんで。

谷口 豚さん、行こ。（食べて）んん〜！……しゃべりたくない。

佐藤 （笑）（周りも笑い）はははは！うれしい！

谷口 やっぱり「スパイスカレー」っていうふうに言われがちのもんですかね、これは。

佐藤 そうそうそうそう。

谷口 スパイス、どれぐらい使ってるんですか？

佐藤 5種類か7種類ぐらい。割とあっさりしたいから…だから、基本的には材料とスパイスと油と塩しか使わない。あっさりしてるんですよ。

谷口 あっさりしてます。

佐藤 作り置きしてなくて、毎朝全部作ってる。細かいレシピが無いんで、いつも市場から八百屋さんに持ってきてもらう、それ聞いて、みたいな。「こんなん、今日あったよ」とか…

谷口 えっ！「こんなん今日あったよ！」から作るんですか？

佐藤 そうそうそう。

ん〜、おいしいに
決まってる

谷□　え～、それこそスパイス決めたりとか…

佐藤　豚もチキンも毎日作ってるけどマジで作り方が全然違う…違ってくるから…。

谷□　毎日毎日。

佐藤　そう。

谷□　全然ゆるくないやん。まぁ、でもどうでしょう、どんどん進化して行くんですかねぇ？「もう、これ、最高やったな」思て、それちょっとリピートして、また変えていく、みたいなのはあるんですか？

佐藤　良かったなぁってのはあるんですけど、作り方覚えてないですから…

谷□　まさに即興！

佐藤　（笑）

谷□　作り方、書いてないの？

佐藤　書いてない。

谷□　ほな俺休む時どうすんの？

佐藤　店閉める（笑）ははははは。

谷□　（苦笑い）

ノイズ・ミュージック——

谷□　私、この人「一体子どもの頃はどんなんだったろう？」と珍しいほど興味が沸いたんですけど…

佐藤　（笑）ありがとうございます。

谷□　どちらですか？ご出身は？

佐藤　鳥取県で…

楽器は、ちょっと
昔のやつ持ってきて…
あのう、これ…

谷□　鳥取県！どういうお子さんだったんですか？

佐藤　勉強も特にできへんし、スポーツも、んん、特にできへんし、みたいな…だから、クラスの少年A、B、みたいな…

谷□　あっはは。そういう少年時代で、いつ京都ですか？いきなり？

佐藤　いやっ、そこから大阪に、あの、専門学校に行ってて、イラストとかグラフィックとかの…

谷□　あ、そっちに興味があって…

佐藤　そ、元々そっちに興味があって、はい。結局学校に行っても、好きなことが音楽とかやったから基本的にはその時代は、ノイズの音楽を…やってまして。

谷□　あ、バンド組んじゃって？

佐藤　いや、一人で…

谷□　一人で？さらに興味出て来たわ。聞いてもいいですか？

佐藤　あぁ、もちろんです。(爆音のノイズミュージックをかける)

谷□　(呆れたように笑い) はい、ありがとうございました。

佐藤　はははは。そう、これをずっとやってて。

谷□　ノイズミュージック(笑)という…すごいな、これ。普通になんか一つの音楽のジャンルやと思て聞いたら、たいがいの方は「うるさい」と思われる感じが…

佐藤　そうですね。ははは。

谷□　どういう楽器を使ってやるんですか？

佐藤　楽器は、ちょっと昔のやつ持ってきて…あのう、これ…

谷□　なんだ、それ？ギターっぽい…え～～！

佐藤　で、これがピックアップコリー…配線してこれでこう弾く…

谷口　イヤー！（苦しい笑い）（周り笑い）もうどんな音が出るか想像しただけでもちょっともう耳痛いみたいな…

佐藤　そうですね。

谷口　また、なんか噂によると新しい展開を聞きましたよ。

佐藤　そう、ライブができる箱を作る…と思ってて。

谷口　あの、さっき聞かされたあの音楽がずっと鳴ってる…

佐藤　（笑いながら）まっ、ああゆうのってあんまりやらしてもらえるとこ無いんで…

谷口　ないですよね。

佐藤　うん。そういう人たちをもっと敷居を低くできる場所ができたら…

谷口　「好きやー！」っていうピュアな思いをそこで実際に…

佐藤　そうそうそうそう。

谷口　ま、それ、家でやる訳にいかんもんね。

佐藤　でも、なんか、そういうのができたりとかしたらいいかな〜って思ってて…

谷口　やりましょうよ、また。50になって、60になって…

佐藤　まぁ、ねぇ…（笑）

谷口　私は絶対聞きに来ませんよ。（笑）

佐藤　（笑）（周りも笑い）

ノイズ・ミュージック
ギターっぽい…え〜〜！
もうどんな音が出るか
想像しただけでもちょっと
もう耳痛いみたいな…

カレーに人生をかける——

谷口　私、驚きの事実を仕入れたんですよ。会社員やってはったって聞いて…

佐藤　そうなんですよ。仕事はエンジニア、してましたね。

谷口　エンジニア？

佐藤　機械とか作ったりする仕事してて…

谷口　ものすごく固い仕事ですよね。

佐藤　まぁ割と、職人系みたいな仕事…をやってたんですけど…当時、就職したら割と豊かになるかなと思ってたんですけど…

谷口　はい。

佐藤　そうではなかって（笑）…それで結婚もして…

谷口　えっ！結婚すんの？

佐藤　ん、そう、結婚したんですよ。子どももいるんですけど…

谷口　わ〜お！

佐藤　ま、そのほかにも辞めたきっかけっていうのは…基本的に家に居ない、っていう状況で…

谷口　ああ、忙しくて…

佐藤　ずっと出張ばっかりとかなってもうて、3ヶ月とか平気でいなかったんで…ほんで「辞めたいな〜」ってずっと思って…はははは…

谷口　（伏せて笑う）

佐藤　「仕事辞めたいなぁ」と思ってて…

谷口　辞めちゃったんですか？

佐藤　そう。ほんで、カレー屋やろうかな〜？…みたいな…

谷口　あ～それがそのふわ～っとしてるんだけど、そこですよね！
佐藤　そうそうそうそう。
谷口　ふわ～っとしてるけど…カレーは、それはいったい誰に作って…やっぱり誰かに作ったこともあって、しかも評判良くないとカレー屋やらないじゃん。
佐藤　自炊の延長線上で昔から作って…でも、特に誰に食べてもらったこと無かった…

今の仕事は、何て言うのかな、
自分で考えたことがやれる…
やれるって言うのが一番大事かな
今、このスペースで
自分のやりたいことできてると
もうめっちゃハッピーじゃないですか。
カレーに人生をかける

谷口　無かった。
佐藤　無かったんです。
谷口　が、自分の中では、これはうまいぞ、と…その時、どんなカレーだったんですか？
佐藤　ま、今と似たようなカレーで作ってて…
谷口　最初の内、どうだったんですか？だって、人に食べさせたことないカレーでしょう？
佐藤　そうそうそうそうそうそうそうそう。
谷口　そうそうそう、じゃないよ。(笑)
佐藤　お客さんなんか、来んのかなとかと思って…
谷口　はっはは…
佐藤　って、始めて行って…
谷口　で、で、来た？
佐藤　そしたら、案外普通のお客さん来てくれて…

谷口　あの～、逆にこっちがびっくりしません？
佐藤　あ、そうそう。目の前で、自分が作った料理を誰かがお金を払って食べてる状態がすごく辛くて…
谷口　あっははは（大笑い）
佐藤　でもそれは慣れじゃないですか。だんだんだんだんそれも、自分の、何やろ、手とかも早くなってきたりとか…
谷口　ってことはお客様も、増えてきたってことですよね。
佐藤　そうそう、そうなんです。
谷口　今は、例えば、自分がこれだけって、一生懸命作れるだけ作って売り切れるってこともあるってことですか？
佐藤　そうそう。基本的にはそうで、全部売り切っちゃってる感じですね、とりあえず。
谷口　わ～、すごい！、人気店になってる実感が…
佐藤　んん～、実感は…まぁまぁ、まぁ、ありがたいことですけどね。ま、ま、そんな感じですね。前の仕事のこと考えると、今の仕事は、何て言うのかな、自分で考えたことがやれる…
谷口　そうですよね。
佐藤　やれるって言うのが一番大事かな
谷口　今、このスペースで自分のやりたいことできてるともうめっちゃハッピーじゃないですか。
佐藤　とにかくストレスが無いから、それが一番かな～って感じですね。
谷口　そうですよね。
佐藤　んん。

谷口キヨコの流々通信

「佐藤さん」

出たー！カレー屋さん、カレー料理人、カレー職人、キター、来ましたー！カレー屋さんはねぇ、独特な方多いですよねぇ、と私は思うわけですよ。

興味深いお話の宝庫だろう。なんて思ったら…そう、ユニークな方だらけ。私がこれまで出合ったカレー屋さんも、経歴や人柄やカレーに対する思いも、いやぁ独特、いやぁユニーク。そのユニークさは他の追随を許さない。例えば会社員とかやと隠そうとするその自らのユニークさを、カレー屋さんは自分から出してきはる。

料理人のなかでも、カレーとラーメン関係は調理師学校に行かずに別の仕事をしていた人が、食べるのが好きで、そこから自分で作ってみて研究に研究を重ねて極めて店を出す、みたいなパターンが多い…、と勝手に思っている。実際にそういう方多いですよね。

好きが高じて作っちゃってから、そこからは研究者のように求める味を探し続ける。もうそれは探求者…。佐藤さんに会ったときに「キター！そっちの人キタ！」と心踊った。でも佐藤さんはそうではなかった…、「作れる料理がカレーだったから」。しかも誰かに誉められたからとか、他の店で食べたものより自分のカレーが美味いと思っていたからとかではなく、シンプルに「作れる料理がカレーだったから」。これはまたこれで独特！ゴーイングマイウェイ、違う意味でやっぱりカレーの佐藤さん。作れるのがカレーだったから、カレー屋さんをしちゃった人って他にいるのかな。そんなだったら、世の中のお母さんは全員カレー屋さんだ。しかも今回のインタビューで一番たくさん発した言葉（？）が、「そう」「そうそう」「そうそうそう」。肯定の神である。否定はほぼない。

話しているうちに、「ワタシ、この人と気が合ってる」と思わせるコミュニケーションの天才だ。

佐藤さんの作るカレーを見たとき「宇宙だ」と思ったけど、カレーにはなんでもあるもんなぁ。

色も多彩だし、味も複雑だし、香りも一言では表せない。このなんでも有りな感じが佐藤さんから出てる。さすが肯定の神、なんでも有りはなんでもよいのだ〜。

カレー料理人 ＃０４７
佐藤　圭介さん

佐藤さんを表すことば

「好きなこと（音楽）＋やれること（カレー）＝生きること（オレ）」

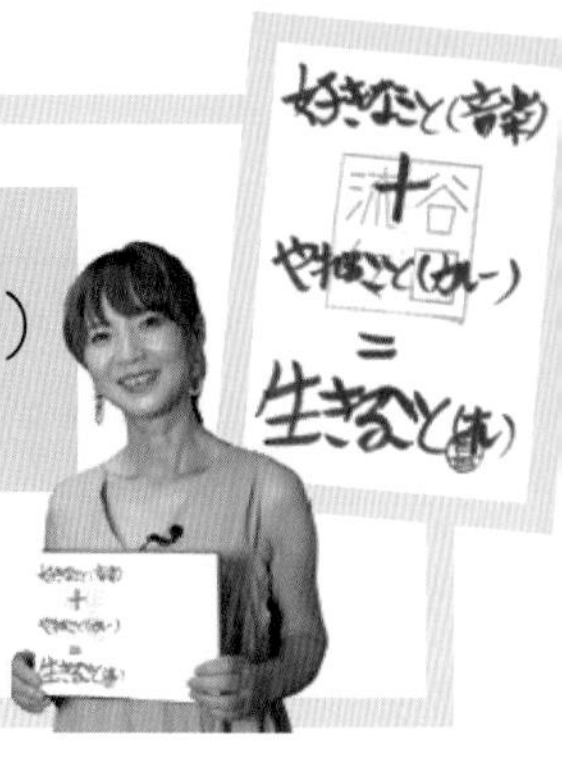

「好きなこと（音楽）＋やれること（カレー）＝生きること（オレ）」以上！

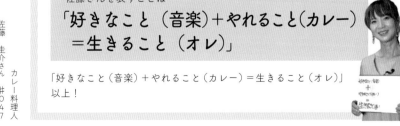

#052

松山閣 松山 代表

松山 吉之さん

本格的な京料理を提供する料亭「松山閣 松山」の代表。かつてはJリーグのプロサッカー選手、コーチとしても活躍した経験を持つ。

松山閣 松山 HPあり

☎ 075-461-4970

京都市右京区鳴滝宇多野谷20（原谷）（MapⓂ）

#052

谷口　初めまして〜。谷口キヨコと申します。

松山　松山です。よろしくお願いします。

谷口　原谷に初めて来たんですけど…こちら、お庭、立派やし、緑が萌ゆるゆう感じで…ちょっと谷になってるんですかねぇ？

松山　この下ねぇ、小っちゃい川が流れてて、それを飲み水とかお料理の水に使わして頂いてます。

谷口　いいとこですねぇ。ほんとに。なんか、酸素が下より多いような気がします。

松山　ははは…

谷口　この「松山閣 松山」さんは、どういうお店でしょう？

松山　京料理屋、ま、料亭なんですけども…うちのおじいちゃんが、京都の箱根のような宿を作りたいというところからスタートしたんですよ。料理旅館やったんですけどね。

谷口　離れ座敷みたいに言いますけど…

松山　んん〜、まぁほんと、そんな雰囲気でしたね。

谷口　ほんな、小っちゃい時から、もう「よし、僕がここを継ぐんだ！」ってね…

松山　いや、そこ、もう全く思ってなかったです。もう、ほんとに。

谷口　自分の人生っていうか生きていくところは全然別個っていうか、そんなふうに小っちゃい時は考えてはったんですか？

松山　そうですね、はい。

元プロサッカー選手

谷口　プロとして、何年されたことになるんですか？

松山　選手・コーチ合わせるとおおかた、20年くらい。まぁ社会人サッカーもやってるんでね。

谷口　社会人サッカーやってはって…

松山　そっからJリーグが93年になりましたでしょ…そのあたり。その前は社会人で、サラリーマンとサッカーです。両方共です、だから。

谷口　最初のあの時を知ってはる…選手なんですよね。

松山　そうですね。もう、古いですね。

谷口　(笑)

松山　はははは。

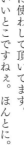

谷口　プロサッカー人生では日本代表にもなられてねぇ。

松山　そうですね。いろいろ教えて頂いた監督には、ほんと感謝してます。一番は、小学校の先生に教えてもらった…とにかく世界に飛び込んでいけるのは、ま、世界のサッカーなんで、頑張っていけば世界に行けるし、頑張っていけば世界でもチャレンジできるっていうことで。そういうのがずっとこう頭にありました。すごくサッカー好きになれたのは、その4年生の時に6年の大会出たんですよ。僕だけ4年生で連れて行ってもらって…

谷口　スポーツの飛び級ですね…

松山　そうそうそう。で、そこで、ベスト16に選ばれたんですよ、4年生で。その楯が今でも飾ってありますけどね。それがもうほんと嬉しくて嬉しくて…

谷口　あ〜〜。で、そっからまぁのめり込むみたいな…

松山　のめり込みましたね。

谷口　そこからサッカー選手としてエリート街道に行くわけですよね。

松山　6年になると、各都道府県で一人か二人ぐらい選ばれて全国で集まって、合宿をするんですよ。そっからもう競争。

谷口　日本代表の合宿みたい！

松山　ま、そうですね。小ちゃいその6年生の時点でね…

谷口　どんな練習をするんですか、トップクラスの人って？

松山　練習…高校1年生の時には、シンガポールとか東南アジアの遠征を行くぐらいの…いわゆる選手になれたんですね。東南アジアってとてつもなく暑いし、ま、いわゆる湿気多いじゃないですか。そういう状況でも、水は飲むな、クーラーかけるな…寝られないですよ、暑くて…

＼選手時代の松山さん／

谷口　寝れません、寝れません。

松山　で、みんな壁にひっついてるんですよ。

谷口　えっ？

松山　壁が冷たいんですよ。

谷口　あはっ…

松山　ほんとに！ま、国と国との勝負なんでっていうふうにいつも言われてたんで、クーラーつけるなっていうのは、その土地に慣れろっていうことなんですね。

谷口　ふんふん。メンタルとか、そういうのはどうですか？今全く違うお仕事をされてますけど、何かプラスになったなぁ、とか、いや、別に関係ない、とか…

松山　ちょっとやそっとのほんと辛いことは辛いと思わない。

谷口　や、ともかくそうですよね。どんな選手にも現役と引退というのがあると思うんですが、ラストの1年はこの京都に、地元に戻ってこられたわけですよね。

松山　はい。パープルサンガの前身が、まぁ紫郊（しこう）クラブですよね。そういう意味では思い入れがありましたし、ま、いつか京都に帰って、やっぱそこのユニフォームで、地元で頑張りたいという気持ちはありましたね。

谷口　どんな1年でしたか？

松山　ん〜、ま、やっぱり見てもらってる観客の中に指導者、僕を教えてもらった人も来て頂いたし、あの〜、小っちゃい頃から一緒にボール蹴ってた友達もよく来てもらってたんで、そういう意味じゃほんとに遣り甲斐もありましたし、頑張りがいもありましたね。

家業への転身

谷口　その後は、指導者…

松山　将来やっぱり監督にもなりたかったってことで、運よく、ほんとにその時の監督が「現場に来てくれよ。」っていうふうに言って頂いたので…そっからは、現場、コーチの仕事からスタートさしてもらった。

谷口　でも、それだったら監督への道ってのもあったんじゃないかと思うんですけど。

松山　スカウトやってた時に、名古屋のつながりがあったんでね…そこの誘いがあったんですよ。

谷口　はい。

松山　名古屋はやっぱりトヨタがスポンサーなんですね。で、そのトヨタの方が、「実家はなにやってるんや?」「商売は料理屋です。」だったら、名古屋の駅前にね、トヨタが作る大きなビルが…ミッドランドスクエアですね。そこができるので、商売やってんのやったら応募してみたらどうや?っていう機会をもらったんですよ。で、後々、そのミッドランドに入ることになったんです。

谷口　じゃ、もう自分の中では、ご実家の家業を継ぐっていうことがグンとこう（手振りで、下から上へ）

松山　どうしようかな?とほんと悩みましたね。まぁ次の契約も頂いてましたし…

谷口　よう、決断しはりましたね。

松山　んん～、なんか、さらっとしましたね。

谷口　なんでやろ?

松山　まぁ、行くべき道がそこになんとなく開けてるような感じを、直感かわかんないですけど…そういう道なんかな、と。まぁ、導いてくれてるんかなぁっていう…

谷口　でも、お家でお生まれになってるけど、お料理という世界だったり、経営という世界とはやっぱり、今までやってきたことと全く違いますよねぇ。

松山　もう全く違いましたね。老舗のお料理屋さんの息子さんは早いこと料理人の仕事行かされてるじゃないですか、地方に行ってね。

谷口　そうですね。やっぱりねぇ。

松山　追い付いて追い越すためにはやっぱり3倍、4倍、5倍、毎日やらへんかったらあかんなって毎日思ってました。もう、ほんとに。

谷口　でも、クーラーつけんでも頑張れるから…あっははは。

松山　ねぇ～。そこやと思いますよ。はっはは…そこですわ、やっぱり!

松山閣　松山　代表
松山　吉之さん　#052

谷口　ねぇ！そこ、役に、知らん間に立ってますねぇ。

松山　はい。サッカーもチームプレーであって、やっぱり個人的なところもあるんで…それを、個人を生かすべき、どういうことなんか、とかね、生かす、自分を見せるということは昔からやっぱりサッカーやってる時にそういうふうなこと言われたんで…

谷口　だって、小6の時にもうアピールしてたんですもんねぇ。

松山　（笑いながら）そうですね。だから、その、自分のスタイルってのは持ちたいと思ってるし、サッカー選手でまた40になって料理屋に入って活躍するってのも自分のスタイルかなって思うし…。ま、できたらサッカーでも世界に飛び出していけたんで、あのぅ、こういう京都でまず1番になるということと…ま、ほんとはもう、世界を目指していきたいですね。はい！

料理屋の松山さん

サッカーへの恩返し

谷口　今は、サッカーとはどんなふうにかかわってらっしゃいますか？

松山　去年から、自分のボランティアを中心にしたサッカースクールを立ち上げたんですよ。『松山T．F．C』小学校の子どもの指導なんですけども…。僕もやっぱり世界でいろんなとこを渡り歩いて試合もやってきたし…

谷口　はい。

松山　Jリーグでも試合できたんで、そういう世界で活躍できるような子どもたちを育ててるのが半分の仕事、もうあと半分の柱は、最近児童養護施設のサッカーの大会にも行って、指導とかお手伝いしたんですけども、環境的に厳しい子どもたちに対して、サッカーを通じて笑顔とか元気を与えるようなボランティア活動をしてます。

谷口　サッカーをやることで、子どもたちにどんなふうに大きくなってほしいなぁって思ってらっしゃいますか？

松山　サッカーがダメでもね、やっぱり違うスポーツとか、社会人になっても、生き抜く力とかね、やっぱりいろんな苦しい状況でもそこに向かっていくような、そんな力強い子どもを育てたいと思ってます。

谷口　そんな子どもたちと一緒にいると、なんか、元気もらったりとか…

松山　もしますし、ほんとにずっと今までやって来られたのはやっぱりサッカーのおかげなんで、サッカー界とか、ま、子どもに恩返しをしたいなぁっていうふうに思ってますけども。

谷口　んん、トップまで行った方やからこそ言える言葉やなぁと思います、ほんとに。

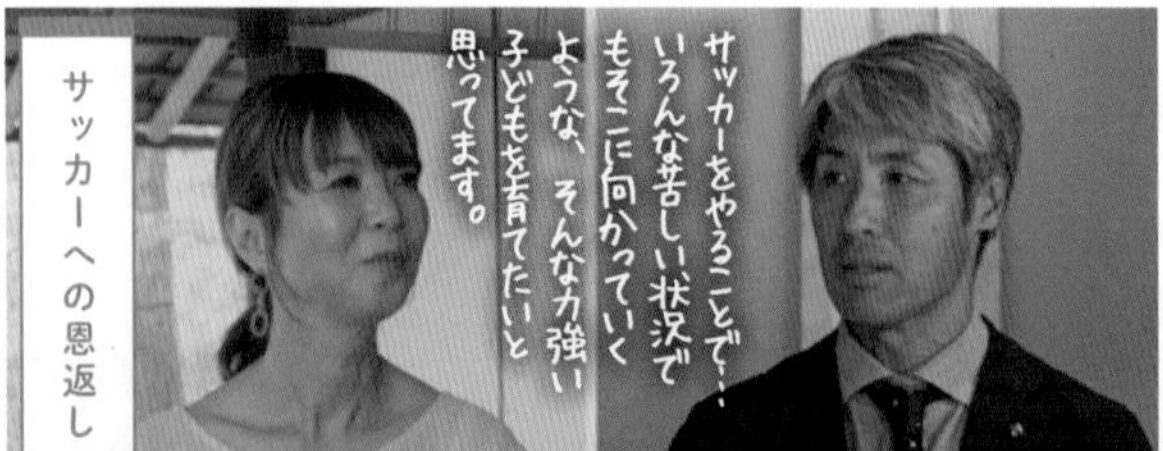
サッカーへの恩返し
サッカーをやることで…
いろんな苦しい状況で
もそこに向かっていく
ような、そんな力強い
子どもを育てたいと
思ってます。
2018年 サッカースクール「松山T.F.C」を立ち上げる

谷口キヨコの流々通信

「松山さん」

仕事でも趣味でもいい、何かを始めるときに、これで世界一になろう！と思ったことがありますか？

わたしはこれまで一度もありません。日本一も…、考えたことがない。でも松山さんは考えているのだ、本気で。それはもちろんサッカーで日本の代表として世界を相手に闘ったことがある、という成功体験からくるものだと思う。一度そんな経験をした人は目指すところがそこになるのか…、私には想像がつかないことである。わたしにとって世界を体験する、というのは海外旅行なんかで外国に行ったときに色々経験したり感じたりすることである。松山さんが体験した世界とは全く違うものだ。

松山さんにとっての世界は、文字通りこの地球における広い世界で、私の世界は自分が把握できる狭い範囲の世界なのである。あぁやっぱり人間のレベルが違うというか、サイズ感が全く違う…

地球レベルの世界を知ることは本当に大切で、知っている人と知らない人とでは考え方のスケールが全く変わってくるのだろう。松山さんもサッカーでの成功体験がなければ、家業を継ぐとき「世界一の料理屋」になることを意識しなかったと思う。でも、一度世界を知ってしまうと、何かを本気でやることは「世界を目指す＝世界レベルになる」ということなのだろう。

そこに目標をもっていくと、そこまでの道程も世界レベルになるわけで、大変さは計り知れない。その世界をわたしは意識したことがないから、つまりその努力もしたことがないんだよな…。あぁ、なんだか私ってめっちゃ小さい。1度自分の世界が広まると、見るもの、感じること、目標もそのサイズになっていくのだろう。日常も変わってくるんだろうな。あぁ、小さいぞ、キヨコの世界は小さすぎるぞ！　小さくまとまってんじゃねぇ～よキヨコ！

松山閣　松山　代表
松山　吉之さん　＃052

松山さんを表すことば　「日日是爽日」

「日日是爽日」です。サッカー辞めはる時も、「意外とさらっとしてるんですよね～」っておっしゃってました。多分ねぇ、毎日ほんとに目一杯やってはるんやと思いますね。そうすると、天気もさわやかな感じになるのかなぁと。そして、お人もさわやかな方です。

谷口流々

TANIGUCHI RYU-RYU

FOOD

#005

まるき製パン所

木元 広司さん

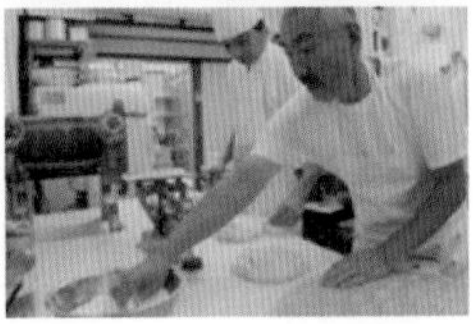

24歳から、まるき製パンの2代目として活躍。実家はバイク屋で、整備士としての経歴も持つ。人気商品は「ハムロール」

まるき製パン所 (HPなし)
☎ 075-821-9683
京都市下京区松原通堀川西入北門前町740（MapⒶB-2）

#005

うちは看板はハムロールなんですよ。

木元　こんにちは。いらっしゃいませ。
谷口　初めまして。よろしくお願いします。あぁ、この手ですか。フカフカでパンみたいな手です。
木元　そうですか？
谷口　はい、分厚いです。
木元　小さい普通の手や思うてましたけど…
谷口　そうですか？いえ～、フカフカですよ～。
木元　ほんとに？
谷口　（木元さんの手を撫でながら）（笑）
木元　そんなに触らんといて下さい。恥ずかしいやないですか（笑）
谷口　あはは、いろんな種類のパンありますね。上の段が調理パンなんですね。
木元　そうですね。
谷口　私、最近調理パン食べるんですけど、どっちか言うたらサンドイッチ…でも、今日見て、このパン…
木元　コッペパンですね、はい。
谷口　あぁ、コッペパンに挟んでる調理パン。なかなか最近食べてないんで、お勧めして頂いたのをちょっと食べてもいいですか？
木元　看板はハムロールなんですよ。
谷口　ハムロール。
木元　これがうちのパンの味を一番よくわかんのん違うかなと思って。
谷口　いただきます。
木元　はい。いただいてください。

いただきまーす!

ハムロール

谷口　これ、キャベツめっちゃ入ってる。そん中にハムが隠れています。じゃいただきま～す！（食べて）うん、うん、おいしいです。
木元　そうですか。
谷口　こんな調理パンで、さっぱりしてるの、初めてです。
木元　あ、本当？
谷口　うん、ほんで、さっぱりしてるからパンの味がようわかっておいしいですね。
木元　その通り！（笑）
谷口　（笑）ほんまに？
木元　ぴったりのこと言いますね。
谷口　びっくりした。いや、でも、ほんまにそうですね。
木元　うん。

幼馴染との結婚

谷口　ご主人は結婚されてからパンのお仕事を。
木元　はい、そうです。嫁さんがここの娘やったんで。
谷口　その前は？
木元　その前はバイク屋を…私の実家はバイク屋をやってたんです。
谷口　あ、そうですか。お付き合いのきっかけは？
木元　高校1年の時ぐらいでしたかね、そこの大宮松原の…毎朝会うんですよね、バス、電車乗り場で。

谷口　あぁ、市電ですか。
木元　はい。それで、可愛いなぁと思てね…（笑）
谷口　可愛い。
木元　あぁあぁ、もう可愛い。猿みたいな顔してるから。
谷口　いやいや。同級生ですか？
木元　同級生なんですよ。ほんでなんとなく話しかけたりしてしゃべってく内に付き合いだすようになって。
谷口　って言うことは…彼女のお家はまるき製パンだったんですよね。
木元　はい、はい。
谷口　近所やってことは、食べに…
木元　はい、母親がいつも買って来てくれて、家で食べてました。
谷口　こちらのパンを。
木元　こちらのパンを。
谷口　ほな、最初は…
木元　ハムロールが大好きで、（笑）ハムロール食べてました。
谷口　ほな最初は、僕食べる人やったんですか？
木元　そうです、そうです。そやから、16から付き合ってるんですね。
谷口　で、結婚されて今でしょう。
木元　はい。
谷口　あらぁ～一筋…ラブラブ。
木元　ええ、もう。でした。
谷口　（笑）いやいやいやいや、ラブラブですよ。

ここの前からあるパンを
ずっとこう、掘り下げて

2代目として

谷口　結婚するっていうことは、まぁ普通は奥さんをお嫁さんにもらうって感じですけど、このお家ごと、俺がしょって立つぞ！っていうこと…
木元　そういうことですね。
谷口　初代の方…お父さんですよね。その時はどんな感じだったんですか？
木元　パンはまだ作ってたんですけど…もう、あの、病気で。もう、癌で、ふらふらふらふらという感じで。
谷口　あぁ。
木元　もう何回二階上がり降りしましたか、その代わり。二階で寝てたんで。お父さんが。
谷口　あ、お父さんが病気で二階でずっと寝てはった。
木元　ちょっとでもわからんことあったら、すぐに聞きに上がって、また降りて来て作って、っていうことの、ず～っと毎日繰り返しでしたですね。
谷口　足したら高い山登れるぐらいですね。
木元　そうです。ねぇ。
谷口　なら、実際高い山登れるぐらい苦労されて。でもまぁそこから一人前の、と言いますか。
木元　まぁ、一人前じゃないですけどね。
谷口　いえいえいえ。
木元　僕、パン屋さんの会やら行っても、「これどんなして作るのん?」ってよう聞いてます。ここのパンしか知らないんで…

谷口　あ、そっか、他のパン屋さんで修行されたわけじゃないし、学校に行ったんじゃないし。

木元　そうそう。

谷口　ほんなら、これちょっとやってみようか、とかそんなんあるんですか?

木元　ありました。もう、いっぱい人のまねしたくなって、いろいろこう、やってみるけど、まあ、うまいこといかへんのですよね。(笑)ほんなら、やっぱし、ここの前からあるパンをずっとこう、掘り下げて行こうと思って…

谷口　今、正直コッペパンに何かをはさんで…また、ブームじゃないけど…

木元　もう、めっちゃ今ブームですよ、コッペパンの。

谷口　他のパンは置いといて、コッペパンは負けへん!と。

木元　はい、まぁ、負けるかもしれませんけども(笑)そんな自信はないですけど、まぁ、「おいしい!」言うてくれはる人が何人かいはったらそれで…

ここでしか作れない味

谷口　これだけ人気のお店で、行列もっていうことですから、まぁやっぱり、人として、2号店、3号店、4号店って増やしていこかっていうのはいかがなんですか。

木元　それは今は全然ないですね。

谷口　ないですか?

木元　はい、1回出したんですよ。

谷口　あ、出さはったんですか。

木元　(笑)はい、その当時は若かって、もっと広げて大きぃ大きぃしょうとか思てたんですよ。

谷口　店舗展開いうやつですよね。

木元　はい。吉祥院の方に一回店を出しまして、窯も機械も全部入れて、「よし、がんばろう!」と思てやったんですけど、全然パンができひんのですよ。このパンが。ここのパンが。

谷口　あぁ、まるきパンが。

木元　まるきパンができひんの。

谷口　はぁ、でも、機械も全部一緒なんですよね。

木元　一緒です。

谷口　例えば、レシピ的な、ものも…

木元　うん、うん、全部一緒で。

谷口　ほぉ。

木元　できひんのですよ。ひょっとしたら、酒蔵でもね、酵母菌かなんか、こう菌が飛んでますよね、きっと。

谷口　あぁ、そうか。その場所のそこに。

木元　その場所のそこに。

谷口　蔵の中の。

木元　多分それやないかと思って。

谷口　はぁ~。

木元　ここでやったらできるんですよ。このパンが。

谷口　不思議。

木元　それで、「あ、もうやめよう！」と思て、こんなん作るの、と思て。で、こっから持って行ってたんですよ。
谷口　あ、じゃ、もう完全な出店みたいな。
木元　そうなんですよ。それ嫌になって来て、だんだん。（笑）
谷口　なんのこっちゃ、みたいな。
木元　なんのこっちゃ、みたいな。
そやから、東京の大きい百貨店とか出してくれとか言うて来てくれるんですけど、僕はここでしか売らないし、作らないので、よそには出せないです、って言うて全部断ります。
谷口　今、三代目はんがいらっしゃると聞きました。息子さん。
木元　はい。パン作りにかけては僕よりもよう知ってると思います。
谷口　（笑）
木元　ここのパンは、僕の方がよう知ってます。
谷口　息子さんはそれこそ修業行かはったみたいなタイプ。
木元　はい。
谷口　三代目…息子さんが絶対なるとは、限らないわけで…
木元　はいはいはい。
谷口　でも、ならはった。そして今いっしょに仕事されてるというのはどういう…

木元　それはもう、僕ずっと「パン屋やったらこんなええことがある。」「こんなええことがある。」いっぱい言うてました。
谷口　ほぼ洗脳みたいな。（笑）
木元　毎年ハワイ行くんですよね、正月に。「パン屋やったらこんなことできる。」みたいなこと、ず～っと。
谷口　ほんなら。
木元　案の定。（笑）
谷口　ははは…まぁ楽しんでできるっていう。
木元　また、うまいことね、大阪のパン屋行ってる時に僕が癌になったんですよ。
谷口　えぇ～そうなんですか？
木元　えぇ～55の時に。大腸癌になって。ほんで、こらまたええ機会で、「大腸癌になったし、帰って来てくれ。もう俺あかんかもわからん。」言うて。
谷口　う～ん。
木元　ほな、すぐ帰って来よって。ほんで向こうも辞めるのにちゃんと言い訳もできるし。ほんで手術したら、僕治ってしまって。（笑）
谷口　（笑）良かったです。（笑）良かったです。
木元　もう治ってから15年もたつんですけど、勝手に治ってしもたさかいに。もう。
谷口　はぁ～。あのね～、ハッピーなウィルス撒いてはりますね。（笑）

谷口キヨコの流々通信

「木元さん」

　京都で美味しいもん！　和食全般の高級店から居酒屋、ラーメン、そしてパン！　私は神戸の隣の阪神間に生まれ育ったので、美味しいパンには恵まれていた。日常的にかなり美味しいパンを食べている、という自負もあった。でも京都に引っ越してみて家の近所に何軒も美味しいパン屋さんがあって驚いた！　めちゃ美味しいやん、京都のパン！　レベル高いやん！

　調子に乗って食べ歩き、京都に住んですぐの頃は太ってしまうほど。神戸系のパンは西洋からきた、西洋風の（いや、元々パンは日本のものではないが）という洋物感が売りだったようだが、京都のパンはそれをうまい具合に消化し、もっと日本の食卓に馴染む感じにアレンジしたように思う。

　京都には店内にフランスのラジオが流れるしゃれた店、京都人が大好きな名物パンがあるチェーン店、ベーグルだけの専門店、自家製パンの町のパン屋さんと、いろんな種類のパン屋さんがある。そのなかでも最強は、自分ところの酵母とお父さん＆三代目さんの腕でつくったパンを通り沿いのショーケースにずらりと並べるまるき製パンさん！

　通りすがりに目が合ったら買わなあかんかんじがたまらない！　そのプレッシャーに負けて食べたことないパンを買っても結局美味しい。パンを食べながらお父さんの顔とふかふかの手が思い浮かぶ。

　日常に美味しいものを大層がらずに提供してくれる人がほんまはめちゃ偉い。そんな人…、あっ、まるきのお父さんや！

まるき製パン所
木元 広司さん　＃００５

木元さんを表すことば　「菌」

じゃーん！木元さんは菌です。ふふっ。ハッピー菌。ハッピーウィルス。多分２号店でおいしくなかったのは、木元さんがそこでハッピーじゃなかったのかもしれません。ここの場所でいる木元さんのハッピーウィルス、だからこちらのまるきパンがおいしいんやと思います。

#021

京納豆製造

藤原 和也さん

大正14年創業の藤原食品の4代目。代表商品の「鴨川納豆」をはじめとする京納豆を製造販売している。

藤原食品 (HPなし)

☎ 075-451-0507

京都市北区鞍馬口通烏丸西入る小山町225（Map L）

#021

谷口　今日はよろしくお願いしま～す。

藤原　はい、よろしくお願いします。

谷口　ここで私の大好物の納豆が作られるんですね。

藤原　はっはははは。そうなんです。ここの鞍馬口で大正14年から、代々納豆を作ってるんですけど…

谷口　ええっ‼私、平成の時代にこの裏に住んでたんですけど…（笑）

藤原　結構この辺の人、みんな知ってますよ。

谷口　あはは…

藤原　大豆を洗って今漬けてる状態に、ここにあるんですけど…1日たったらもうちょっと膨らむんで、まだ固い状態なんですよ。

谷口　あ、ほんまや～！あ、でも、なんかほんわかぬくい。

藤原　おすすめは、これ。

谷口　あ、「大粒　京納豆」真っ赤な憎いやつ。

藤原　毎年、納豆の日本一決定するのがあるんですけど、「納豆鑑評会」っていう…それで3年連続入賞している商品なんです。

谷口　ええ～っ！そうなん？（パックを開けて）ほら、見て下さい。おっきい、粒がすごいおっきい。いただきます。（食べて）めっちゃ豆感がすごい！思ってた以上にお豆がフレッシュな感じがします。

藤原　そうです。そうです。そうです。フレッシュな感じがすごいすると思いますよ。

谷口　ん、うまいぞこれは！

納豆嫌い

谷口　つるっと4代目にならはったんですか？

藤原　んん～、つるっとではないんですけど。元々納豆がまず嫌いでですね…

谷口　あっはははは…

藤原　それは物心ついた時からで、味が嫌いなのか、親に対する反発で嫌いなのか、ってのはいまだに僕もわからないところではあるんですけど…全然食べなかったんですよ、はい。

谷口　ってことは仕事にする気はないですねぇ。

藤原　ほんまに全くなくて…

谷口　ってことは好きにしてたんですね、若い時は（笑）

藤原　ふらふらしてましたねぇ。若いころ、ほんまに。

谷口　どうふらふらされてたんですか？

藤原　新潟のペンションに5年間住み込みで…

谷口　リゾートバイトですね、今で言うところの。

藤原　そうそうそう。それにどっぷりはまってしまって…そんでまぁ、ペンションで就職できるわけでもないし、とりあえず一回家の仕事してみようか、と。すごい甘い気持ちですよ、それは。はっはっはっは。

谷口　とりあえずって思えたんですね。

藤原　めっちゃくちゃ素直に言いますけど、ほんまに面白くなくて…

谷口　ふっ。はっはは。

藤原　すごい、可能性も見い出せへんかったし、親と一緒に働くと、ちょっとなんか生意気な口って利きたくなるんですよ。「もっとこうしたらええんちゃうか。」みたいな…ちょっと。何も知識も実力も無いのに…

谷口　はいはいはい。ちょっともう不機嫌になっちゃったりとか…若かったな。

藤原　若かったんですよ。

谷口　あっはははは(二人笑い)

やりがい

谷口　せっかく帰って来たけど、1年半で終わったわけですね。

藤原　そうですね。その、何より、このままじゃ自分あかんなっていうのすごいあったんで、思い切ってほんまに自分の知ってる人も誰もいない、何の縁もゆかりもない埼玉に行ったんですよ。ポーンと。なんか、27ぐらいで東京出て来ましたって今更ダサいなと思って…（笑）で、初めはほんまにその日暮らしの生計をずっと立てってて…でやっぱある時、「あかんな」って思って、「よし、就職しよ！」ってやっとその時に思えたんですよ、なんか。

谷口　偉い！偉いぞ！

藤原　ほんで、なんか、ネットカフェ行って見てて、「何がしたいんかな？俺？」って。やっぱ人を喜ばせる仕事好きやな、人を喜ばすの好きやなと思って…27で初めて飲食店の、ま、何店舗かある会社に就職したんです。

谷口　それはもうバイトじゃなくて、就職したんですか？

藤原　もちろん就職して、その日に採用されましたね。「目がええわ！」いうて、なんか…

谷口　「目がええわ！」って。(周り笑い)

藤原　めっちゃ気に入られましたね。ほんまに初めはずっとまぁぬるま湯で育ってきたんで…労働時間、長いじゃないですか、飲食店って…

谷口　飲食店、大変なんですよねぇ〜。

藤原　初めの方は、片づけて冷蔵庫拭きながら寝たり、とか…

谷口　ん〜、ま、それだけ、やっぱり27、やらないかんってあったんでしょうねぇ。

藤原　すごい、あったっていうか、なんか自分はちょっと出遅れてるなっていうのがあったんで…

谷口　んん〜、とにかく、今、ある場で、何とかしようって…。

藤原　そうそう、できることを、自分に…ないものは出せないんで、自分のあるものを毎日やっていくしかないなっていうのがすごいありましたね。

谷口　そうすると何年かでやっぱり変わって来ますよね、状況は。

藤原　そうですね、3年半ぐらいの時に、「店長やるか？」って言われて…

谷口　やった!遂に。何屋さんの店長?

藤原　それは焼肉屋やったんですけど…

谷口　焼肉屋さん!また全然違う。

藤原　そうなんです。会社としてもその焼肉屋っていう業界が初めてで、全員何もわからない状態でスタートしたんです。1年まぁ赤字。それでよく続けてくれたと思いますけど。2年目でちょっと光が差してきたというか、3年目ぐらいに急にドーンと、こう売り上げが上って…

谷口　おぉ、お客さんも来てくれて。

藤原　繁盛店に出来たいうのが自信にもなったし、そこの焼肉屋さんも、埼玉の「武州和牛」っていう地元の埼玉人も知らん牛だけの焼肉屋で、それ、いかにPRするかというのでいろいろイベントしてみたりとか…

谷口　んん〜。

藤原　なんか、そういうのをやっていくうちに、あれ、なんか、家の仕事も似てんのかな?っていう気がしてきて…

谷口　おお〜!

藤原　ふとね、その時。

谷口　ふと思ったんですか?何のきっかけもなく…

藤原　きっかけ、無いんです、だから…

谷口　でも、ご両親びっくりしませんか?

藤原　あぁ、だからやっぱり、「なんで帰って来るの?」って言われましたけどね。でもなんかそれ言われたことによって、逆に、なんかわかんないですけど、「帰ろう!」ってなったんですよ。「もう、これ、帰ろう!」思たんですよ。

谷口　あ、それわかる。私もそんなん言うたら、余計に「何?要らんのん?」みたいな…私、おった方がいいやんみたいな。はははははは(笑)

藤原　そうそうそうそう。

谷口　まず最初、何するんですか?

藤原　やっぱ7年ぐらい京都離れてると、景色も変わってるし…初めは、とりあえず京都中の細い道を歩いて行ったんですよ。

谷口　はっはははは。

藤原　で、歩きながら店の人に「あの、すみません。京都で納豆作ってるっていうの知ってます?」みたいなん聞いて回ったら、まぁ誰も知らん、これ。で、そん時に「知らんのや。」と。「ほな、知ってもろたら売れるやん。」と思って。

谷口　そうか、知ってもろてないから売れてないんや。

藤原　そうそうそうそう。

谷口　そら、知らんかったら売れへんわ。

藤原　この仕事してて、一番良かったなと思うのは、めっちゃ顔覚えてもらえるんですよ。それ、何でかっていうたら、人生って納豆作ってる人と会うことないじゃないですか、絶対。

谷口　初めて会いました。

藤原　(笑)それ、すごい得やなと思って、ま、ほんまに楽しいですね、今。

谷口　(笑)でもやってる作業は…20いくつの時に「おもんな〜!!」

藤原　和也さん
京納豆製造　＃０２１

と思ったことと全くおんなじなんですよね。

藤原　でも、全然気持ちが違うというか、毎日むっちゃ楽しいです。

二度見

谷口　納豆のイベント出荷ってどういうとこ行くんですか？

藤原　ギャップあるとこが好きなんですよ、僕。なんか、カフェのイベントに納豆が？

谷口　カフェイベントとか…

藤原　二度見するじゃないですか、それ。え、何してんの？みたいな。それの方が買ってもらえるし、印象に残ると思うんです。

谷口　本屋さんでも納豆売ってるんですか？

藤原　これなんですけど。

谷口　あっはは。「赤と黒」やん。

藤原　スタンダール。完全にパクってるんです。で、これを本屋さんの棚に並べてもらってるんですよ。中身は冷蔵庫なんですけど…このパッケージだけ棚に並べてもらって…

谷口　あ〜、ほんとにこうやって並んでるんですね。

藤原　そうです、そうです。で、手に取って

二度見
赤と黒
混ぜた、啜った、愛した。
これを本屋さんの棚に並べてもらってるんですよ。
「赤と黒」やん。(笑)
中身は冷蔵庫なんですけど…

みたら実は納豆でした、みたいな…

谷口　（笑）ほんまや！藤原食品って書いてある！

藤原　中身は、こんな感じになってんですけど…

谷口　いや〜!!わ〜、すご〜い。黒い。小粒の黒。

藤原　小粒の黒。珍しいですね、小粒の黒は。

谷口　うぉ〜、ほんまや、ちょい赤い！

藤原　結構鮮やかに出るんですよ、赤は。

谷口　未来的に言うと、何をどうするかわからないのね〜、これからは…（笑）

藤原　味は代々やっぱりおいしいもの作って来てくれてるし、親であったり、おじいちゃんであったりが…それをずっと守り続けるっていうのが、まぁ当然だし、僕はおそらくそれを広げるのが僕の仕事かな、四代目の仕事なんかな、と思ってて…「納豆は藤原やな！」みたいに思ってくれる人が増えたらいいなぁと思いますけどね。

谷口　んん〜。ん、楽しそうです。

藤原　ま、楽しいですね。（笑）

谷口キヨコの流々通信

「藤原さん」

「人生で納豆作ってる人に会うことってないですやん」と、納豆を作ってる張本人の藤原さんは笑いながら言った。そだね〜、納豆作ってる人に会うことってないよね〜。

この反応が楽しいんだと。

20代に一年半、手伝ったときはおもしろくなかった納豆作り。作業自体はその頃と何も変わっていないといっていた。が、その藤原さん、今はそれが楽しいと言う。なぜだろう。

大人になったから？飲食店で経験を積んだから？　埼玉で苦労したから？　そのどれもが正解だろう。ひとつでも欠けていたら、今を楽しいと思えなかったのではないだろうか。

両親が朝早くから、来る日も来る日も苦労して作り続けないといけないもの。家族がこんなに大変な思いをして作っているのに、人はあまりそのことを知らない。そして自分はそれを美味しいと思えない。こりゃあ楽しくなさそうだ。

でも、埼玉の飲食店でおいしいものを作って提供するだけではなく、それを多くの人に知ってもらうことが売り上げにつながることがわかった藤原さん。

これを家業の納豆作りに活かせば！と思ってからは京都に戻り、納豆を作り、たくさんの人に知ってもらうためにイベントをするようになる。それもなるべく納豆とは関係がないと思われるようなイベントに出る。そこで納豆のことを知ってもらうだけでなくどんどん世界が広がっていく。これは間違いなく楽しい！

子どものころ、藤原さんにとって納豆作りは自分の世界を狭くする、自分を家に閉じ込める仕事だと思っていたのではないだろうか。が、今では納豆作りが藤原さんを広い世界に連れていってくれる。家族みんなで作るこんなに美味しい納豆をひっさげて、藤原さんは鞍馬口から世界に打って出る！　藤原食品の納豆の美味しさは私たちを捉えてはなさない！　大豆パワー！　ねばねばチャーミング！

藤原　和也さん　＃０２１

京納豆製造

藤原さんを表すことば　「大納楽 豆」

ジャ〜ン!!ふっふふ。お豆さんってすごいですよねぇ。大豆が納豆になって、藤原さんにとってお豆さんは楽しいことの元やと思ってます。しかも、とってもおいしいですし、最高です。お豆さん！

#027

杜氏

大塚 真帆さん

京都伏見の蔵元、招徳酒造の杜氏《とうじ》。
横浜市生まれ。京大農学研究科修士課程修了。2児の母。

招徳酒造 HPあり
☎ 075-611-0296
京都市伏見区舞台町16（MapD）

#027

大塚　よろしくお願いします。

谷口　よろしくお願いしま～す。こちらにあるお酒なんですけど、これはどういうものですか？

大塚　これは、今年できた新酒の「純米吟醸しぼりたて」というお酒になります。

谷口　「純米吟醸しぼりたて」飲んじゃう？

大塚　（笑）是非！

谷口　作らはった方ですよね。

大塚　はい。

谷口　わ～、その人の前で飲むの贅沢ですよね。いただきます。（飲む）あ、発泡までいかないですけど、そういうフレッシュさを感じますね。

フレッシュさを感じますね。
純米吟醸
しぼりたて

酒造りの世界に飛び込む

谷口　やっぱり日本酒がお好きなんですよね？どうなんですか？

大塚　（笑）大好きです。大学時代に日本酒と出会って、あまり勉強はせずにサークル活動ばかり一生懸命やってたんですけども…

谷口　小耳にはさみましたよ。京大ですね。

大塚　（噴出して）

谷口　うっふっふ。

大塚　しょっちゅう飲み会をする中で、ワインでもリキュールでもいろいろ飲んでたんですけれども…その中でも、日本酒が一番おいしいなと思うようになりまして…

谷口　京大行って、大学院、修士取らはって、となると、やっぱり博士の方に、後期の方に行く、とか研究者という…

大塚　そうですね。そういう道に進まれる方が多かった…

谷口　そうですよね。

大塚　そういうことは考えてたんですけども、修士まで進んでやっていく中で、なんかあんまり「自分は研究者には向いてないのかなぁ？」って感じまして…。自分にはどういう仕事が向いてるのかなぁとしばらく悩む時期があったんですけども、まぁほんとのきっかけは、その、とある古本をパラパラめくってる時だったんですけれども…

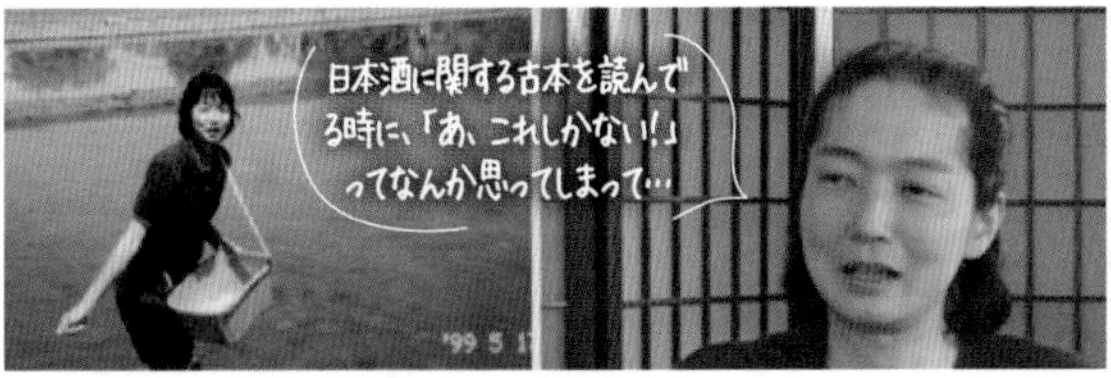
日本酒に関する古本を読んでる時に、「あ、これしかない！」ってなんか思ってしまって…
'99 5 17

谷口　ええ、ええ。

大塚　日本酒に関する古本を読んでる時に、「あ、これしかない！」ってなんか思ってしまって…

谷口　作りたい、ということですか。

大塚　んん～、そうですね。

谷口　どうやってやったらいいか、とか、どうすればなるか、とか、そっからですよね。

大塚　そうですね。実際に訪ねて行って、蔵元さんとお話をさせてもらったりとかして、あちこちの蔵を転々としながら…。で、ちょうどここで分析とかをされてた女性が出産のために辞められるタイミングだったので、運よく入れて頂くことができました。

谷口　就職おめでとうございますなんですけど、そんな直ぐに酒造りってできるもんなんですか？

大塚　前任の女性の方がされてたのが事務仕事とか、瓶詰の補助とか、分析、そういう仕事だったので、酒造りのシーズンが始まってしばらくは、やっぱりなかなか蔵には思うように入れないというのが自分の中ではすごくしんどかったんです。で、やっぱりここで酒造りができないんだったらちょっと他を回ってみた方がいいのかなぁと…

谷口　（笑）早い、結構早い！

大塚　思い詰めて…

谷口　あぁ、思い詰めちゃう。

大塚　はい。で、研究室の先輩で一人、他の酒蔵で蔵人として働かれてる人がいたので…その方に相談をしたところ、「本当にできる事は全部やったのか？」というふうに言葉を掛けられまして…

谷口　そう言われてどう思ったんですか？

大塚　はっと気が付いて。そこまで全力でやろうとはしてなかったなと思って、次の日から、泊まり込みの杜氏さんと蔵人2名は早朝の3時、5時ぐらいから毎朝作業されてたので…その時間に私も会社に出社して…

谷口　え～!!

大塚　ま、そばでほんとに見学…ほとんど見学なんですけども、メモを取りながら…

谷口　んん～、「こいつ、本気出してきたな。」みたいな感じだったんですかね…

大塚　かなり長い間酒造りの仕事っていうのは、女人禁制の世界って言われてて…

谷口　しかし、大塚さんやってらっしゃいますもんね。

大塚　多分、最初は杜氏さんとか、他の一緒に働いてる社員の方も、「なんでこんな若い女性が蔵に入って来るんだ？」っていう…んん～、「そんなん男にやらせとけー」とか、ってまぁね、そういうこともやっぱり言われますし…

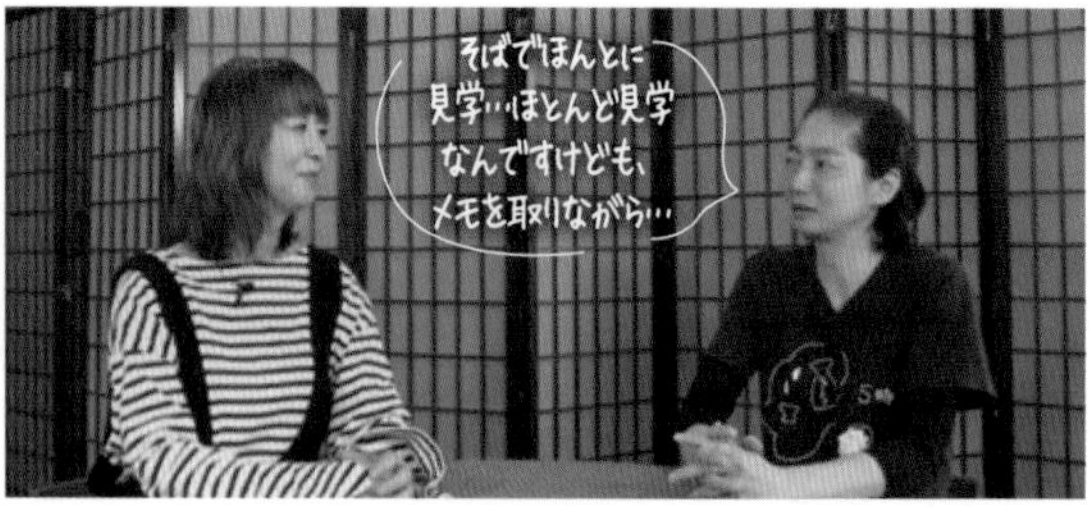
そばでほんとに
見学…ほとんど見学
なんですけども、
メモを取りながら…

谷口　はいはいはいはい。まぁ、ソフトやけれども、言うてることは、本質はおんなじですねぇ。

大塚　そうですね。うん～。1シーズン終わった時には、ほんとに燃え尽きた感がありましたね。

谷口　あんまり寝てへんしね、しんどいよね。

生《き》もと造りの復活

大塚　最初のシーズンはそんな感じで終わったんですけれども、2年目の酒造りがスタートする時に、前の杜氏さんが高齢のためにもう引退しますって言って来られまして。その杜氏さんが実際にお酒造りの中で、一つの大事な「酒母造り」という工程を…お酒の種のようなものを作る工程をほぼ一人でされてたんですけど、その杜氏さんが来られないっていうことになって、「じゃ、誰が代わりをするんだ」ということで、「じゃ、お前やれ」ってことになりました。

谷口　(笑)それはやっぱり入社して半年間の、それがもう生きたってことですよね。

大塚　そうですよね。まぁ本当にメモを取って、一応工程をメモしていたおかげで、ま、何とか…2年目…

谷口　杜氏さんになって、やっぱりその中でも新しく挑戦していくことってあると思うんですが、それは何でしょう?

大塚　かねてから、「生もと造り」っていう、非常に伝統的なお酒造りの手法にすごく興味がありまして…

谷口　「きもと」って、「なまもと」って書くやつですか?

大塚　はい。江戸時代に主にされてた作り方だといわれてるんですけれども、今のお酒造りと一番違うのは、まずアルコール発酵の前に、乳酸発酵からスタートするところなんですね。

谷口　ん〜ふ〜んふんふん。

大塚　「生《き》もと造り」でない今の普通のやり方っていうのは…その乳酸発酵の段階を飛ばしてしまって…いきなり、もう、生成された乳酸を添加するんですね。

谷口　入れちゃう?

大塚　最初の仕込みの時に乳酸を入れると、まぁ、酒母が酸っぱい状態になって、酸っぱい状態だと、他の菌とかが入ってきにくい、非常に安全な、衛生的にも安全な状態になるんですね。

谷口　安定するんですね。

大塚　失敗する可能性も少なく、アルコール発酵が順調に進むことができて、生もと造りの場合は、その前に、乳酸発酵からスタートするので、発酵の期間も、もう倍ぐらい時間が…最初は、社長も「もう失敗してもいいから。」…

谷口　やっぱり難しさっていうのはよくわかってらっしゃるんですね。どれぐらいで、「これは市場に出せるな」っていうものが出来上がることになったんですか?

大塚　ま、最初の1年目でちゃんと…

谷口　とんとん拍子じゃないですか〜。

大塚　(笑)作ってる時はもう本当にドキドキだったんですけど…こちらがうちが作っている生もとのお酒になります。お燗が一押しのお酒なんでお燗で是非飲んでみてください。

谷口　ありがとうございます。(飲んで)あっ、多楽、生もと造り、おいしおす。(周り笑い)

大塚　ありがとうございます。

かねてから、「生もと造り」っていう、江戸時代に主にされてた作り方だといわれてるんですけれども…

生《き》もと造りの復活

谷口　口の中の広がり方とか、あとは体に入っていく感とか、で、乳酸っていうお話を聞いてたから、なんかちょっと酸っぱいのかなぁっていうのがあるんですけど…おいしいです。

大塚　良かったです。

日本酒の魅力を伝える——

谷口　うわ〜、ずらっと並びました。テンション上がりますね。

大塚　(笑) ははは、そうですか?

谷口　はっはっはっ。ブランドで、「花洛(からく)」っていうのがあるんですけど、後は、むっちゃくちゃ可愛らしいんですけど、これは?

大塚　(笑) これは十数年前からスタートしたシリーズになります。中身のお酒も12度と非常に軽めの純米吟醸が入っていて、今まで日本酒を飲んだことが無い人にも気軽に手に取ってもらうような、すごくカジュアルなデザインに作ってあるんですけれども…

谷口　これは誰かデザインの方にお願いしてるんですか?

「花洛(からく)」12度と非常に軽めの純米吟醸で
日本酒を飲んだことが無い人にも気軽に手に取ってもらうようなデザインに作ってあります!

日本酒の魅力を伝える
私がデザインさせてもらってます。中身の味わいを、表現することができるので

大塚　今、私がデザインさせてもらってます。

谷口　ええ〜!!デザインもできるの?

大塚　私は本当にデザインの素人なんですけれども、やっぱり中身のお酒の味を知ってるので、中身の味わいを、デザインで、こう、表現することができるので…

谷口　はい。

大塚　女性っておいしいもの好きなので、やっぱりそのおいしいものを食べたい、或いは飲みたい女性に、日本酒っていう、そういう魅力をラベルのデザインから伝えて、手に取ってもらえたらいいな、と思いますねぇ。

谷口　そうですね、ほんとに。世界が広がるってやつですね。食べる、そして飲むということで、一気にもう、倍か、もっともっと、けた違いに広がるんじゃないかなぁっていうふうに思います。私もさっきから何杯か飲んでますから、どんどんいい気分になって来ます。(周り笑い)

谷口キヨコの流々通信

「大塚さん」

女人禁制…、あるよね、今でもあるんですよね。大相撲の土俵とか。

なぜそうなったのかという理由は知らないし、それぞれで違うのかもしれない。元々そこには男性しかいなかった、という現実があった結果、女人禁制になったところもあるのかもしれない。

そこに女性が入ったら何かと面倒くさい等の、大した根拠のない理由に大義名分が後付けされたこともあるのかもしれない。もちろん、何かもっとちゃんとした理由で女人禁制のところもあるのだろう。

では杜氏の世界の女人禁制はどういう理由からだったのか。

ここからも私の想像だが…、日本酒の場合、神様やそれに関する祭事と密接な関係があるので、神聖なものという捉え方ができる。それを作る人。そのもとを作り出す人。

その人は神聖なる域に踏み込んでいる感じもする。古代から汚れた、と形容されることのある女性は立ち入ることができなかったのではないだろうか。

いや、実際は元々その現場で働いていたのが男性しかいなかったからではないのか…、

農閑期に杜氏として働く男性は、記録映像や写真では蒸し暑い酒蔵で上半身裸になって、酒米の発酵を促すために大きな柄杓等で酒樽の中をかき混ぜている。そのプロ集団は同じ地域から集まって、酒造りの間は家を離れて集団生活をする。そこに女性がはいると何かとややこしいから、という現実の理由から女人禁制になったのではないか、と何も知らない私は推察しちゃう。間違っていたら本当にごめんなさい。でも、元々の本当の理由はこんなだから大塚さんは杜氏になれたのではないか。イマドキふんどし一丁で作業しない酒造りの現場では「こんなしんどい仕事、何もわざわざ女性がやらんでも」という雰囲気が大方だったのではないか。だから半年間、夜明け前から作業場に来て懸命に勉強する彼女が杜氏になることに反対する理由など、どこにもなかったのだと思う。

古い習慣よりも、現実が彼女を必要としたのだろう。昔からの謂われを打破するのは現実の必要性とそれを打破する行動力である。

大塚さんを表すことば

「昔お父さん、今お母さん(酒母)」

「昔お父さん、今ぉ母さん（酒母）」（笑）昔、杜氏の方は全員男性ということで。今は、男性も女性ももう関係なくやってらっしゃると思うんですよねぇ。でもお酒造りに欠かせないのは「酒母」や、っていうふうにおっしゃってたので、やっぱり作る方も、お酒造りに欠かせない酒母的な、お母さん的な存在なのかなぁというふうに思いました。

大塚真帆さん　＃027　杜氏

#028

たけのこ農家

清水 大介さん

西京区の農家、清水農園の当主。36歳。
西山産の京たけのこをはじめ、様々な野菜を生産、販売している。

清水農園 (HPなし)
☎ 075-391-4413
京都市西京区川島調子町81（MapB）

#028

清水さんの竹藪！
ここら辺は…すごいたけのこ作りには最適な土って言われてて…もうここの土じゃないとダメですね。
ふわふわ！

谷口　今日はよろしくおねがいしま～す。
清水　お願いします。
谷口　こちらの竹藪が清水さんとこの…竹藪。意外と地面がすごいふわふわしてるんですね。
清水　あぁ、そうなんです。毎年、土を入れ替えるというか…
谷口　毎年入れ替えるんですか？これ全部？
清水　一面全部ですね。
谷口　それ、めっちゃ大変じゃないですか？
清水　大変ですね。ここら辺は粘土質が良いとされてるんですけど、すごいタケノコ作りには最適な土って言われてて…もうここの土じゃないとダメですね。
谷口　これ、すぐに、ここに植わってるってわかるんですか？
清水　そうですね。ちょっとひび割れみたいなんがあるんで…
谷口　それが目印。
清水　目印ですね、はい。音が途中で変わるんで…
谷口　へ～。
清水　その一点を突くっていう…
谷口　おわっ!!（拍手）すっごい！大きいよ～!!
清水　今年初です。
谷口　今年初です!!初めまして～!!２０１９年春、初の若竹煮。いただきま～す。
清水　はい、どうぞ。
谷口　（食べて）んん、おいしいですね。
清水　ありがとうございます。
谷口　やっぱりそのシーズン初めての旬のものを頂くっていうのは、非常になんかこう元気になりそうな感じがして…
清水　良かったです。
谷口　しかもおめでたい感じがしますね。
清水　（笑）
谷口　なんかわからへんけど。

農家に生まれて

谷口　子どもの時はどうでした？お家の仕事とか…
清水　あぁ…。父親がですね、すごい厳しい父親でして…
谷口　来ました…
清水　ははっ。農家の子どもなんで、小学生ぐらいから農作業は手伝わされてたんですけど、やることなすこと全部だめ出しで…
谷口　（笑）お父さん、別に明治時代の人じゃないですよね。
清水　じゃないですけど、なんでこんなしんどいことして怒られなあかんのやってですね…もうず～っと思ってました。

たけのこ農家
清水　大介さん　＃０２８

農家に生まれて
就職活動するようになって初めて農業を仕事の一つとして捉えたんです
朝掘り
筍
地方発送致します
味が決めて

谷口　（笑）誉めてくれへんのやね。
清水　そうですね。
谷口　しんどそうやな、と思たらなりたくないやないですか。清水さん、どうでしたか？
清水　農業とは関係ない大学行ってたんですけど、３回生の時に就職活動するようになって、そこで初めて農業を仕事の一つとして捉えたんです。
谷口　お家に帰って来たんですか？
清水　いや、それが、父も僕もいきなり自分とこの仕事は反対、みたいな感じで、地域の方に紹介して頂いて、富山県の農業法人に1年間、研修生っていう立場で働かしてもらったんですよ。「育苗」っていうのがやっぱり一番強烈やって…
谷口　何が？
清水　お米の苗を作る…部門があるんです。まず、種を蒔くんですけど、数が6万5千枚ほど育てるっていう…（苦笑）
谷口　（笑）わかんない。「枚」っていうの？
清水　枚。苗箱やったんで、こういう30センチ×60センチの…
谷口　それが6万5千！わ～。ちょっと気が遠くなる…
清水　あと、収穫したお米を玄米にするっていう作業なんですけど…。ま、袋詰めですね…それを1日、もう、手の皮がめくれるぐらいず～っとやってるっていう、そんなんが結構ありました。

父と息子

谷口　父と息子…
清水　そうですね。
谷口　おんなじ仕事、さぁ、どうなんでしょうねぇ…
清水　（笑）ま、僕も初めて農業したのが富山県で、もうそれがもう１００％正しいと思ってて…
谷口　しかも、全然形態が違いますよねぇ。
清水　そうなんですよ。全然違うんですけど。で、それを実践したいっていうふうな、結構強い気持ちを持ってまして…で、まぁ父親に「こうしろよ。」と言われるんですけど、僕は全然聞かへんかって…
谷口　んん～。
清水　もうお互いが、意地の張り合いみたいな感じで…ぶつかってばっかりで、ほとんど毎日けんかしてましたね。
谷口　ちょっと、仲悪い…父息子みたいな…
清水　はいはい。うち、茄子を、結構多く作ってたんですね。箱詰めする作業があるんですけど、その時はまぁみんな、父親と僕でやるんですけど、その時に、「やり方が違う」とか、細かいことなんですけど…
谷口　（笑）「俺はこっち向ける。」とか、「俺はこっち向ける。」とか…
清水　でまぁ口論なって、頭にきた父親が、箱詰めが終わった茄子の箱を、パーンって投げ飛ばしたんですよ。

谷口　おお〜〜っ!!

清水　そんなん見てしまったら、抑えきれんくなって…

谷口　腹立つよねぇ。

清水　で、そっからもうお互いが取っ組み合いでグアーッとなって…

谷口　うわっ〜。でもまぁ、じゃ全然こう、仲直り、っていうとすごい子供っぽい言い方ですけど…

清水　いや、それがですね、僕が農業始めて1年ぐらいたったら、父親が癌を患ってしまいまして…

谷口　そうですか。

清水　ちょっと入院もしてたんですけど、パジャマで抜けだして来て、ぱっと横見たら畑でパジャマ姿の父親がいて、また怒られる、みたいな…でも、体弱ってからでも、すごい、畑っていうか薮とかに来てたんで、それはなんか尊敬するというか、生き様というか…

谷口　言葉で何か言う方ではなかったのかもしれないですねぇ。

清水　そうですね、はいはい。

谷口　でもその姿を見てっていう、ねぇ…

清水　ま、病気になってから2年で、亡くなってしまったんですよ。

谷口　そうですか…

体弱ってからでも、すごい畑っていうか薮とかに来てたんで、それはなんか尊敬するというか、生き様というか…

清水　目の前が真っ暗で、もう何したらいいんかわからへんくなって、でもそこで助けてもらったんが、親父の友人の方たちやったんですね。僕まだ2年とか3年しか経ってなかったんで…

谷口　そうですね。

清水　もう、掘んのも全然わからへんような状況で、だから心配して、薮まで入って来てくれはって、目の前でこうやって掘ってくれはって…もう、手取り足取り教えてくれはって…

谷口　んん〜。

清水　そういうのがあってなんとか、今あると思ってます、はい。

地元の誇り

清水　子ども達に食育をしてまして…

谷口　あ〜、食育、最近聞きますね、その言葉、良く。

清水　そうですね。小学生に農業のこと教えるってことなんですけど、タケノコが有名な地域なんで、なんか、小学生にタケノコのことを伝えたいなって前から思ってて、それで、ま、考えたというか、これが（タケノコを取り出す）…あの（笑）…

谷口　(笑) はっはは、何ですか、それ。ほんまもんじゃないですよね。

清水　作りもんで…父親がもう亡くなる寸前に、地域の氏神様に、なんかタケノコ型のお餅をお供えしたい、みたいなことを言い出して。

谷口　餅って、あの食べるお餅?

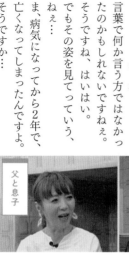

地元の誇り

子ども達に食育をしてまして…
小学生に農業のこと教えるってこと
なんですけど、なんか、タケノコが有名な
地域なんで、なんか、小学生に
タケノコのことを伝えたいなって
前から思ってて…

清水　食べる餅。で、なんか、タケノコの型、餅の型を取るのを作りたい。注文させてもらったんですけど、出来上がったのが亡くなる寸前やったんで…亡くなった後に出来上がってきたら、穴が開いてなくて…

谷口　はい。

清水　もう、型取れへんくて、普通の精巧な食品サンプルのような…

谷口　（笑）形見ってこと…

清水　形見。（周りも笑い）ある日ふっと思いついて、これを畑に埋めて掘ったらすごいようわかるんちゃうかなって思って、2年前から始めて…

谷口　お父さ〜ん（タケノコをたたいて）（周り笑い）

清水　子どもたちがおっきくなって、この地域離れる子多いと思うんですけど、大人になるまであと10年ぐらいかかるじゃないですか、小学生やったら…

谷口　はい、はい。

清水　その、10年経ったときも、この地域がタケノコの名産地って言ってもらえるように、自分も頑張るし、子どもらも、勉強とかスポーツとか、遊びとか何でもいいから、夢中になれることを一つ見つけて頑張って下さいっていう挨拶を最後にしてるんですよ、みんなに。

谷口　おお〜！（タケノコを取って）お父さん、良かったですねぇ（周り笑い）

清水　そうなんですよね。

谷口　今度はご自身がお父様で、っていう立場に…今、もうなってはるじゃないですか。

清水　はいはい。んん〜。継いでほしいところまでは考えてないんですけど、タケノコに関しては、どういう形でもいいから携わってくれたら嬉しいなって思ってて…っていうのも、うち竹藪が2か所あるんですけど、さっき行った塚原っていう地域は、僕が大学生の時に父親が突然購入してきたんです。

谷口　ほぉほぉ。

清水　まぁ、そこでタケノコを掘るって言うのが父親の夢やったみたいなんです。結局志半ばで亡くなってしまったんで。

谷口　あ、そうか。

清水　そういう父親の想いがあって残してくれたもんなんで、父親が購入したんが無駄じゃなかったんやっていうのを証明したいな、という風に…気持ちはあります。

谷口　お父さん、今の清水さん見はったらどう言わはりますかねぇ。

清水　いやぁ、正直亡くなってから、ふとあるごとに、会いたいな、会いたいなって、まぁ喧嘩ばっかしてたんですけど、思うことは多くて、「親父やったら今なんて言うかな？」みたいな感じで考えるんですけど、やっぱり、あのぅ、喧嘩するんちゃうかな、っていうふうに…

谷口　あっははは（周りも笑い）

谷口キヨコの流々通信

「清水さん」

　子どものころ、たけのこは好きではなかった。うちは好き嫌いをいうことは許されない家庭だったので食べてはいたのだが、正直、食卓にたけのこが並ぶと「あ〜あっ」というかんじで無理して食べていた。父は若竹煮が好きなので春先には何度もうちの食卓にのぼっていた。「お父さん、なんでこんなん好きやねん」と、たけのこを呪った。

　でも、そんな私も大人になり、居酒屋さんに行くようになると春先の若竹煮が楽しみになってきたのである。若竹煮は同じお米でもご飯と食べるより、日本酒と一緒の方が合うような気がする。この時期しかないものなのに、若竹煮とほたるいかの沖漬けをオーダーしない人の真意を問いたい。私はこの二つがメニューに並ぶと必ずオーダーする。澄んだ出汁のなかにぬめっとしたわかめとフレッシュなたけのこのハーモニー。丼でいける。

　若竹煮は私たちに春の到来を告げる食卓の春一番だ！

　たけのこの実力を知ってから清水さんに会えたことにまず感謝だ。わからないまま会っていたら、私は彼にこれほどのリスペクトの気持ちをもてなかっただろう。若竹煮サイコー、たけのこラブ（今では若竹のステーキなんかも好んでいただく）、この気持ちが清水さんに会わせてくれたとも思っている。

　たけのこを育て収穫する人がどんな思いでいるのか。清水さんとお父様との間で起こったこと。親子の話であり、男同士のヒストリーであり、同じ仕事をする人間の物語を聞けた今回、塚原という日本一のたけのこが獲れるところには、どこにでもあるような、でもやっぱり唯一の父と子のストーリーがあった。たけのこサイコー！

たけのこ農家
清水 大介さん　＃028

清水さんを表すことば

「タケノコツリー」（絵）

ジャジャン！「タケノコツリー」です。（周り笑い）これ、お父さん、これね、お母さん、息子さん、これ、清水さんですね。これは子ども達。もうここにいっぱい詰まってんなぁって。で、この土地で根っこを張って、日本一の、世界一のタケノコができるんやと思います。

谷口流々
TANIGUCHI RYU-RYU

SPECIALITY STORE

#007

地野菜の移動販売

角谷 香織さん

京都市上京区出身
京都の地野菜を移動販売する「Gg's」の代表
京都大学大学院工学研究科建築学専攻 修士課程修了

Gg's HPあり

http://ggs-kyoto.com/
※お問い合わせはホームページよりお願いいたします

通販：http://ggs-kyoto.com/
店舗：晴れときどき雨、のちお野菜（日曜日のみ）
京都市北区紫野下鳥田町23-1

#007

京都の農家さんが作っておられるのを、朝に取りに行って、それを積んで、販売をさせてもらってます。

谷口　こんにちは。

角谷　こんにちは～。

谷口　ただの軽自動車かと思いきや…お店屋さんみたいになってますね。

角谷　そうなんです。野菜を積んで、お家を回って、移動販売をしております。

谷口　作ってはるのではなくて…

角谷　京都の農家さんが作っておられるのを、朝に取りに行って、それを積んで、販売をさせてもらってます。

谷口　こういう売るスタイルってもともと京都にあったんですかね？

角谷　昔から農家さん自身が軽トラックに積んで、回られたり、もっと昔は、大八車、おばあちゃんが引いて、回る…「振り売り」というんですけど、本当に、ずっとされていて、それを見習って、じゃないですけど、現代版の「振り売り」としてやっております。

谷口　ディスプレイですよね。お店として例えるならば。これがやっぱりガーリッシュな、ガーリーな、女の子な感じが！

角谷　ハハハ（笑）そうですね。インスタ映えするようにできるだけ。

谷口　さすが。

角谷　やってます。

角谷　ここが私がいつもお世話になっている上賀茂の森田良農園さんというところの畑のハウスです。

谷口　私、生まれて初めて入ります。マイファーストビニールハウスです。

角谷　（笑）

谷口　めっちゃくちゃ温いですねぇ。これ、夏どうなってるんですか？

農家さんと農家さんのお野菜！

角谷　やばいですよ。40度超えますねぇ。（笑）

谷口　でも、夏も別に冷房はしないんですね。

角谷　はい、ここはしてないです。

谷口　ここではどんなもんが作られてますか？

角谷　今は、水菜。

谷口　あ、水菜！上賀茂の水菜ゆうて…

角谷　はい。

谷口　いいなと思う野菜の特徴とか、パッと見ただけで、これは違うなと思うとか、目利きの部分でそういうのってどうですか？

角谷　そうですね。私の仕入れ方は、とにかく信頼できる農家さんっていうか、おいしく作っておられる農家さんの人の部分で見て、人柄が良ければすごい野菜に出るので…

谷口　野菜に出る！

角谷　例えば、几帳面な人はすごいピシッとしたの出来上がったりとか…おおらかな人は結構水分が多くてみずみずしい野菜になったりとか…

谷口　え〜!!（笑）

角谷　不思議なんですけど、なんかちょっとずつ違うんですよね。

人をつなぐ仕事

谷口　元々京都の方なんですか？

角谷　はい。

谷口　大学も京都でいらっしゃったんですか？

角谷　はい。京都大学の建築学科におりました。（笑）

谷口　秀才ですねぇ。

角谷　いえいえ。名前だけで…

谷口　いえいえ。

角谷　建築学科に入って、建築を学んではいたんですけど、どうも私には建築のセンスがあまり無かったようで…それよりも、なんか中で起こる出来事、ライブだったりとか、どういう店舗が入るとか、わりとそっちに興味が行って、で、たまたまその当時歌を習っていたんですけど…

谷口　あ、歌もされるんですか！

角谷　はい、ちょっとだけ。で、歌を習ってた先生に相談をして、いろいろ教えてもらうことになりました。

谷口　それがYammy《ヤミー》さんとの出会い。

角谷　そうですね。福島県出身で、今京都でシンガーソングライターとしていろんな場所で歌を歌ってるんですけれども。

谷口　うん。

角谷　実際その一つのライブができるまでに、どんな人が関わって、どういう準備をして、で、現場でどういう、裏方用が必要なのかとかっていうのを、リアルに見せて頂いて、「裏方楽しい！」ってなりました。

谷口　あぁ〜。やっぱり「一人じゃ何もできない」みたいなことに気付く、みたいなことがあったんですかね。

角谷　そうですね。ほんと、多くの人のつながりというか、人間関係の中で、「こんなことしよう！」ってのが生まれたり、それを実際に具現化して行くのに、ほんと人のつながりって大事だなっていうのをリアルな現場で見させて頂いたな、と思います。

谷口　はい。

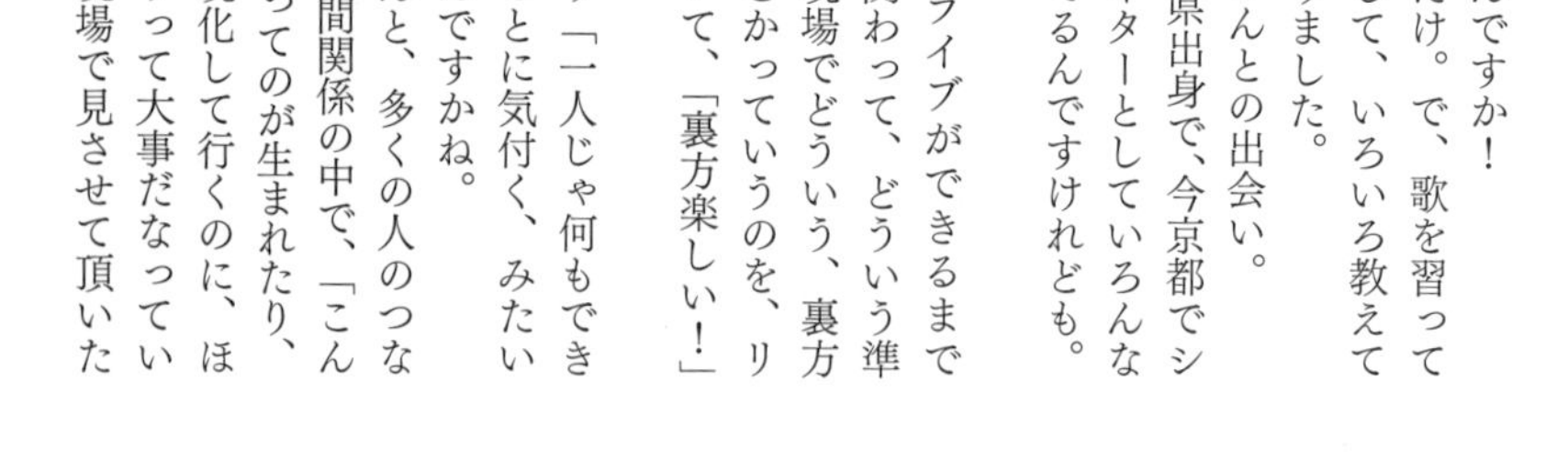

人をつなぐ仕事
やっぱり「一人じゃ何もできない」みたいなことに気付く、みたいなことがあったんですかね。
「こんなことしよう！」ってのが生まれたり、それを実際に具現化して行くのに、ほんと人のつながりって大事だなて言うのを見させていただいた

農家ってカッコいい!

角谷　Ｙａｍｍｙさんが福島県の白河市というところのご出身で、ちょうど大学に通いながらお手伝いをしていた時に東日本大震災が起きて、ライブの関係で、頻繁に通うようになって…

谷口　あぁ～、要するにもう里帰りライブを…震災っていうきっかけもあって、Ｙａｍｍｙさんも、どんどんしてましたよね。

角谷　そのころ、やっぱり風評被害がすごいあって、福島県以外の人が福島の野菜をだんだん買わなくなっていた時期なんですけど。そんな中で私は関西に居て、すごい大変だろうなって思っていたんですけど、実際にその現場に行ってみると、なんか農家さんたちが、「いや、風評被害大変だけど、それは自分たちがおっきな流通に頼って買うお客さんのことまで、顔を知らない状態で、販売をずっとしていたから。できるだけ顔が見えるお客さんとつながりを持って、しっかり販売して行こう」っていう、大変なんだけど前向きな思いで、されている方に出会って…

農家ってカッコいい!

谷口　悩んだ結果、「そういう道があるじゃないか」って思わはったんでしょうね、きっとね。

角谷　そうですね。こう、駐車場に集まって、自分で車で野菜を持ってきて、夕方の市って書いて「夕市」をされてたんですよね。で、地域の人に販売して、当時ユーストリーム流行ってたのでユーストリームで全国配信しながら売ります!みたいな感じでされていて、面白いなっていうのが、農家さんとか野菜に興味を持ったきっかけでしたね。

谷口　はぁ～。

野菜コミュニケーション

谷口　今のこのスタイル、農家さんとの関係がないと…

角谷　そうですね。いろんなつながりで一軒の、上賀茂の「八隅農園」さんという農園にお手伝いに行くようになったんですね。

谷口　お手伝いってどういう…

角谷　野菜の収穫したりもするんですけど、すぐき漬けってわかりますか?

谷口　わかります、もちろん。

角谷　あれは農家さんしか漬けれないんです。

谷口　育てて漬ける。全部やるってことね。最初から最後まで。

角谷　そうなんですよ。それもＳＮＳとかでちょうどやってるところを写真に撮って上げてたら、「そのすぐきはどこ

野菜コミュニケーション
野菜って、人が寄ってくると思っていて、誰でも食事ってするし…
なんかそれが野菜を通してコミュニケーション取っているって言うか…「野菜コミュニケーション！」みたいな感じで
大宮トマト

で買えるんですか？」みたいな感じで問い合わせ頂くようになったり、レストランとかで「野菜無いの？」って聞かれることがあったので、それを農家さんとちょっと相談した時に…かおりんって呼ばれてるんですけど、「かおりん、振り売りやったらいいやん！」って言って頂いて（笑）じゃ、車あるし、八隅さんの野菜積んで回ってみま～す。みたいな、若さゆえの感じで始まりました。（笑）

谷口　あははは（笑）で、今も。

角谷　はい

谷口　いろんなところとのお付き合いもあって…

角谷　そうですね。ありがたいことに。野菜って、人が寄ってくると思っていて、誰でも食事ってするし、毎日食べるものなので気軽に買ってもらえたりとか…

谷口　そうですね。毎日要ります。

角谷　そうなんです。たくさんの人が寄って来てくれて、なんかそれが野菜を通してコミュニケーション取っているって言うか…「野菜コミュニケーション！」みたいな感じで、いろんな人が関わってくるのが面白くて、役に立てたらいいなぐらいの感じで…

谷口　野菜が真ん中に居てるんですね。野菜が繋いでくれるっていうか…

角谷　野菜が繋いでくれてるって思います。

谷口　でも今年はもう台風とかいっぱいあったじゃないですか。

角谷　はい。ほんとに大変で、ただなんか、私から野菜を買って下さる皆さんも、そういう時って、「農家さん、大丈夫？」っていうふうに聞いてきて下さることがすごい多くて、なんかみんなで農家さんを心配して…

谷口　顔が見えるからこそですよね。誰かが育ててることも忘れちゃうんですよね。

角谷　そうですね。

谷口　でもやっぱり、間にちゃんとこう…人がいて、その向こうには生産者の方がいて、ってわかると、すごく安心するし、反対に心配するし…

角谷　そうですね。

谷口　うんうん。これから、どんなふうにしていきたいですか？

角谷　京都の農家さんをみんなで応援するっていうとまた違うけど、一緒に野菜を育ててみんなで食べてっていう、コミュニケーション、繋いでいくっていうことを、少しでもできたらいいなっていうふうに思ってます。

谷口キヨコの流々通信

「角谷さん」

スーパーマーケットは便利だ。日常生活に必要なものがほとんどあるし、野菜がきれいに並んでるし、最近は料理しやすいように洗ってたり切ってくれていたり、とにかく便利である。野菜という本来は自然の恵みのものでさえ、並んでる様はまるで工場で作られた製品のようである。事実、ほぼ同じ重さでほぼ同じ形のものが並んでいる。人が手をかけて土で育ったかんじがしない。まるでJIS規格にのっとって工場で作られた規格品ぽい野菜から生産者の存在に思いを馳せることは難しい。機械化されていても、人間が自然と折り合いをつけて手間暇かけて作った野菜だということを忘れてしまいそうになる。

スーパーの野菜も美味しい。しかし、その野菜の生産地が天災に見舞われたとき、今後の野菜の供給のことが気になったとしても、その生産者のことは気にならないであろう。でも、かおりんから買っていると、野菜の生産者のことが気になると購買者はいう。なぜだろう…、単なるモノとしての野菜と、作る人の存在を感じる野菜は同じだけどやっぱり違うのだ。人から直接野菜を買うとその向こうの人＝生産者が気になる。会ったこともないのに、その人のことを少し意識する。

自分が作った野菜を美味しく食べる人の姿を想像する。自分が食べる野菜を作る人の懸命な姿を想像する。この相互関係が野菜をより美味しくすると思う。この関係は丁寧な生産、食事を生むことになるだろう。

地野菜の移動販売
角谷　香織さん　＃００７

角谷さんを表すことば　「毎日のこと」

毎日のこと。お野菜もコミュニケーションも、ほんまは毎日のことなんやと思います。私は、毎日のことをちゃんとできる人が世界で一番偉い人やと思います。

#017

京都花室 おむろ

島本 壮樹さん

京都花室 おむろ 4代目店主。大手ブランディング企業から家業である花屋を事業承継。「花のない花屋」として業界に新たな風を吹き込む。ミニ盆栽「おむろ盆桜」は海外でも人気を博している。

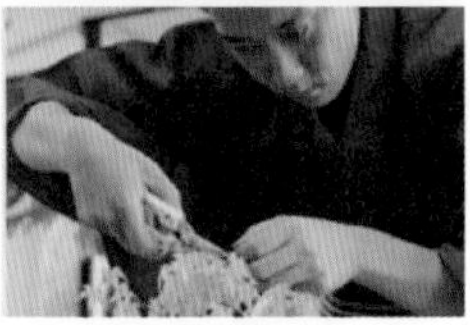

京都花室 おむろ（有限会社フラワーハウスおむろ）

HPあり

☎ 075-465-5005

京都市右京区御室芝橋町６番地16（MapN）

#017

谷口 よろしくお願いしま～す。
島本 お願いします。
谷口 「お花屋さん」って聞いて来たんですよ。でも、ほぼお花が無いんです。
島本 そうなんですよ。当店はお花を置いていなくて、花の無い花屋として今頑張っています。
谷口 でも花屋さんなんですよね。
島本 そうなんですよ。詳しくはちょっとこちらでお話を…
谷口 あ、カフェですか?
島本 はい、カフェで。
谷口 さ、お花が無い理由を教えて頂きましょう!!
島本 はい。実はですね、当店は産地直送と…
谷口 お花の産地直送!それって、ありそうで無い～…
島本 そうなんですよ。今まで無くてですね、生産者さんから直接お客様にお届けをするという、しくみ、流通を作りました。

谷口 例えば生産者さんから、今までやったら私らに届くまで何日ぐらいかかるんですか?
島本 だいたい14日ぐらいかかるんですよ。
谷口 え～～!そんなに!?
島本 それを2日でやろうと。お客様に2日でダイレクトに届けようと。
谷口 あっという間。さっきパンフレット、見たら、なんか、特化した商品…
島本 そうですね。胡蝶蘭に特化して行こうと。
谷口 産地直送の胡蝶蘭。
島本 そうです、そうです。そして当店が目指してるのが、「胡蝶蘭と言えばおむろさん」と。
谷口 んん～～。
島本 「おむろに頼むと間違いないよね!」というところを日本では目指してまして、胡蝶蘭だけで7種類。
谷口 すごい!私、なんか一流のセールスマンに花を勧められてる(周り大笑い)

家族の想いを繋ぐ花屋

谷口 こちらのおむろさんの4代目さんと聞きましたけども、学校出て、つるっと…?
島本 実はですね、弁護士に将来なりたかったので…
谷口 じゃ、法学部。
島本 そうです、法学部で本気でやってたんですけど、ちょうど私が2回生の時にですね、兄が南アフリカに、貧しい人達に、物を配るというので、バックパッカーとして、卒業旅行でちょっと行ってたんですけど…
谷口 お兄ちゃんが…
島本 はい。南アフリカの大使館の方から「遺体で見つかりましたので、お迎えに来て下さい。」という連絡がありまして。いまだに、兄が死んだことは信じられなくて、普通に帰ってくるような気もするん

京都花室 おむろ #017
島本 壮樹さん

ですけど、ほんとに、人間っていつ死ぬかわからないなぁ、ってところで、今しかできない「就職」っていう道を選ぼうと思い、就職の方向に向かって行ったんですけど。

谷口　そっか。そん時はお父様がお店をやってはった…

島本　はい、そうです。父が2代目でやっておりました。そして就職は、実は亡くなった兄が内定を頂いていたP&Gという…

谷口　はい。

島本　世界で一番大きい消費財メーカーという会社の入社式があった時に、当時の社長さんが、是非兄の代わりに弟さん出てくれませんか？というお声掛けを頂きまして…「何て、いい会社や！」と思いまして…

谷口　それ、声かけて下さること自体がねぇ…

島本　はい。で、「よし、行こう！」と…決めたはいいもののですね…

谷口　うんうんうん。

島本　エントリーシート出しますよね。見事に落ちまして…

谷口　落ちるんや!!

島本　ええっ!?（周り笑い）と、思いまして…

谷口　もう顔合わせてるしね。

島本　そう。人事もみんな知ってるんで、行けるやろと…（周り笑い）

谷口　せめてね。

島本　そう。でも、会社は好きなんで、で、私お話するのも結構好きな方なので、営業で…

谷口　営業や。

島本　今度はもう兄のこと言わずに自分の力だけで受けてみようと…

谷口　一皮むくときがやって来ましたね。

島本　で、受けさせて頂いたら内定頂いて、で、「良し！」と。で、入社しまして、ちょうどこれまた、1年ほどぐらいたった時に今度父が亡くなったんですけど…亡くなってしまった、って言うのは私の二番目の大きな出来事で…

谷口　んん〜。

島本　この花屋がどうなんのかなぁ？っていう思いもあったり…いろんな思いが駆け巡りまして…

谷口　誰もその後ね…

島本　はい。亡くなった兄がこの花屋を継ぐつもりでP&Gに入ってマーケティングを学んで、新しい花屋の形をやっていく！という話をずっとしてたので…

谷口　あぁ〜あぁ〜、はい。

島本　そこでもうちょっと、1年とか1年半と期限を決めて、できるだけ

マーケティングを学んで、
新しい花屋の形を
やっていく！という話を
ずっとしてたので…

家族の想いを繋ぐ花屋

勉強して、この家業に戻ってきて、フラワーマーケティングをやろうと。

谷口　今のお話を聞いていたら、出るべくして出て、戻るべくして戻ってきた、っていう感じ、ものすごいしますよね…

島本　んん～、そうですね。

谷口　ま、結果論ですよ。いっこも無駄にしてないですね。

島本　そうなんですかね、はい。

谷口　ははは…（二人して笑う）

京都から世界へ

谷口　盆栽もあるんですね。

島本　はい、主に、先ほどお話した、胡蝶蘭の事業と、盆栽事業という形で、今させて頂いてます。

谷口　さっき、マーケティングのお話とかあったじゃないですか。日本のマーケットってどう見ても限られてるし、人口減って来てるし…

島本　減ってるって話はね、はい。私自身は、次は世界に、海外に行きたいという思いが強くありまして…

谷口　ほぉ～!!

島本　なんでこんな素晴らしい桜が、京都だけでしか売ってないんだ、と。それだったら、私の手で、日本全国に広げて、かつ、世界にこういった京都の桜を広げることをやりたいなぁっていうので。

なんでこんな素晴らしい桜が、京都だけでしか売ってないんだ、と。

京都から世界へ

谷口　んん～。もう世界に打って出はったんですか？

島本　今ですと、シンガポールのガーデンズバイザベイっていう植物園があるんですけど…そこはシンガポール政府機関が観光事業の一環としてやってるところなんですけれども、そこがちょうどできた時に、直接メールを打ったんですよ。

谷口　ほぉ～！

島本　桜、持ってるよ、どう？という。

谷口　どうよ？

島本　その当時は東南アジアで桜を咲かせるって、向こうは亜熱帯地域なので、四季が無いと基本考えられなかったんですね。

谷口　そうですねぇ。

島本　で、向こうとしては、願ったり叶ったりなのか、「こんな提案が来た。桜を咲かせよう。」って、面白いね、と。

谷口　でも、あれですよ。海外行く時とか、帰って来る時とか、「植物持ってきたらあきませんで～」とか…いいんですか？商業用だったら？

島本　めちゃくちゃ大変でして、弊社も、「いいよ。」とメールで送ったものの、どうしようかなぁ？というところで、いろいろその当時はジェトロさんに相談させてもらって。1回農水省に、「シンガポール政府のこういう機関から問い合わせがあって」っていうと、向こうも「ふむふむ政府か。」と。

谷口　それ、政府やわ。要するにね、国対国ね。

島本　はい。そうなると、向こうも断れないだろうなと思いまして。

谷口　またそういう…（大笑い）

島本　それがきっかけで許可を頂くことになって、輸出をすることができたのが、3年前ですかね。

谷口　桜は咲いたんですか？

島本　もう、きれいに咲きまして…

谷口　（拍手）お〜お〜。良かった〜。

京都の文化を世界へ

谷口　なんか噂によると、コラボレーションとか、そういう広がりもまた考えてはるという

島本　いろいろさせて頂いてまして、おむろビールという老舗のキンシ正宗さんとコラボレーションしたものであったりとか、丹波ワインさんとコラボレーションしまして。京都原産のものと、盆栽を持って行って、セットで、シンガポールのご自宅のテーブルで楽しんで頂く…

谷口　んん〜。外国に居ながらにして…

島本　日本を、京都を感じられる、と。

谷口　楽し〜。京都をそれで楽しんでもらうっていう。

島本　はい。オーチャードロードといわれるところの、髙島屋さんと、伊勢丹さんと、あと、タングスさんという現地の老舗百貨店がありまして、そこで、今販売させて頂いてるんです。

谷口　あのぅ、私がこんなこと言うのは恐縮ですけれども、お父さんとか、お兄さんとか、どんなふうに思ってるかな〜？とか、どんなふうに言ってくれるかなぁ〜とか、お考えになったこととかはありますか？

島本　結構いろいろ思うんですけど、何か間違った道に行ったときは、父や兄が止めてくれるのかなぁって実は心の中で思ってまして…うまく行ってるのは、やはり兄と父が導いてくれてるのかなぁって感じで…

谷口　んん〜。

島本　いろんな国にこういったものを、ま、京都の物ですね、広げていきたいなぁという想いはありますね。

谷口　島本さん、立派な京都人です。

島本　いえいえいえ。（笑）

谷口　立派な京都人です。

シンガポールの髙島屋と伊勢丹とタングスさんで出店している

谷口キヨコの流々通信
「島本さん」

誰にも人生の転機はある。『谷口流々』でもたくさんの転機を紹介してきた。それぞれの人がそれぞれの転機を迎え、それに立ち向かい、流れに任せ、自ら転機を呼び寄せ…、人によって、また時と場合によって本当に色々な転機があり、転機に対する向かい方がある。

そして誰にでも必ず訪れる人生の大きな転機は身内を亡くす、ということだろう。それによって人生が大きく動く場合がある。自分の大切な家族を亡くすことは、世の中にどうしようもないことがあることを知ってしまう瞬間である。頑張ったって、運がよくたって、強くたって、どんなにいいことをしてきたって、人は死ぬ。そんなことは当然わかっているのに、身内が死ぬということは理性的な理解を越える出来事である。

お兄様を突然亡くし、お兄様がはいるはずだった会社に就職をした島本さん。その後お父様を亡くし、お兄様が継ぐはずだった会社を継いだ島本さん。家族の死が彼の人生を導くようにつなげていく。違う人生を歩むこともできた島本さんは、今では『花のない花屋さん』として生産者から消費者にお花を直接届けるという仕組みを作った。また、海外に京都の花や文化を知ってもらうための活動もしている。一人で事業をしているのに、どんどん世界が広がっているのである。島本さんのなかには、お兄様の目とお父様の目があるのではないだろうか。「こうやったらいいよ」「これはあかんやろ」「これはよさそうやなぁ」一人でやっているけど、三人でやっているようなかんじ。亡くしてしまったけれど、二人が自分の心のなかでは生き続けているようなかんじ。

だから強くなれる。前に進める。

でも、会いたくなるよなぁ、あの人に。今はいないあの人に。

そんなときは、自分のなかに生きていると信じて、共にいると信じて前にすすむ。そうやって過去と現在、そして未来はつながっていく。

島本さんを表すことば

「お父さん、お兄さん、壮樹さん、」

ジャジャン！「お父さん、お兄さん、壮樹さん、」！すごいねぇ、ビジネスマンやなぁと思ってお話を聞いてたんですけども、それにはお花とか、ふるさととか、あとは、ご家族への熱〜い思いがあるなぁと気付きました。壮樹さん、花丸です！

京都花室 おむろ
島本 壮樹さん ＃０１７

#019

タオルソムリエ

益田 晴子さん

タオル専門店「IKEUCHI ORGANIC」の店長
商品は100％オーガニックコットンで作られているものなど、人や環境に配慮されている。

IKEUCHI ORGANIC KYOTO STORE HPあり

☎ 075-251-1017

京都市中京区福長町101 SACRAアネックス1F（MapＡC-1）

#019

谷口　よろしくお願いします。
益田　よろしくお願い致します。あそこにずら～っと並んでいるのがうちのオリジナルのタオルになりま～す。全て糸の太さ、細さ、あとは織りの設計でさわり心地が変わって来ます。
谷口　さわり心地見本、みたいな…
益田　あ、そうです、そうです。
谷口　（触りながら）あ、こういう感じ。畳んだ感じもありますもんね。私、これがいいかな。
益田　あ、なるほど～。この子ねぇ、柔らかく見えてるんですけど…でもちょっとしっかりしたタイプの子にはなります。
谷口　はい。
益田　私たちの定番中の定番、ベースになるタオルになります。
谷口　ピャッと触って自分で決めるのもいいし、お話を聞きながら…選んでいくのも楽しいですね。

タオルはお守り

谷口　お家がタオル屋さんとか、タオル農家とか…
益田　（笑）タオル農家！

谷口　違いますもんね。
益田　はい。違うんですよ。生まれてほんと小っちゃい時ですね、アトピーがあったりだとか、それが小児ぜんそくに変わって…で、結構お布団の中に居る時間が多かったんですね。
谷口　あ～、ふんふん。
益田　で、その時に使っていたのがブルーのタオルケット。なんとなく今も3才とか4才ぐらいなんですけど覚えていて、それが私の中で、タオルっていうものが多分好きになった時なんやろなと思っているんですよ。
谷口　その時、タオルにくるまれてたら安心する、とかいろいろあると思うんですけど…どんな？
益田　安心する。そうですね。ものすごく安心をしていて。で、そのブルーのタオルケットから、今度は母が新しくピンクのタオルケットを買って来て…
谷口　あぁ～。
益田　ブルーのタオルケットがくたくたになったから…で、そのピンクのタオルケットを私に渡した時に、ブルーじゃないからものすごい泣き叫んで…
谷口　て言うか、もうそれじゃないと嫌なんですよね。
益田　そう、そう。で、それを最終的に母が小っちゃい四角いタオルに切って、それをずっと持たせてくれていた。それがあると、ピンクのタオルケットでも寝れた、みたいな…ずっとお守りみたいな。
谷口　全くおんなじですね、私ね。
益田　えっ、えっ、ほんとに!!

タオルソムリエ
益田　晴子さん　＃０１９

2人とも、お母さんが幼少期のお気に入りのタオルケットを小さく切って、安心のお守りのように持たせてくれていた

谷口　私の場合はこう指に挟むんです。「チョッキン毛布」と呼んでたんですよ。

益田　ははははは(笑)

谷口　でもあんまりに汚いからきれいなところを切ってくれて…

益田　あ〜、一緒!

谷口　まつり縫いをしてくれて、それを持ってた。

益田　おんなじお母さんかもしれない(周り笑い)

谷口　えっ⁉妹?

益田　小学校ぐらいになって、ぜんそくもちょっと落ち着いて、もう全然そんなタオル、タオルケットが無いと…ってことはほぼほぼなくなって来て…で、たまたま短大で繊維のお勉強をずっとして来たんですね。

谷口　あ〜。でもやっぱり、繊維にはなんか…

益田　多分、ね、どっかで潜在的に惹かれてたんでしょうね…

谷口　お家がそうとかじゃないんですよね?

益田　じゃーなくって。そのまんま、新卒で三菱レーヨンっていう化学繊維のメーカーに…

谷口　ほ〜。要するにタオルから始まっているわゆる「繊維好き」。

益田　そ〜、ですね。で、そこで主人と出会って結婚して、その後一旦香港で暮らすということをしました。香港で暮らすとどうしても中国のお野菜だったり、日本のお野菜じゃないお野菜を食べることが多くなって…

谷口　あ〜。チン・ゲン・サイ、みたいな…

益田　(笑)あ〜、そうです、そうです。やっぱり安心してものを食べたいなぁっていうところとかもあって…日本からオーガニックの野菜を空輸するっていうようなことをしていて…」

谷口　あ〜、香港マダ〜ム、ちょっと憧れる〜。

益田　(笑)そういう食生活で、ちょっとオーガニックのことに興味が出ました。

谷口　日本を出て、しかも、食べる方のことで、やっぱりちょっと、「オーガニックなんじゃないの〜?」と。

益田　そうですね。その後主人の転勤で東京に行きまして、アパレルのお仕事をしていたんですね。ファストファッションといわれるような…で、そういうお洋服を、今度は中国やバングラディシュで作った物を輸入してきておさめる、っていう仕事をしていました。

谷口　そういうものがどんどん普通になっていった時代ですね。

益田　で、そこでも同じように、ちょっとバランスを考えるようになって来たんですよね。

谷口　要するに、世の中や自分の仕事とか、置かれてる環境がこっちに引っ張られれば引っ張られるほどそれこそ自分のバランスがくずれて…ちょっと、それでは、しんどかった…

益田　っていうところも、今から思ったらあるかもしれないですね。

タオルとの出会い

益田　主人に誘われて、IKEUCHI ORGANICが一つの商品の発表会をするっていう時があったんですね。どんなタオルかというと、その毎年毎年の年の違いを楽しもうよというコンセプトの。

谷口　あ、じゃ、ほんま、ワイン、日本酒、みたいに…

益田　そう、タオルも、要はコットンって植物なので、毎年出来が違うんですね。で、その時に、コットンヌーボーの2011っていう、2011年バージョンをさわった時に3才とか4才で使っていた時のタオルケットをバッと思い出したんですよ。それをさわった時!!

谷口　繋がったんだ!!

益田　んん。で、わ〜、なんでこんなにその時を思い出すんやろ?って思った時に、綿畑から始まって、みんなの愛情が1枚に詰まってる。それが私の中でリンクしたんかなっていうふうには思ってます。

谷口　ばばばばば〜って。

益田　そう!わ〜〜!!みたいな。

谷口　あははは（笑）すごい出会いだったんですね。

益田　そうなんです。いつかIKEUCHIを伝えるお仕事に就きたい、とずっとずっと伝え続けて…

谷口　私のブルーのね、タオルケットがね〜いうて。

益田　（笑）で、2014年の春ごろにIKEUCHIの方から、「一緒にどうですか?」っていう…私がずっと言い続けていたので…

タオルを使ってる時間を一生分キュキュってしてたら、その分すごく幸せは増えるな、と思っていて…

谷口　「やりたい!」と。

益田　だからもう、声かけなあかんな、と思わはったみたいで…

谷口　（笑）

益田　タオルを使ってる時間を一生分キュキュってしてたら、その分すごく幸せは増えるな、と思っていて…すごい豊か…少し豊かになったりとか、生活が変わるんちゃうかなぁっていうふうに考えてます。

谷口　いや、変わると思う。うちのタオルを見直したいと思います。

益田　（笑）

タオルのイメージを変える

谷口　タオルによってもしかしたらライフスタイルが本当に変えられるかもしれないと気付いてしまったんですけど、晴子店長!

タオルのメンテナンス事業っていうことを立ち上げます！
長〜い間使っていただく。でもそれって実は環境の負荷も下がるっていうことがあるんですよ。

タオルは全て 糸の太さや細さ 織りの設計で触り心地が変わる

益田　はい。

谷口　タオルの未来はどうですか？

益田　（笑）買って下さった後、あのドアから出て行った後が、この子たちのお仕事をする場所やと思ってるんですね。拭いてもらって。で、タオルの洗いってのはすごく大事やと思ってるんです。洗い方、お洗濯。「ちょっと最近、なんかごわごわして来たな。」とか、調子悪くなったものを一度私たちに見せて頂いて…今年の多分春からできたらいいなと思ってるんですけど、メンテナンス事業っていうことを立ち上げます。

谷口　ええ〜〜!!タオルのメンテナンス！

益田　はい、そうなんです。ちょっと風合いを戻す、ってことをさせて頂こうかなって。

谷口　え〜〜!!そこまでしてくれるんですか。

益田　長〜い間使って頂く。でもそれって実は環境の負荷も下がるっていうことがあるんですよ。

谷口　そうですね。1枚作るのに、大きな大きな綿の畑が…

益田　そうなんです。1枚作るのに、20坪ほどの綿畑が…失われます。

谷口　あ、そうなんですか。

益田　あともう1個、今年から、タオルのトレーサビリティっていうことを始めます。

谷口　それはどういうことですか？

益田　タオルをご購入頂いた時にQRコード付いてるんですね。QRコードをピッとして頂くと、その子達がどういう道を経て今ここに来たのかっていうことが解るようにさせて頂いてます。

谷口　私、今お芋さんにはまってるんですけど…私の今年の夢は、そのお芋さん、あるところでしか作ってないんです、大分県の…。そこに行ってみたいと。

益田　あ、うん。

谷口　なんか私がちょっと思ってたこととリンクする…

益田　うん。お母さんと一緒かもしれない…（周りも巻き込み大笑い）ほんまに。

谷口　ほんまに。

QRコードをピッとしていただくと、その子達がどういう道を経て今ここに来たのかっていうことが解るようにさせていただいてます

谷口キヨコの流々通信
「益田さん」

子供のころ、自宅で使っていたタオルはほぼ貰い物だったと思う。タオルのすそにお店の名前がプリントされていたから。そのタオルはお世辞にも使い心地がいいとは言えない、ペランペランのもの…。

贈り物として、いいタオルが送られてくることもあったが、そのタオルは分厚くてふかふかで…、バスタオルがそれだと嬉しかったなぁ、「やった！今日は当たり！」みたいな。

あまりに使い心地がよいから、自分の部屋に持って入って勝手に自分用にしたりして。その後、母に見つかり回収され、次に父が使ったりすると、そのタオルへの気持ちは減少した。

もっと小さいころは、ぬいぐるみ代わりにずっとタオルを持っていた。お気に入りのタオルはどんどん汚れていくからきれいなところだけを残して切って、ハンカチサイズにして持ち歩く。一人っ子なので外に出て遊ぶときはたった一人、小さな冒険レベル。きょうだいがいる友達がうらやましくて、気持ちを落ち着かせるためにもそのタオルがないと不安だった。

益田さんのところにはいいタオルがずらりと並ぶ。もちろん全部さわり心地がよい。夢見心地レベルの気持ちよさ。さわるだけでうっとり。思わず頬にあてて、その心地よさをもっと実感したくなる。しかもその中でも自分がもっとも好きになれるタオルがあるはずだ、と。タオルには綿の産地や糸の太さや織りの設計でそれぞれ個性があるんだ、と。

いいタオルとそうでないタオル以外の区別があるなんて。いいタオルの中の個性…、そのタオルの個性と私の素敵なマリアージュ。

これを贅沢と言わずに、どう表現すればよいのだろう。

でも、タオルは本来贅沢品ではない。生活のなかにどっぷりはまった生活消耗品だ。

それを自分のライフスタイルに合わせて選ぶことができる。

そうだ、この選ぶことができる、というのが贅沢なんだ。

日々の暮らしをちょっとアップグレードしてくれるタオル。子どものころとはまた違ったタオルとのつきあい方。

でも、お気に入りのタオルがあれば安心するのは子どものころと同じだ。

タオルソムリエ　＃０１９
益田　晴子さん

益田さんを表すことば　「包容力」

「包容力」です。タオルは使うものだと思ってます。でも考えてみたら、私はずっと小っちゃい時からタオルに包まれて生きて来たんやなぁ、と。いいタオルと出会うのと出会わないのとでは人生で大きな違いがあると、晴ちゃんが教えてくれました。

#031

古道具店　店主

仲平　誠さん

京都 ビンテージ アンティーク「Soil」のオーナー。
フィンランドを中心にヨーロッパで買い付けたヴィンテージ雑貨や古道具を扱う。

京都 ビンテージ アンティーク Soil HPあり
☎ 090-2357-0574
📍 京都市左京区北門前町476-1（MapⒶD-1）

#031

谷口　どうぞよろしくお願いしま～す。

仲平　よろしくお願いしま～す。

谷口　ズバリ言います。いろんな物がありますね。うっふふ（笑）

仲平　はい。

谷口　これは～…リボンですよね。だいぶ年季入ってますよね。

仲平　これ、ドイツで蚤の市で見つけたリボンなんですけど…ただいくつかまとめてぶら下げただけ。

谷口　お、これは、お買い求め頂いた物を入れる袋。

仲平　はい。うちは、ただ「壁に掛ける」という楽しみ方を提案しています。

谷口　あ、これはこういう風にあるけど、インテリア。

仲平　はい。何でも壁に掛けたら面白くなるんですけど…これ、どうですか？

谷口　これ、箱、ちゃいますの？

仲平　はい。ただの古い紙箱なんですけど…もう、だっさいね、「ＩＮＤＩＡＮ ＳＴＡＲ」って書いてあるだけの紙箱のふたを、ふただけ壁に掛けたら、「あら、ちょっとええやん！」

谷口　んふっ。（笑）っとまぁ、思てはるんですよねぇ。

仲平　思てます、思てます。

谷口　あ、これは立派な豪邸ですねぇ。

仲平　これはねぇ、ちょっとだけ骨董価値付きます。スウェーデンのアンティークフェアで買ったんですけども…これ、１９４０年代頃に北欧でお父さんがおもちゃ作るの流行った時代の物だそうです。…車とか、家とか、

谷口　あ～、木工で…

仲平　これを、お菓子屋さんやケーキ屋さんが12月のショーウィンドウとかに、横にお菓子置いたりして飾らはったら…

谷口　これはええわ！

仲平　いいじゃないですか。

目が慣れて来はったお客様にも、常にクエスチョンを与えたいから、ちょっとずつそういうのをあえて置くようにしたら、こんな店に…

古いモノに魅せられて

谷口　パッと入って来た時は、「何やろう？」って思ったんですけど(笑)一個一個見ていくと、愛おしくなるもんですね。

仲平　ありがとうございます。全部「わかる、きれい、美しい、好き～」となると…もうそれ止まりやないですか。だから目が慣れて来はったお客様にも、常にクエスチョンを与えたいから、ちょっとずつそういうのをあえて置くようにしたら、こんな店になってしまって…

谷口　なっはははは（笑）どんなお子さんだったんですか？

仲平　わかった、河原にあるもん拾て来たりとか…も、ありました。

谷口　あ、やっぱり！

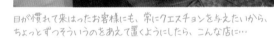

仲平　好きでした。高校1年で友達に、「古着屋」っていう存在を教えてもらって通いだしたんです。古着って自分で自分のキャラクターを作れるじゃないですか。それが楽しくて。

谷口　ま、安いしね。

仲平　安いし！で、古着だけでも良かったんですけど、古着屋にちょっと食器とかランプとか置いてる店もあって…そこでそういう工芸品、食器とかにも目覚めました。

谷口　え、高校生で古着屋で、古い茶碗買う男の子、居てんねや。

仲平　いや、僕！（周り笑い）はい！

谷口　は～。

仲平　で、そっから、北野天満宮で天神さんって骨董市があるじゃないですか。あれの存在知って、そこで結構古い道具を買うっていうことを始めましたね。これ、僕が高校生の時に買った…

谷口　目覚まし時計！

仲平　使うんが楽しいです。

谷口　でも、デジタルもあったでしょう、当時。

仲平　ある。ありますけど、おもろくないですやん。なんか、やっぱり楽しみたいんで…

谷口　んん。ほんで、これジーってゆったら嬉しなって起きるみたいな…

仲平　そう、そう、そうなんですよ。次、買いたいけどお金ないので…そこで、フリーマーケットってのに目覚めたんですよ。

谷口　（笑）いろんなのに目覚めるよね。

仲平　そうなんですよ。まだ未成年で、フリーマーケットの場所は借りれなかったんです。

谷口　ん。

仲平　なので、出店してる大学生のお姉ちゃんとかに、「こんだけ貸してくれません？」みたいに声かけて、もうナンパですよね。「ええよ」って笑いながら言って下さって、で、ぐる～っと会場回って服とか売れそうなの買って…

谷口　ん。買うの？そこで買うの？

仲平　そこで買うんですよ。そこで仕入れるんです。

谷口　え～、商売人やなぁ。大学時代はどんなふうに過ごしたんですか？

仲平　大学は、あんまり馴染めず、そんな学校行ってなかったんで、アルバイトを三つぐらい掛け持ちして、もう「外国行きたい！」と思たんです。

谷口　はいはいはいはい。

仲平　で、とりあえず、何となくイタリア。

谷口　（笑いながら）何となく。

仲平　ま、一個だけあったんですけど。ダ・ヴィンチの「最後の晩餐」って絵が見たくて。その時に蚤の市に行って…もう本場は違うな、っていう感動を受けたんです。

谷口　天神さんもええけど、やっぱり売ってるもんがちゃう…

仲平　全然ちゃう、と。これや！と思て、これ持って帰って売ったら高く売れますやん、みたいな…

谷口　また！あはは（笑）

独立

仲平　この店やる直前は、京都の古美術商で3年間勤めさせてもらいまして。

谷口　そん時は高いもん…

仲平　高いもんです。ほんまに高いもんは一千万とか…

谷口　ええ〜〜!!

仲平　ガレのランプとかね。やってて、なんか自分の身の丈と違いすぎて、やっぱり身の丈に合ったものを扱う方が生き生き自分もするんじゃないかなぁという思いはちょっとありながら…ま、勤めさしてもらいました。

谷口　あ、そっか。そういう思いもあって…辞めて、自分の城を持つわけですよね。

仲平　自分の城を持ちましたねぇ。

谷口　おめでとうございま〜す。(拍手)

仲平　ありがとうございます。そこから、はいハッピーハッピー…じゃなくて…

谷口　(笑) じゃ〜なかったの。

仲平　地獄のどん底まで行きましたね。(周り笑い)

目線替えたら面白くなるぞ、というものを必死で探して…
そこにちゃんと真面目なもんも混ぜて、そのバランス感でなんとか…

谷口　どういうことですか？地獄のどん底。

仲平　お金借りなあかん、と。最初…。300万借りたんです。100万ぐらい持ってて、全部で400万。それでフィンランドのものを買って売るっていうのを始めました。

谷口　その頃はお客さんは？

仲平　全然。僕みたいなもんにお客さんついてるわけないので…

谷口　え、いつ事態は好転するんですか？

仲平　安くて誰も評価してないけど、目線替えたら面白くなるぞ、というものを必死で探して、もう100円でええよ、という物を買って…でも僕はすごい掛けたらかっこええよと思うし、これ2000円付けさして、みたいな骨董やって、そこにちゃんと真面目なもんも混ぜて、そのバランス感でなんとかやってくと、なんかだんだんお客さんが面白い方買ってくれ出したんです。

谷口　あ〜。ちゃんと骨董的な価値があるものもあるんやけども、そうじゃない方が…

仲平　そう。で、2年目の後半からちょっとこう(手で上向きに)

谷口　んん〜。右肩ギュン上がり！

仲平　ゆっくり。

蚤の市をつくる

谷口　京都ってアンティークとか古いモノとか、古美術商、古道具、実はたくさんやってらっしゃるお店、ありますよね。

仲平　多いと思うんですけど、骨董市が意外と少ないんですよ。もっと若いメンバー集めて、そういうのしたいなっという欲求が出てきて…

谷口　はい。

仲平　「京都　ふるどうぐ市」っていうのを2014年に始めました。業者さん、かっこええ！素敵！と思う業者さんを40～50店舗集めて、一堂に同じ場所で皆さんに見てもらうってことを…

谷口　すごい贅沢じゃないですか。

仲平　それがちょっと結構当たっちゃいまして…2014年から4年間、年に1回やりました。

谷口　へぇ～。どんな反響だったですか？来てくださった方は。

仲平　やっぱり同業者とか、結構あの、美術館の館長さんとか、有名な現代アートの村上隆さんとかまで…

谷口　TAKASHI MURAKAMI！

仲平　世界の、TAKASHI MURAKAMIまで足を運んでくださるようなところまで行きました。なんかね、原点に帰るじゃないですけど、北野天満宮の天神市みたいに…

谷口　天神さん、うん。

仲平　やっぱりああいう、何もってくるかわからない…選ばれてないもの、おっちゃんたちがどこで拾ってきたんや、みたいな、あれもやっぱり好きなんです。

谷口　はい。

仲平　で、あれも好きやし、ちゃんと自分なりにセレクトしてるような古いモノ扱う方も好きやし、それをもっと混ぜたいなと思う欲求が今出てきて…

谷口　「ふるどうぐ市」とかやってはったら、「いや、ちゃんと選んでない奴はいい。それと俺とは違う！」とか、そういうことは思わないんですか？

仲平　僕ね、思わないんですよ。元はそっちなんで…

谷口　ふんふんふんふん。

仲平　それが一堂に、異種格闘技戦みたいにがーんと同じ舞台でやるのをやりたくて…4月10日から平安神宮の前の公園で、「平安蚤の市」っていうのをやります。

谷口　あ、じゃ、蚤の市の方は原点に帰って、ごったな感じで…

仲平　ごったな感じ。若い人は、チャレンジの場にも使ってもらえるような…

谷口　あ～、そうかそうか…

仲平　一応舞台にしたつもりで、150店舗、毎月。

谷口　わ～すごいな～～。

仲平　京都を代表するようなイベントに多分10年20年続けられたらなると思う。

谷口　古道具とか古美術の世界ってちょっと閉鎖的かな、って思ったんですよ。すいません、イメージが…でもなんかお話聞いてたら、仲平さんに関しては、もっと開くっていう気がすんのやけど、どうやろ？

蚤の市をつくる

2014年に立誠小学校で「京都 ふるどうぐ市」を開催

若い人は、チャレンジの場にも使ってもらえるような…ごった煮の蚤の市。

谷口キヨコの流々通信「仲平さん」

ええもんはええ！　といえる自信ありますか。

　産地やメーカーやブランドに頼らず、例えばそのものの見た目や使い心地など、自分の判断基準だけでええもんはええといい切る自信があるだろうか。

　私の答えは「う〜ん…」である。正直自信がない。

　常々思っていることがある。万が一お金で買えるなら、私はセンスを買いたい。正確にいうなら、センスのよさを買って身に付けたい。それがあれば最強だ。何を買っても間違いないのだから。容姿でいえば「シュッとしている」、持ち物やインテリア、ファッションでいえば「センスがいい」。私にとってこれは間違いなく最高の誉め言葉である。「あの人センスええなぁ、シュッとしてはるし」あぁ、言われてみたい。残念ながらどっちも言われたことがない。仲平さんはセンスがいい。センスの人である。

　センスがあれば私も買って飾りたい古道具、着たい古着、買いたいアンティーク！　真新しいものだけでなんとなく部屋や自分を着飾るのではなく、こだわりの古いもので、自分だけの視点でよさを見つけて使ってみたい。でもそれにはセンスが必要なんだよう、センスがなければそれはただの中古品なんだよう。

　でも、センスはどこにも売ってない。いくらお金を払っても手に入れることができない。売れるはずがないんだ。センスはもちろんものではないし、スキルでもない。まさに感覚なのだ。私に残された道は、感覚を技術と経験でなんとかカバーすること。努力してセンスを手にいれる…、そんなことできるんやろか。なんか、そのやり方センスないなぁ。

仲平　はい、そうです。
谷口　あっはは（周りも大笑い）
仲平　はい、そうしたいです、ほんまに。
谷口　ね。

仲平さんを表すことば
「ええもんはええ」

「ええもんはええ」（笑）ブランドじゃない価値観はやっぱり自分で決めるんです。でもね、価値観ってね、難しい。でもやっぱり自分で決めるんです。

古道具店　店主
仲平　誠さん　＃031

#033

坂ノ途中 代表

小野 邦彦さん

持続可能な農業を広めるため「環境負荷の小さい農業を実践する農家」から仕入れた野菜を直営店やネットで販売している。

坂ノ途中 HPあり

直営飲食店 本と野菜 OyOy（おいおい）（MapAB-1）

☎ 075-744-1727

京都市中京区烏丸通姉小路下ル場之町586-2 新風館１階

直営八百屋 坂ノ途中 Soil（そいる）

☎ 070-5347-0831

京都市南区西九条比永城町 118-2番地（MapC）

#033

小野　こんにちは。
谷口　どうぞよろしくお願いします。
小野　よろしくお願いします。
谷口　ここ、出荷作業中ですよね。
小野　はい、そうなんです。僕たち、野菜の販売をしてるんですけど、特徴としては取引してる方のほとんどが新規就農、新しく農業を始めた方なんですね。
谷口　はい。
小野　規模としては小っちゃいんだけど、みんないろいろ創意工夫して季節の野菜を育てらっしゃいます。例えば、今だったら、これ、玉ねぎの若採りですね、まだ下が膨らみきってなくて、上がおネギみたいに食べれるという…。或いは、これだと…何だかわかります？

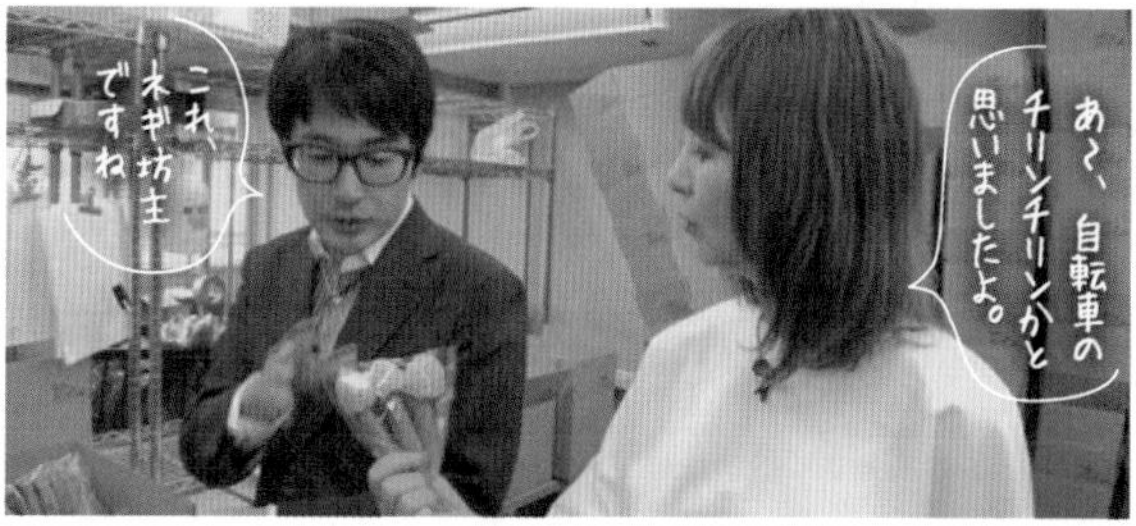

谷口　ははは（笑）
小野　ネギ坊主ですね。
谷口　あ〜、自転車のチリンチリンかと思いましたよ。
小野　あははは。普通やったらネギに坊主がね、つぼみがついてきたら出荷ってできないんですけど、僕はそれはそれでおいしいから、時期のものやということでお客さんに面白がってもらおうってので、ちょっと宅配のお客さんにおまけとしてネギ坊主を付けたりとか…
谷口　ほ〜、明らかに他とは違いますね。
小野　そうなんです。大体年間400種類位の野菜を扱います。

人と自然の結び目

谷口　インドで修行ですか？（笑）
小野　修行っちゅう訳じゃ無いですけど、はい、いろんなとこ行ってましたね。
谷口　バックパッカーという。
小野　僕、遺跡が好きで、最初は面白いなぁ、いろんなとこにいろんな遺跡あるなぁと思ってたんですけど、よくよく考えたら、遺跡って社会が終わった残骸なんですよね。あ〜、そうか、社会ってほっといたら終わるんやなぁ、みたいなこと思いました。一方で他のところで思ったことは、僕チベットがすごい好きなんですけど…
谷口　チベットのどこが好きですか？
小野　チベットって、めっちゃ標高が高いところが多くて生えてくる植物自体が限られてるんですよ。
谷口　過酷な環境ですよね。
小野　そうです。背の低い草しか生えないんだけど、ヤクがその草を食んで、ヤクのうんちを乾かしてそれを燃料にして、ヤクのミ

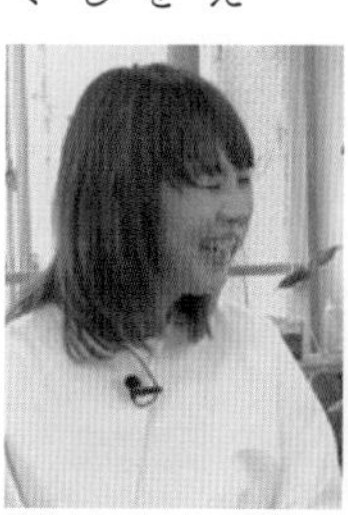

坂ノ途中　代表
小野　邦彦さん　#033

ルクを絞って温めて飲む、みたいな、ここにあるもので完結してるやん、みたいな…。

谷口　それで生活成り立ってはる…。

小野　それがすごいかっこいいなぁと思って…これはずっと続くよね、みたいな…。特に農業っていうのは、そういう意味で言うとめっちゃ大事な部分で、人と自然とのちょうど結び目なんで。やりようによってはめっちゃ環境への負担が大きかったりもするんですよね。で、すごい大き〜く言うと、例えば砂漠化の原因が8割ぐらいは農業だと言われてたりとか、周りの生き物を減らしたりっていうことにもつながる産業なので、ある種どんな農業を選ぶかということが、その社会が自然とどういうふうに折り合い付けていくかが象徴されてる場所だなぁと思っていて、そういう意味で環境への負担の小さい農業を広げるっていうのを自分のテーマにしていきたいなと思うようになりました。

谷口　すごい、大学生がそこまで来ちゃったんですか。

小野　（笑）ま、こんなにちゃんと整理してしゃべれるようになったのはもっと後ですけどね。

100年先もつづく農業

小野　どうやったら環境への負担の小さい農業って広がるやろう?が、僕たちのテーマなんですね。何すんのがええんやろう?と思ったんですけど…

谷口　そうなんですよ。一番最初は一体何するんですか?

小野　空き農地ってどんどん増えて行ってて、一方で都会には、何やろ、こう「俺、こんな仕事してたくないねんけどなぁ」って言いながら嫌々仕事してる若者って結構いるわけじゃないですか。結局農業に憧れる人は結構いるし、実際思い切って「えいやあ!」って農業始める人もいるけど、なかなかその後が続かんのですよ。

谷口　はい。

小野　「何でや?」と言うと…

谷口　何でなん?

小野　結局ね、すごい単純な話で、農業新しく始めた人達って、ま、規模としては小っちゃくなりがちなんですよね。そりゃ想像つきますやん。

谷口　ん〜、まぁまぁそうですよねぇ。

小野　少量だったり、不安定なものを生産していますっていう生産者と取引したいっていう流通の会社って基本的に無いわけですよ。

谷口　安定供給が命でしょう。

小野　そう、そうですね。なんで、新規就農者が一番苦手なことが、『安定供給』。

谷口　んん〜。一番求められることと一番苦手なこと…。

小野　そりゃ結び付かんで!っていう話じゃないですか。新規就農の人が栽培してる農産物ってどうやねんっていう

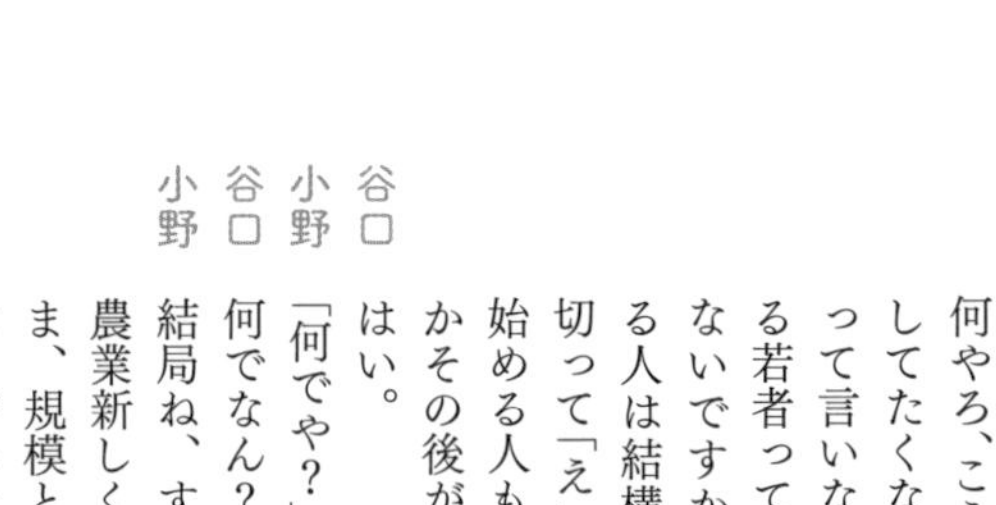

どうやったら環境への負担の小さい農業って
広がるやろう?が、僕たちのテーマ

少量不安定、だけど品質はいいよって言うものを…「お野菜セット」って言う形にして定期宅配してもらってるんですね。

と、量は少ないけど、実はおいしいんですよね。なんせやりたくてやりたくて始める人たちばっかりなんで、めちゃめちゃ勉強してるし手を抜かないんです。

谷口　じゃ、できるもんはいいもんなんですね。

小野　いいもん！この、少量不安定、だけど品質はいいよっていうものが売れる仕組みを作れたら、新規就農する人増えるやん、と思って。ま、それをやろうっていうのがこの会社のしてることです。

谷口　社長！目の付け所がすごい！

小野　ありがとうございます。

谷口　(笑) いったいどんなお客さんが買ってくれるんですか。

小野　僕たち、売り上げの3分の2ぐらいネット通販で…

谷口　お野菜をネット通販するんですか。

小野　しかもそれを「お野菜セット」っていう形にして定期宅配してもらってるんですね。お客さんに野菜選んでもらうんじゃなくて、うちの方でバランス考えてセットにします、みたいなのがよかろうと。

谷口　ほな、必ずこれが入ってるということではなくて…

小野　なくて。で、1年通じて定期宅配してもらったら季節がどんなふうに巡って行くかがわかりますよ、という形になってます。

谷口　お食事タ〜イム!!

小野　僕は、なんせ、いろ〜んな野菜扱ってるので、で、時期によって味わいも変わって行くので、自分らで食べな説明できひんやろ、という思いで、自分らで賄い作って野菜いっぱい食べるっていうのをしてってですね…

谷口　味を確かめるんですね。

小野　そうです、そうです。

谷口　わ〜、私ね、人参とジャガイモしかわかりません。(笑)

小野　これビーツですね。ビーツと人参のきんぴらになります。

谷口　この子おった、この子。

小野　はい。それがネギ坊主。

谷口　いただきま〜す。ん、ちょっと苦みがあって、春の野菜ってちょっと苦みがありますよね。私それが大好きなんですよ。　おいしい。これは何でしょうか。

小野　これは、「ハイブリッドらっきょう」っていいまして、

谷口　ラッキョウもハイブリッドですね。

小野　はい。赤玉ねぎとラッキョウの掛け合わせなんですね。

谷口　ん〜、全部おいしいぞ、これ。

小野　こういう風にシーズンによって移り変わって行くのが野菜本来の味わいっていうか、楽しみなんじゃないかなぁと。そういう食生活してると1年が回ってくるのがめっちゃ嬉しく感じるんですよ。

谷口　うん。

小野　6月ぐらいにきゅうりが出てくるんですけど、再会の喜びってすごいんですよ。

谷口　きゅ〜〜り！

小野　「久しぶりやな、お前！」みたいになるんですよ。

坂ノ途中　代表
小野　邦彦さん　＃033

海ノ向こうコーヒー
「森があるから稼げるねん。」っていう状態を作れたら森林伐採って止まるよなぁと思って。

谷口　それは、ね。ま、言うじゃないですか。毎日よりも週末婚が良かったね、みたいな。

小野　ははは…

谷口　ま、よくわかんないけど。

海ノ向こうコーヒー

小野　「海ノ向こうコーヒー」って名前で、東南アジアのいろんな産地に行って、一緒にコーヒーおいしくなるような工夫して、できて来たものを日本に輸入してきて販売するっていうようなことをしてます。例えば、最初に行き出した国ってラオスなんですけど、まぁ焼畑とか、或いはまとめて森を切ってゴムのプランテーションにするとか、そんな話で森がどんどんどんどん減って行ってるんですね。逆に言うと「森があるから稼げるねん。」っていう状態を作れたら森林伐採って止まるよなぁと思って。コーヒーってね、直射日光があんまり得意じゃないんですよ。

谷口　あぁ、そうなんですか。

小野　ほかの植物が作った日陰で育てた方がゆっくり熟していって味が乗る、おいしくなりやすいんですね。

谷口　あぁ、ほな森の中で下の方にぺ～っと生えてる方がいいってことですか。

小野　生えてる方がおいしくしやすいんですよ。森の中でコーヒー育てて、それが山間地に暮らす人達の所得になるようにしましょうということで。

谷口　いただきま～す。

小野　完熟した奴だけを選んでるんで、すごい雑味がない、透明度の高いコーヒーです。

谷口　びっくりした。初めて飲んだ。す～っとしてる。

小野　はい。

谷口　ははは。ラオスのおばあちゃん、ありがとうございます。手摘みで…

小野　ははは。

谷口　でも本当にお話を伺ってると、問題にすることって私たちあると思うんですね。それをビジネスに結び付けて、しかもちゃんと収益を上げるって言うのがすごく難しいし、そこがやっぱり悩みどころっていうか…

小野　僕らの仕事の特長って、関わることで嫌々働いてる人はいないんですよね。

谷口　えぇ～、そんな職場あります？

小野　(笑)　200軒くらい取引してる農家さんがいても、誰も嫌々働いてない。やりたくてやりたくて農家さんになったっていう感じの人たちだからめちゃめちゃ仕事しやすいって言うか、楽しいって言う

谷口キヨコの流々通信

「小野さん」

バックパッカーの遺跡好きの大学生。そんなに珍しいわけでもない。でも、その遺跡を見て「遺跡って社会が終わった残骸」「社会ってほっといたら終わる」ということに繋げて考える大学生は少ないかもしれない。

小野さんは農業について「やりようによってはめっちゃ環境への負担が大きかったりする」と言う。この考え方、何年か前までの私はピンとこなかった。自然と人間によい産業、地球にやさしいと思っていた農業が環境に負担をかけているなんて…。しかし、ある体験をしてそのことを初めて知ったのである。

取材でボルネオに何度か行った。赤道直下、熱帯雨林のボルネオ。そこにはどんな奥深いジャングルに行ってもヤシの大規模プランテーションがある。ヤシの実からは良質なパーム油が採れる。世界人口は爆発的に増えているので食用としても、洗剤等の生活用品としてもパーム油の需要は増加一方。熱帯雨林が恐ろしいほどのスピードでヤシのプランテーションに代わっているのだ。

その様子をヘリコプターから見た。緑に覆われた熱帯雨林。深い緑だ。豊かな自然に見える。でもよく見ると、それらは整然と植えられたヤシと自然のままの熱帯雨林の植物がせめぎあう姿だった。しかも今では熱帯雨林よりヤシの方が圧倒的に多い。

本来の熱帯雨林は狭苦しい感じでヤシ畑に分断されていた。そこではそれまで世界一を誇っていた生物多様性が急激に失われ、動物も住処を失っていた。しかし、増える人口に対応してパーム油の供給も増加させなければならない。悩ましいことだが、こうして環境に負担をかけないと人間は作物を得ることができない。

小野さんは環境に大きく負担をかけることなく小さい負担でずっと続けられる農業はないのか考えた。日本でも少し郊外に行くと見られる空き農地。そして意外に多い農業をしたい人たち。そのマッチングをすれば負担の少ない農業ができる！もちろん実際の問題はたくさんあってこれからの農業の形だが、小野さんはどんどんその問題を見つけ、それにチャレンジし、クリアし、また問題を見つけチャレンジしクリアする。きっとそんな人だ。バックパッカーだった大学生の頃のように、気づき、問いについて考え、新しい世界を開く、そんな人だろうから。

か、何て言うんでしょう、ストレスの無さみたいなのは飽き性の僕が続けられている理由の1個かなと思います。

小野さんを表すことば

「マインド細マッチョ」

精神がってことです。細いっていうのは、無駄がないってことです。マッチョは間違いなく一本芯が通ってます。

坂ノ途中　代表
小野　邦彦さん　＃033

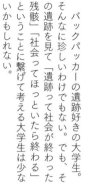

谷口流々

TANIGUCHI RYU-RYU

EXPERT

#008

京都万華鏡ミュージアム代表理事

伊藤 知子さん

2004年より万華鏡ミュージアムの館長を務める。2017年には万華鏡世界大会を京都で初めて開催するなど精力的に活躍中。

京都万華鏡ミュージアム HPあり

☎ 075-254-7902

京都市中京区東洞院東入曇華院前町706-3（MapAB-1）

#008

谷口　こんにちは。
伊藤　いらっしゃいませ。
谷口　初めまして。
伊藤　どうぞ。
谷口　うわぁ〜、たくさんありますねぇ。万華鏡だらけでしょう、これ。
伊藤　そうです。全部万華鏡です。

華麗な色の芸術

伊藤　外国の方のね、こういう、まぁ、ちょっとこれはシックなんですけれども、中は、すごくね色合いが全然違うんです、日本の作家さんと。
谷口　（覗きながら）あ、ほんまや、これ。うわ、これは、きれい。あの、バロックっぽいっていうか、クラシックな感じの世界観が、だからまぁ全く違うけれども連動してる、あの色合いとかね。万華鏡ってね、見てる時は私の中だけで世界が広がるでしょう、もう、やっぱりちょっといろいろ説明してもわからないし、それもちょっと一つの楽しみっていうか…
伊藤　そうです。

谷口　あと、こんな平べったいのとかあるんですね。
伊藤　これも、外国の方。
谷口　これ、昔お父さんがウイスキーを入れてたやつに似てる。そうじゃないですか。ここを、こう。（覗く）うわっ、素敵！これ、なんか、生命誕生！みたいな、ミトコンドリアみたいな。
伊藤　そうですか。もう、見る方の感性そのものですね。
谷口　これ、きれいですね。これパッと置いてたらちょっと今はやりの、何ていうんですか、魔法瓶みたいな、ね。
伊藤　（苦笑い、うなずく。）
谷口　あったかいものはあったかく、冷たいものは冷たく、みたいに見えますけど。
伊藤　この外も、これは作家さんの物ですから、作家さんってのは全部作りますから、ガラスの世界から入って来られた方が多いですね。この舞妓さんにしてもね、これ全部ガラスを焼いて貼り付けて…
谷口　はい、貼り付けてあるんですよね。
伊藤　頭にして、お着物にして、中に万華鏡を作り込んで、これを回して見る、という。
谷口　あぁ〜、ちょっと見てもいいですか？
伊藤　どうぞ。
谷口　これもきれいやなぁ、不思議な世界ですよねぇ、これ。なんとなく、こう、京都を表したいなと思って、舞妓さんとか、ああゆう物も…
伊藤　これはなんか、帯みたいなんが付いてますよ。
谷口　それは、西陣織なんですよ。
伊藤　でしょうねぇ。これはこうするんですか？（西陣帯を引

万華鏡ミュージアム代表理事
伊藤　知子さん　＃００８

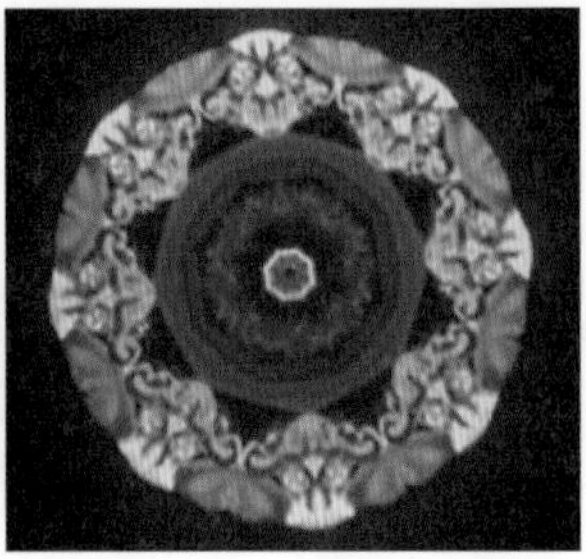

っ張って回す。）

伊藤　そうそう。

谷□　これ、石庭ですよね。

伊藤　枯山水。

谷□　枯山水。これは、（枯山水の石のレンズを覗いて）この帯が万華鏡に実際なってるって言う。

伊藤　はい、そうです。

谷□　あぁ、これを実際万華鏡の世界で見ることができるという。こうやって見るのではなくて、万華鏡として見ると、また全然違う世界観になるという…

伊藤　そうですね。

谷□　えっ、これは？（天井を指さし）

伊藤　万華鏡です。

谷□　これ万華鏡なんですか？

伊藤　万華鏡なんです。

谷□　えっへへ…万華鏡の中の世界をこちらで投影をするという…

伊藤　そうです、そうです。ＣＤじゃなくて、中に万華鏡が組み込まれていますから。

谷□　この中に。

（壁面いっぱいに万華鏡が投影される。）

谷□　わぁっ。すご〜い！私ね、やっぱりちょっと青いものが…きれいですねぇ。

伊藤　やっぱりブルーとかグリーンは、ちょっと癒しの色、ですね。赤とか黄色は活動的な色と言いますか、元気な色ですよね。ま、組み合わせでいろいろ、変わっていきますので…

谷□　見てる世界の中に、私が今いてるという。

伊藤　そうですね。

谷□　しかも、生まれて初めてここで万華鏡を体験する方もいらっしゃるという。

伊藤　そうですね。

谷□　喜ばれますよ〜、絶対嬉しいですよ。

ナナイロの職歴

谷□　今はこちらの万華鏡ミュージアムの館長さんですが、それまでにも何かヒストリーがありそうやなと思いますけど…

伊藤　ま、これだけ生きて来てますから。（笑）

谷□　いやいやいやいやいや。

伊藤　ま、とりあえず社会人になった最初は、「日本石油」って会社、今は「エネオス」っていうのになってますけど、

谷□　はいはいはいはい。もう、ＯＬさんですよね。

伊藤　はい、そうです。で、そこから人生スタートなんですけど。

谷□　じゃ最初は、ま、大手企業の、支店のＯＬさんという。

伊藤　私、ケメ子って呼ばれてたんで、

谷□　ケメ子ちゃん！（笑）

伊藤　そのねぇ、「あぜ道言葉」ちょっとやめてくれって言われて。

谷口　「あぜ道言葉」ってなんですか？

伊藤　岡山弁ですね。

谷口　あぁ。

伊藤　岡山弁ではなくて、私は一応、敬語は使いましたけども…ま、自分的には標準語っぽくしゃべってたつもりが、イントネーションが全くダメで…で、秘書講習を受けて、なんとなく、イントネーションとかアクセントとか、勉強して…

谷口　じゃーそこから始まって、でもまだここまでだいぶありますよ。

伊藤　だいぶあります。

谷口　どこ行かはったんですか？

伊藤　だいぶありますけれども、まぁそこで支店長のご紹介で結婚して、主婦業に重点を置いてましたので…

谷口　そうなんですね。

伊藤　ですけど、まぁいろいろ「仕事やってみない？」とかいうお声、いろいろ頂くので、いろいろ働いてきました。

谷口　はぁ～。でも例えばご家庭に居ながら、どんなお仕事されたんですか？

伊藤　私、堅いとこ好きなんです。堅いところで柔らか～く働くのが好き（笑）

谷口　堅いとこが好き（笑）

伊藤　例えば、京都銀行ですね。銀行。

谷口　それ一番堅いですね。

ナナイロの職歴

伊藤　その次が赤十字ですから。

谷口　赤十字社は、私は堅いか柔らかいかはわからないです。（笑）テクスチャーで考えたことはないですね。堅いとか柔らかいとか。

伊藤　（笑）ま、そうですね。その後は教育大学の高校部に行ったり。そういう仕事もいろいろ含めて、お蔭様で、京都でいろんな方と知り合うことができましたのでね。

谷口　ネットワークが増えますよね。やっぱり知り合いも増えていきますし…

伊藤　で、万華鏡に携わることになったんです。

谷口　そうか。じゃそれまでは私たちと一緒で万華鏡はきれいやなって感じ…

伊藤　そうですね。一般的な。

谷口　はぁ～。

伊藤　あのぅ、万華鏡がね、谷口さんはほんとに良くご存知で私嬉しかったんですけど…

谷口　私、万華鏡好き！作りに来たことがあるんで～す！（笑）

伊藤　まさか作家がいたり、そういう組織があるなんてことは、どなたもご存知なくって、毎年一回アメリカで、作家さんが集まって、世界大会を開くんですね。それが万華鏡ができて２００年が過ぎましたので、「２０１７年に日本でやろうじゃないか。」ということになりまして…

谷口　ほぉ～。で、で、で…どうなったんですか？

伊藤　当然京都じゃないですか。

谷口　んん～!!（拍手）おお～～！

2017年に日本で開催された
万華鏡の世界大会!

伊藤　これはね、「京都市」の魅力ですね。だって日本の文化を一番感じるのはやっぱり京都ですから。

谷口　そしてその、日本の物ではないですけれども、二百年の伝統の万華鏡っていう文化を、もう千年超えた日本の文化の中心地の京都で、素晴らしい。

伊藤　もう、ほんとにね、お蔭様でね、大成功でしたね。

谷口　良かったです。

伊藤　今までの、世界大会の中では、一番入場者も多くて、良かったんじゃないかと…

谷口　ねぇ、おめでとうございます。

あふれる色の世界

谷口　伊藤さんにとって万華鏡ってどんなものかなぁって思うし、館長さんとして、代表理事としてどういうことを皆さんに伝えていきたいなぁ～ってお考えですか？

伊藤　覗いただけで素晴らしい世界が広がる。あの美しさっていうのはこの世にないんですよね。

谷口　そうですねぇ。

伊藤　覗いた方の世界があるわけです。こういう楽しみ方っていうのは、本当に敷居の低～いね、どなたでも楽しめるということをまず大事に考えて。で、それぞれの反応に正しいも間違いもない。

谷口　はい。

万華鏡はいろいろに
変わる「千変万化」。
人生そのものですよね。
すごいです。
「人生万華鏡」
(笑)

伊藤　もうその方そのものの世界。っていうような、もうそれで完結してますし、そして近年ほんとに作家さんが増えて、日本でも優秀な作家さんがたくさんいらっしゃいますしね。もっともっと美しいものになると思うんですよ。

谷口　うんうん。

伊藤　そういうものを作って、飾っていきたいですね。

谷口　最後に、万華鏡ってのは伊藤さんにとってどういうものっていうのか、どういう世界、どういう風に表現されますか？

伊藤　それこそ皆さん、よく「千変万化」って言われますけど…

谷口　「千変万化」

伊藤　はい、確かにそうなんです。

人生そのものですよね。いろいろに変わるんです。自分ではこうしたいと思ってても、そういう風にはならない。こうありたいと思っても、なかなかそういう風にはなれない。

谷口　あ～、そっか～。

伊藤　けれどもそれなりにまとまって行ってるというような、その、お任せみたいですけれども…こういうものと出会えたことの幸運を喜んでおりますね。

谷口　すごいです。「人生万華鏡」(笑)歌のタイトルですよね。もう歌ってはる姿を思い浮かべてしまってるんですけど。(笑)

谷口キヨコの流々通信 「伊藤さん」

伊藤さんのこれまでの職歴はまさに「人生万華鏡」！　石油会社ＯＬ→主婦→赤十字社→高校→万華鏡ミュージアム！　これだけ色々な職場（主婦の働く場は職場なのか？は、置いといて）で働くと、ものの見方にもバリエーションができるのではないだろうか。ご本人は、硬いところで軟らかく働くのがお好きと仰っていたが、たぶんどこにいてもその場を軟らかくするような雰囲気を持っている人である。それってとても大切。イマドキ女性らしいとか女性だからとかより、こんな方が一人職場にいるといぃやろな〜、仕事もちゃんとしてくれて、しかも和むやろな〜、的な方。だから伊藤さん、いろんなところからお声がかかる。ご自分から動いたかんじではないのだ。万華鏡ミュージアムとの出合いもその延長線上にあったようだ。

そこで知った万華鏡のなかにあるもうひとつの世界。覗いた人にしか見えない、現実にそこにあるようでそこにない世界、見た人だけの世界。伊藤さんはそのことを、見ている人そのものの世界で完結している、と表現した。見た人、それぞれの反応に正しいも悪いもない、と。

実はわたしたちが世の中をみるときも、自分の解釈でしか世の中をみていない。それは刻々と変化し続けるので、わたしたちはその実体を把握することに四苦八苦する。世の中を見る目によいも悪いもない。わたしたちはただそこに生きている。

世の中も自分の人生も、一瞬で変化する万華鏡のなかの世界のようだ。そう思えば、よいことも悪いこともまるでうたかた。しなければならないこともいつかは終わる。したいこともいつかはできなくなる。でも、どうせなら一瞬をキラキラさせて生きたい。

万華鏡ミュージアム代表理事
伊藤　知子さん　＃００８

伊藤さんを表すことば　「もうひとつの世界」

「もうひとつの世界」あの、人間って行き詰った時とかに、「もうこれしかない！」と思っちゃうと思うんですが、やっぱり万華鏡のように、見方を変えるといろんな生き方もあるし、前に進み方もあるんかなぁ〜と。もう一つの世界があることを万華鏡が教えてくれたな、伊藤さんが教えてくれたな、と思いました。

#011

ゾウ飼育員

米田 弘樹さん

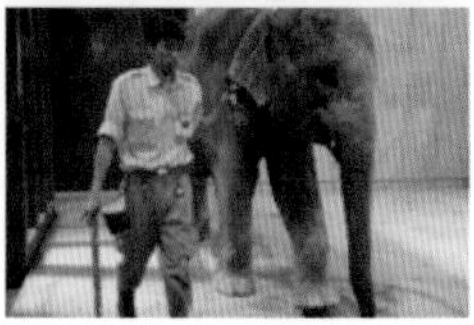

2010年から京都市動物園で飼育員として働く。
5頭のアジアゾウを担当している。

京都市動物園 HPあり
☎ 075-771-0210
京都市左京区岡崎法勝寺町 岡崎公園内（MapⒶD-1）

#011

谷口　初めまして。

米田　初めまして。京都市動物園では2014年の11月に4頭の子ゾウを導入しました。

谷口　新聞とかテレビで話題になりましたよね。

米田　そうです。

谷口　それと、元々ここにいた子がいるんですよね。

米田　美都（みと）ちゃんと言ってですね、推定47才。ちなみに私、美都ちゃんを主担当で…

谷口　一番年長のゾウ担当。

米田さんが担当されている
美都(みと)ちゃん
～ 一番年長！ 美魔女ゾウさん ～

米田　そうです。美魔女ゾウですね。

谷口　美魔女ゾウ（笑）じゃー、いろいろお話聞かせて下さ～い。

動物と働きたい！

谷口　飼育を担当されるっていうのは、どういう経緯で皆さん動物園入って行かれるんですか？

米田　やっぱりみんなまず動物が大好きっていうことがもちろんあるんですけど…

谷口　はいはい。

米田　僕の場合ですと、大学で畜産の勉強をしてたんですね。

谷口　じゃあやっぱり、高校から大学行く時にそういう関係の仕事したい！と思わはって。

米田　そうですね。飼育員の仕事したかったんですけど、すごく狭き門で一般の企業に入って、旅行会社だったんですけど…

谷口　全然違うー！

米田　あっはっは…。添乗員として働いてたんですけど…その時に京都に来て、もちろん京都市動物園にも来て、やっぱりこの歴史のある町、さらに動物園…もう僕の中で「ここだ！」っていうふうに思ったんですね。なので、募集があった際には是非応募しようってことで…

谷口　じゃー、結構チェックしてたわけですね。

米田　そうですね。受けたんですけど、試験が難しすぎて1回目がもう惨敗で…

谷口　えぇー！そうなんですか。

米田　もう、めちゃくちゃ難しかったですね。でもやっぱり諦めきれなくてず～っと見てたら、たまたま次年度に募集があって…で、1回目の失敗があったので、まぁこういったものが出るだろうと。1回目で出た問題が、目のことだったかな、そしたら来年は耳か鼻か口が出るだろうと僕の中で…

谷口　ははは（笑）去年目が出たから、耳か鼻か口ちゃうかと張って…

米田　はい、で、口が出ました。

谷口　やった～！（拍手）そして結果…

米田　合格しました。

谷口　（拍手）おめでとう！

米田　ありがとうございます。

入って2年目から
ゾウの担当に
なりました。
要するに、
もう接触しちゃう
わけですね。

谷口　入られたんが、何歳の時だったたんですか？

米田　自分が29才の時ですね。

ゾウとの絆

谷口　遂にゾウとの出会いが！

米田　入って2年目からゾウの担当になりました。中に入ってトレーニングだったりとか…ゾウの直接のケアをやってました。

谷口　要するに、もう接触しちゃうわけですね。

米田　そうですそうです。見た目で言うとやっぱりすごくおっきくて皆やっぱり穏やかな…

谷口　おっきくて、優しくて、力持ち〜みたいなイメージ…

米田　そうですね。みたいなイメージだと思うんです。でも実際のところ、結構違ってて、神経質。

谷口　神経質！

米田　2014年の11月に4頭の子ゾウたちがラオスから来てくれました。で、その時僕が担当になったのが冬美《ふゆみ》トンクン。当時6歳で4頭の中では一番の年長者で、リーダー的な存在の子です。

谷口　トンクンちゃんはどうなんですか？

米田　それがですね、結構大変でした。例えば、耳かせを装着してトレーニングするんですけど、トンクンは耳かせさえ付けさせてくれませんでした。

谷口　「嫌だ。」「何すんのよ！」

米田　「もう、触らないで！」と。

谷口　どうやって距離を近づけていくんですか？

米田　焦りもあったので、やっぱり最初は、その耳かせを掛けよう掛けようと必

死になりすぎて…

谷口　あぁ～、そりゃあかんわ。人間の男女間でも、嫌がってることをしつこくやられたらほんとに嫌になるわ。

米田　ダメですかねぇ。

谷口　それは一応間違ってると思う。

米田　(笑)ま、反省して、考えて、で、周りの先輩達とか、あとやっぱり日本全国いっぱいたくさん動物園があるので…ベテランの方とかに聞いて、まずしっかり観察をしなさい、と。ゾウが今どう思っているのか、どう考えているのか。

谷口　そうよ～。それもほんとにもう男女とおんなじじゃないですか（笑）

米田　ふふふ、ですねぇ、まぁ。今になったらすごくわかるんですけど。その時はわからなかった…

谷口　でもそうやっていったら、ちょっとずつ…

米田　そうですね。ちょっとずつ、本当に耳寄せてくれて、掛けることができて、で、次、横に並んで一緒に歩くことができて…

谷口　うわー。

米田　やっぱりゾウとの信頼関係を作るのはものすごく年月のかかることで、今は通じ合えてると思います。

ゾウとの絆
反省して、考えて、で、
周りの先輩達とか、
ベテランの方とかに聞いて、
まずしっかり
観察をしなさい、と。

ひきこもり

谷口　米田さんがひきこもったわけじゃないですよね。

米田　ははは。僕はばんばん外に出てますけど、あの、実はゾウがひきこもったんですね。

谷口　えー、それは誰ですか？トンクンですか？

米田　えっと、美都ちゃんです。

谷口　古参の子ですよね。

米田　はい。２０１４年の10月に前の古いゾウ舎からこの新しいゾウ舎に引っ越しをしました。

谷口　そうそうそう。それもね、新聞とかテレビで見た。

米田　やっぱりゾウさんもおっきな環境の変化にはものすごく敏感で…ものすごく神経質なんですね。あの子は、ここの獣舎に引っ越してきてから2年間ひきこもりました。

谷口　2年間!!ゾウのひきこもりってどういうことですか？

米田　そうですね、あの子の場合ですと、お部屋から、両前足、片方の後ろ足、４つの内３つは出るんですけど、１つを残して保険を掛けるんです。

谷口　完全に外に出ない。

米田　そうです。結構ね、あの手この手で外に…

谷口　例えばどんなことを？

米田　ま、美都ちゃん、スイカとか、サツマイモを蒸した蒸し芋とか、そういったものが好きなんですね。

谷口　私と一緒（笑）

米田　あっはははは（笑）ぎりぎり鼻が届くか届かないかみたいなところに置いて…

谷口　そしたら、出て来ましたか？

常連の方たちから
すごく熱いお言葉ですとか、
頑張ってくださいねっていう
励ましのお言葉を頂いて、
職員自身も、
すごく励みになりましたね
ひきこもり

米田　出てこなかったですねぇ〜。

谷口　よっぽどですねぇ。

米田　その時も先ほど言ったトンクンの時のやり方ですね。自分の、「これが好きだろう、これだったら出て来てくれるだろう、っていうやり方でどうしてもやっちゃってたんですけど、じゃあ、美都ちゃんが逆に何でつまずいてるのかな？って。何が嫌なのかな？なんで出てこないのかな？っていうのを考えるようにしたんです。で、その時に思ったんです。扉の下にレールがあるんですけど、どうやら彼女の中でレールをボーダーラインにしてるっぽかったんですね。

谷口　それ、どのぐらい経つんですか？いろいろ考えだして、「溝かな？」っていうんは？

米田　結構経ちましたね。1年は経ってましたね。その時。

谷口　（笑）1年経って…もうどないもこないも…

米田　「もう、お願いだから出て！」っていう…で、砂敷いて溝を見えないようにしたら、3日後ぐらいに出てくれましたね。

谷口　うぉっ！（笑）

米田　もう、泣きそうでしたね。ちょっと嬉しすぎて。前まで足取り重かったんですけど、外に出るようになって、やっぱり肌艶も良くなって、はりも出て来て、表情も明るくなりましたね。

谷口　良かった〜。

米田　いや、ものすごく安心しました。

谷口　そして、今、美魔女。良かった〜（拍手）

米田　（笑）美魔女！（拍手）美都ちゃんのファンの方ってのはとてもたくさんいらっしゃいますし…

谷口　はいはい。

米田　ひきこもり脱出に2年かかったんですね。で、その時も常連の方たちからすごく熱いお言葉ですとか、頑張ってくださいねっていう励ましのお言葉を頂いて、職員自身も、すごく励みになりましたね。やっぱりこんだけ美都ちゃんは皆さんに愛されてるのか、僕たちはもっと頑張らないといけないなぁということで、はい、すごく励みになりました。

谷口　こっから美都ちゃんも、もっともっと長生きしてもらいたいし…

米田　そうですね。

谷口　繁殖という、やっぱり今一つの動物の大きな一つの役目。ベイビー誕生ってことですよね。

米田　そうですね。そこが最終目標ですね。今3頭の若いメスゾウがいるので、可能性としては非常に高いのかなぁというふうに期待はしてます。

谷口　ねぇ、是非是非マッチングして、この京都で生まれたゾウさん、そしてお姉さんですけど、美都ちゃんも長生き…

米田　そうですね。

谷口キヨコの流々通信「米田さん」

象もひきこもる…、そんなことあるんですねぇ。

　これまで自分がほぼ独り占めしてきたところに、若い象さんが一気に4頭もやってきて、ドカドカ歩き回っている。先住象である美都ちゃんのお気に入りスペースとかルーティンとかがあっただろうに、そんなことはお構いなしに、新入りたちは若いだけにあっちにこっちにドカドカ歩く。美都ちゃん、そりゃストレスたまるよね。機嫌よく暮らしていたところに突然現れたヤングエレファンツ。でも新入り象も古参の美都ちゃんも自分で来たくて動物園に来たわけじゃない。人間の都合でそこに来てもらっている。そこでの彼らの役割を人間は期待して…。

　たぶん、彼らの意思はただ一つ、生きたい、ということ。そしてその命をつないでいきたいということ。そうだとしたら、そこでやっと安心して生きていたのに、再びの環境の大変化に美都ちゃんがひきこもるのも大いに頷ける。

　でも、自分たちもそこで生きていかなければならない新入り象たちに美都ちゃんのことを考える余裕なんてない(余裕があっても考えるかどうかは謎だ)。その環境に早く慣れなければ死ぬこともあるかもしれない。

　だから美都ちゃんは自分でひきこもりから抜けなければならない。生きていくことは人間にとっても動物にとっても過酷である。

　美都ちゃんには米田さんがいて本当によかった。美都ちゃんにとっては何がよいのか、どうすればよいのか、美都ちゃんサイドで考えてくれた米田さんがいてくれて本当によかった。

　米田さんは美都ちゃんにとって命をつなぐ人になった。

谷口　ぜひぜひ、見てみたいと思いますよね。そのためにも米田さん、頑張って下さい。

米田　はい。ゾウさんのためにも、頑張りたいと思います。

米田さんを表すことば

「by your side」

「by your side」ゾウさんのそばに、ゾウさんに寄り添って、結局やっぱり相手の立場になって考えないと、動物だってこっちには来てくれないんですね。おんなじでした。

ゾウ飼育員　#011
米田　弘樹さん

#012

家紋研究家

森本　勇矢さん

京都家紋協会代表。
日本の独自文化である家紋の魅力を伝えるために活動中。著書に『日本の家紋大事典』『家紋無双』など。

㈲染色補正森本 HPあり
☎ 075-821-3489
京都市上京区大宮通椹木町下る一町目832（MapⒶA-1）

#012

谷口 よろしくお願いします。

森本 よろしくお願いしま～す。うちの家業は「染色補正」という業種で、着物の直しとかをやらせてもらってる会社なんですけど…作業工程の中で紋入れという作業があったりするんです。

谷口 あぁ、家紋を入れるってことですか。

森本 そうですね。はい。

谷口 ここね、ちょっとご覧いただくと、家紋ですよね。

森本 これ全て実際紋帳に掲載されている物ばかりです。

谷口 え、じゃ～、これが家紋のお家が必ずあるってことですか？

森本 そうです。家紋ってやっぱりそれぞれに意味があって、なぜそれを付けようとしたのかっていうところを探求していくという…

谷口 めっちゃ興味あります。いや、もう本当に恥ずかしいところ、私、家紋については全く明るくなくって、まずは、「何なのか？」そして、「何のためにあるのか？」という…

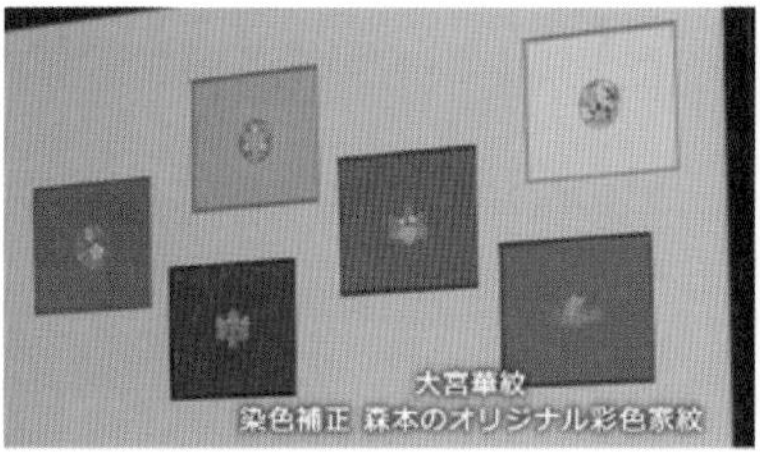

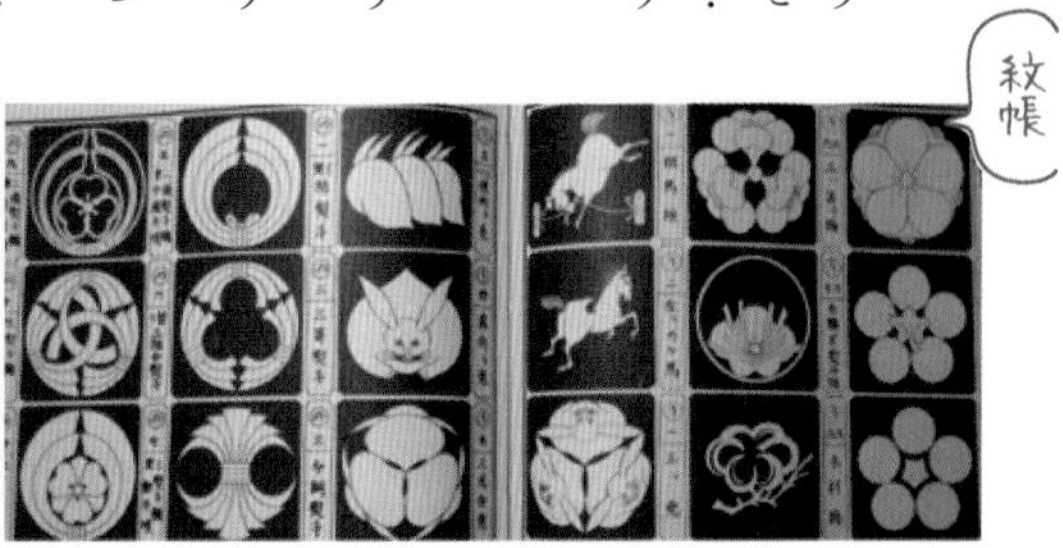

家紋とは何なのか？、何のためにあるのか？
→ 端的に、家紋っていうのは家の守るためのもの、つまりお守りみたいなもの

森本 端的に言うと、家紋っていうのは家の守るためのもの、つまりお守りみたいなもんですね。

谷口 家を守るためのお守り！

森本 はい。こういう意味合いをもって守るから、この植物を使う、この道具を使う、で、こういう信仰の物を使う。

谷口 あ～～例えば、お仕事だったり、場所だったり、に応じてモチーフが変わっていくっていうこと？

森本 そういうことです。

谷口 まぁこれ、紋帳、見て下さい、これ。これがずら～～あるんですよ。（紋帳をパラパラめくりながら）ちなみにうちは桐なんですね。

森本 あぁ、桐の紋ですね。桐っていうのは本来は鳳凰とセットなんですね。どういうことかっていうことですけど…

谷口 ちょっと待って下さいよ。大したことないと思うてた。そうでもなさそうですよねぇ。（周り笑い）

森本 鳳凰っていうのは、帝の象徴。日本に於いてはだから「天皇」なわけですよ。

谷口 はい。

森本 で、鳳凰が唯一とまるとされてるのが梧《あお》桐《ぎり》って植物なんですね。だから、天皇家の家紋としても桐が使われるようになって

家紋研究家 ＃０１２
森本 勇矢さん

いくんですね…

谷口　あらららら、ちょっと私やんごと無い感じ（周り笑い）

森本　それを使って有名になったのが、豊臣秀吉やったり…

谷口　あらららら。じゃ天皇家、豊臣家、谷口家！

森本　だいぶ端折ってますね。（周り笑い）

谷口　あぁ、そうですか、そうですか。

家紋研究のきっかけ——

谷口　家紋研究のきっかけは？

森本　約20年くらい前から、この家業を継ぐ…ま、継ぐっていうかお手伝いし始めたんですけど、そんな中、うちの親父がホームページを、会社のために作ってくれないかと。

谷口　ふんふんふん、「息子よ、作ってくれ。」と。

森本　ホームページを作っていった時に、うちの親父とお客さんが織田信長の話してたんですよ。織田信長が合戦の時の陣中でだんごを食べながら、自分の家来に、「この串団子のように敵の首を取って参れ！」って言うんですね。

谷口　怖いわ。

森本　ほんならその家来は、ちゃんと信長が言った通りに三つ首を切って串刺しにしたものを献上したんですよ。

谷口　わお！

森本　で、「今日からお前んとこ、団子の紋な。」って信長が言って…

谷口　嬉しいような、何と言うか（苦笑い）

森本　「え、そんな話あんの？家紋に」って思って。こらおもろいな、っていうところで、この話を、ホームページでアップしたら…

谷口　あ、「こういう逸話ありま〜す！」みたいな。

森本　そうそう。で、自分でも調べるようになってったうちに、どっぷり紋にはまっちゃった、っていう流れですね。

谷口　意味とかをどんどん調べてはまっていく、という。

森本　そうですね。

谷口　それもこんなにあるんですよね。なんやったら、これが全部とは限らないかもしれない。

森本　そうですね。よく聞かれる質問に、「家紋っていくつあるんですか？」

谷口　はい、何個あるんですか？

森本　聞かれるんですけど、「わかりません。」と答えます。それだけ多いんですね。

家紋を知れる場所——

谷口　そういえばお墓に家紋あったような気も、する！

森本　ははは。そうですね。家紋ってものは苗字と対なんですよ。だから、この苗字にはこの家紋、この家紋にはこの苗字ていうようなものがもともとだったんです。

谷口　え～、ほんなら、めっちゃお墓行かはったりするんですか？

森本　そうですね。すごく行きます。でもね、実際お墓がどこにあるかもうわかんなかったんですよ。

谷口　まぁ、近所ならわかりますけどねぇ。

森本　うん、パッとイメージができなかったんで、どうやったら調べられるやろうと思った時に思いついたのがGoogle Earth(グーグルアース)やったんですね。航空写真って、上から見れるんですね。

谷口　はいはい、見たらここに墓がある～！みたいな。

森本　めっちゃあるやん。こんなとこにめっちゃでかいのあるやん、とか、全部見えてくるんですよ。

谷口　はいはい。

森本　まずはやっぱりお寺さんにお伺いして、「こういう活動をしているんですけども、是非お墓を見せていただけませんか？」みたいな形でね。

谷口　そうですねぇ。勝手に入ったら、「何しよんねん！」って話ですよね。

森本　まぁまぁ、まれに怒られることもあったり…ま、そういう活動をしたりして

まずはやっぱりお寺さんにお伺いして…

ツアーガイドができるようになった

家紋を知れる場所
勝手に入ったら、「何しよんねん！」って話ですよね。

ます。で、自分が得た知識等々から、ガイドができるようになってきたんですよ。

谷口　ふっふふ、何の、何ガイド？

森本　あの～、「家紋ガイド」

谷口　「家紋ガイド！」どこをガイドしてくれるんでしょう？

森本　街中とかも、家紋に関連するところもあったり、お寺さん行ったり、神社さん行ったり、で、お寺さんでお墓を見て、ガイドさせてもらったり…

谷口　どっちにもなんかすごく興味があります。やっぱりストーリーがあるというのがすごいし、あと、街に家紋があふれているっていう…そんな風に見たことないもん。街に家紋があふれているとは…

家紋ガイド中の森本さん

家紋の擬人化

谷口　この本のタイトル『家紋無双』！「家紋には理由がある！」一つ一つの家紋

家紋の擬人化

家紋って言うものは、意味がある。由来がある。家紋の文化って言うのは今の表現をすると、どっちかって言うとアイコン文化なんですね。で、擬人化と、もともと日本が持ってるアイコンって言うものの文化をミックスしたらどう、面白いんじゃないかということでやらせてもらったもの

の、何ていうかモチーフが…擬人化されたキャラクターになってる。

森本　そうなんですよ。家紋っていうものは先ほどから何度も言ってますけど、意味がある。由来がある。家紋の文化っていうのはいわゆる今の表現をすると、どっちかっていうとアイコン文化なんですね。で、擬人化と、もともと日本が持ってるアイコンっていうものの文化をミックスしたら、面白いんじゃないかということで、やらせてもらったものがこういうものです。

谷口　（本をめくりながら）キリ、キリ、キリ…あ、桐出た！あっ、素敵！女子ー！

森本　さっきも桐の話少ししましたが…やっぱり鳳凰を描かせてもらいました。この桐っていうのが皇后の紋でもあるよっていう話もあったりするんですよ。なので、イメージとしてはその皇后様をイメージしたちょっと魅力ある女性をっていうことでね。

『家紋無双』
（主婦の友社）

谷口　あらっ。おもな有名人。豊臣秀吉。

森本　ええ、ええ。

谷口　円山応挙。

森本　ええ、ええ、ええ。「谷口」って書いといたらよかったですね。

谷口　そうなの。それ言ってほしかった（周り大笑い）やっぱりこれ、それこそストーリー、意図があるわけですよね。なんで作らはったのか？という。

森本　そうですね。今って個人個人ってものが語られる世の中で、家族っていう単位じゃなくなって来てるって気がするんですよ。親族との絆であったりとか、ほんと家族の絆みたいなものがすごく弱くなってきているという。それが、「家紋」っていうものを通じて、「うちの家の家紋ってなんやった？」って聞くだけでも、盛り上がったりするんですね。そういうのんが、どんどんどんどん広がっていければな、っていう想いが僕にあります。

谷口　「いやや、あたし、このキャラクター好きやのに、なんでこっちなん？」みたいなんあるでしょうね。きっとね。

森本　そうそうそうそう。そういうんで盛り上がってもらいたいし、だから、家紋の

谷口キヨコの流々通信

「森本さん」

うちの家は、名家でもなければ偉人や地元の名士を輩出した家でもない。ご先祖様の話はなぜか盛りたくなるが、どう探してもうちには盛れる要素がない（笑）。しかも父は次男で家を出ていたので、本家は夏休みかお正月に行くところ、そのときのお仏壇とお墓参りが数少ないご先祖様とのふれあいだった。でも、誰もご先祖様について話す人もなく…、なので、私はそんなにご先祖様に興味をもったことがない。祖父や祖母より前の世代の親戚に会ったこともないので、ご先祖様は完全にお仏壇とお墓の中の人である。今なら長生きさんの曾祖父とか曾祖母とに会える機会も多いようだが…。

家にお仏壇がないと、ご先祖様の存在を意識しない。はっきり言えば忘れてしまっている。会ったこともなければ、エピソードも聞いたことがないそんな人たちに関心を持つこと自体がほとんどないからだろう。

でも、その人たちはいたんだ。そして今も私のこのからだの中にいるんだ。だって私が今、ここにいるから。彼らの誰か一人が欠けても私はここにいなかったんだ。

家紋は、武士なら殿様から賜ったり、その家のアイデンティティーを表すものとして家長が決めたりするのだろう。かつて農民だった私のご先祖様も、家紋を決めるときには多少なりとも悩んだのではないだろうか。深く考えなかったかもしれないし、大きな理由がなかったかもしれない。単に歴史上の誰かに憧れて、とか。何れにしろ「ほな桐にしとこか」となったとき、家族の、そしてそこから続く家の幸せを願ったことにはちがいない。

そう思って家紋を見てみると…、ご先祖様のことを身近に感じる。

ご先祖様、存在してくれてありがとう。きっとどこかでわたしたちの幸せを願ってくれてますよね。家紋キッカケでそう思わせてくれた森本さん、ありがとうございます。

普及をするためにもこの本を活用したいと思ってますし…

谷口　んん〜。

森本　一つの起爆剤になってくれたら嬉しいな、と思ってます。

森本さんを表すことば

「願託」

はいっ。家を守る。家紋はそう言うもんだと伺いました。その願いを託したものがこの中にこもってると思うし、それを私たちが繋げていく使命があるんだなぁと感じました。

家紋研究家
森本　勇矢さん　＃０１２

#023

銭湯活動家

湊 三次郎さん

京都の老舗銭湯「サウナの梅湯」のオーナー。若者が銭湯に！ をテーマに銭湯業界活性化のための運動を行う。

サウナの梅湯 (HPなし)
☎ 080-2523-0626
京都市下京区岩滝町175（MapⒶC-3）

#023

中人 150
小人 80
サウナの梅湯

谷□　わ～、きれい！今日はどうぞよろしくお願いします。

湊　お願い致しま～す。

谷□　なかなかのレトロっぷりですね。

湊　はい。

谷□　これ、いつぐらいのもんですか？

湊　一応銭湯自体は明治時期から続いているって言われています。

谷□　でも、人間自体は老舗じゃないですよね。（笑）

なかなかのレトロっぷりですね。
明治時期から続いているって言われています。
サウナの梅湯

湊　そうですね。平成生まれなんで、一応。

谷□　なんか、いろんなチラシとかあるし…

湊　結構ごちゃごちゃしてるんですけど…スタッフとか、自分も含めて面白いもの、どんどん置いてるみたいな、感じですね。

谷□　（笑）私、めっちゃお風呂好きやからね…今日は定休日やけど営業日の方がいいな、って思ってたんですけど、ま、でも、定休日やからこそ男湯入れるんですよね。

湊　そうですね。営業日、無理ですからね。（笑）

谷□　梅湯さんのなんか特徴みたいなん、あるんですか？

湊　特徴…結構、京都の銭湯って地下水沸かしてるところ多いんですけど、うちも地下水を薪で沸かしてます。

谷□　薪で沸かすとすると、どう考えてもね…大変じゃないですか。

湊　労力はすごい掛かるんですけど、人の手が加わってお湯沸いてるんだなって想像するとやっぱ気持ちいいですよね。

谷□　ま、気持ちいいし、まぁすごいベタですがありがたいですよね。

湊　ありがたいですよね。

銭湯との出会い

谷□　私はほんとに子どもの時、近所の銭湯に父に連れてってもらって入ってたんですけど、そうでした？

湊　いや、僕は逆に地元に銭湯が無い町だったので…

谷□　可哀そう。

湊　出身が静岡県の浜松市ってところで…

谷□　せやね。関西弁ちゃうもんね。

湊　そうなんですよ。京都に大学で出て来て、その時に初めて銭湯に出会ったという感じなんですよね。

谷□　ま、こんなもんって、さすがが知ってましたよね。

湊　いや。でもかなり衝撃的でした。どっちかって言うと郊

銭湯との出会い

外のスーパー銭湯行くとか、そういう街だったので、地元の人たちがこうやって集って近所の人、お店の人と密に話してるってのが結構「わっ、すごいな！」っていう…

谷□　しかも裸ですもんね。でも、嫌じゃなかったってことですよね。

湊　あ～、逆に心地良かったですね。で、まぁ、その銭湯はまって、大学で「銭湯サークル」を立ち上げて…

谷□　ふふっ（笑）

湊　もっといろんな若いメンバーで銭湯盛り上げたり、もっともっと銭湯のこと知ってほしいなっていう気持ちがあってサークル作ったんですよ。ま、銭湯のこといろいろ知って来たんですけど、知れば知るほど、その銭湯がどんどん無くなっちゃうっていう…

谷□　そうですよ。私もめっちゃ行ってたところはもう今は無くなっちゃった。

湊　あ～。そう。そういう「もったいないな。」っていう銭湯が多くて、それを何とかしたいなっていう気持ちがどんどん芽生えてったという…

谷□　その頃はあっちこっち回ってたんですかね。

湊　そうですね。その時全国で結局７００軒ぐらい回りましたね。

谷□　あっはははは。京都だけちゃうんや。

湊　もうはしご当たり前でしたね。

谷□　（笑）はしご風呂。多い時は？

湊　最大で東京に行った時に1日で20軒ですね。

谷□　ふやけるやん。（笑）

湊　3軒目くらいからだんだん気分悪くなって来るんですけど…（周り笑い）

梅湯を引き継ぐ

谷□　どんどん湊さんが銭湯にはまっていくんですけど、ま、もちろんその時に梅湯さんとは出会ってたんですよね。

湊　実は学生の時にここの番台バイトをしてました。

谷□　（笑）あはは。当時の梅湯さんの状況とかも…

湊　まぁ、やっぱりちょっと暗～い感じはあったんで…

谷□　じゃ、そんなにめっちゃ繁昌という…

湊　繁昌はしてなかったですね。

谷□　そういう状況の中でバイトしてて、どうだったんですか。

湊　銭湯無くなっていくっていうのがあって、銭湯サポートする活動とか、そういうことをしたいなって学生の時に思ったんですけど、一旦普通に就職してしまって…

谷口　仕事っていうふうにはみてなかったんですよね。

湊　まだそこまでは。でもやっぱり銭湯のことがやりたいなっていう想いが強くなって来て、で、1年たたずで退社してしまって。で、銭湯のこと何かしよう！って考えてた時に、梅湯が潰れちゃうっていう話を…。

谷口　あ〜。

湊　じゃ僕、やってみたいです。というのを、何も知らなかったから言えたんですけど。

谷口　いや〜。お風呂は入るもんで、やるもんじゃ…銭湯…（苦笑い）

湊　やるもんじゃない。本当に。それはねえ、当時全然わかってなかったですよね。

谷口　スタートはどういう感じなんですか

湊　ここをまず片づけて、改装するっていう作業を…お金がやっぱり全然無かったんで。

谷口　わ、でもそれいきなりそれ、お金がいる作業じゃないですか。

湊　そうです、そうです。１００万位あればできると思ってたんですよね。

梅湯を引き継ぐ
サウナの梅湯
5/5オープン
改修費に500万円かかった
やっぱり銭湯のことがやりたいなって
いう思いが強くなって来て、で、1年
たたずで退社してしまって。

谷口　んふふ。１００万。で、どうでした？

湊　ま、まぁまぁ全然足りない…ま、ふた開けてみたら結局５００万ぐらいかかってしまって…

谷口　あはは、すごいやん。５００万て。

湊　１００万は、学生時代とかサラリーマンの時に貯めたお金があってそれはできる、と。で、ま、残り４００万。足りないのは親に頭下げてちょっと貸して頂いて。そっからまぁ、もうなんかイベントやったり思いつくことはとりあえずやって…で、徐々に徐々にお客さんは増えて…。最初の月が1日の平均で60人ちょっとだったんですよね。そこから徐々に増えてって、1日のお客さんが２００何十人に…平均で入るようになったんで。

谷口　すご〜い！いろんなイベントとかされて、お客様がどんどん増えてくるってことですけど…なんかこう、常連さんを増やすためのやり方とか…

湊　そうですね。イベントとかやっても、なかなかお客さんに繋がらなかったんで、「あ、この人初めて来たな」とかいう人には、「近所なんですか？」とか「仕事帰りですか？」とかそういうの聞いたりして、コミュニケーション

銭湯文化を未来に

取るようにして…やっぱりそういう声掛けとか、気持ちの繋がりみたいなんが良かったのかな、と今思いますね、結果的に。

銭湯文化を未来に

谷口　ぼちぼち人の方は…

湊　そうですね。お客さんも入って、経営的に安定して来たので、そもそも最初は自分が銭湯を残したいっていうのは、「梅湯を残したい」ではなくて、「銭湯を残したい」という気持ちで始めて…

谷口　壮大な夢ですよね。

湊　そうです、そうです。で、梅湯も軌道に乗って来て、スタッフも任せられるようになったんで、「じゃ、次、2軒目、行っちゃうか!」みたいな…

谷口　(笑) 2軒目!2軒目はどちらで?

湊　滋賀県の大津市ですね。今から約2年前にご主人が亡くなってしまって、もう銭湯として営業できなくなってしまったまんま、休業状態の風呂があったんですね。ここだったらできるかもしれないと思って、ちょっと交渉して…貸して頂けることになったんで、やってみようと。

谷口　じゃ今ちょうど…

湊　去年の11月の半ばにオープンしたんで、まだ3か月、2~3か月くらいしか…

谷口　あ、でももうオープン!おめでとうございます。でもこの梅湯さんはね、京都だし、町中(まちなか)にあるから、観光という需要があると思いますけど、立地が違うし全く同じふうな立て直し方とはまたちょっと違う…

湊　ですね。その大津、都湯、という銭湯は…観光は取り入れることは不可能に近いんで、地方で銭湯が成り立つモデルを都湯で作りたいなという気持ちで今やってます。それが出来れば無敵じゃないですか。

谷口　遂に…本物の夢に近付く…

湊　もうそれ出来たら、どんどんどんどん店舗拡大していきたいな、という…

谷口　じゃどうでしょう?日本の銭湯の未来は?

湊　こうやっていろんな方が注目したりとか、まぁ若い人たちが「あぁ銭湯っていいな」っていう声が大きくなって行ってるんで…少なくなっていくのは止められないかもしれないけど、業界としては意外と明るいのかなって思ってます。

谷口キヨコの流々通信
「湊さん」

銭湯が身近にあった（ある）人とそうでない人。

世代や地域によってこの感覚は全く違うだろう。

私の場合、幼稚園ぐらいまでは身近に銭湯があった。父と一緒によく行ったなぁ、つまり男湯。母と行った思い出はない、だから小さい頃の女湯の思い出はない。お風呂をあがったあとのフルーツ牛乳はほぼ近所のおじさんに飲ませてもらっていたと思う。飲みっぷりがよかったとかで（父談）、そのおじさんがいればご馳走してもらっていた。たぶん私、その人を見つけたら愛嬌ふりまいてたんだろうな…、というような銭湯にまつわる思い出がある人とない人。湊さんはない人だ。大人になってから、銭湯の魅力にはまった人。だから銭湯を経営し、銭湯の普及を改めて目指す銭湯活動家になったのではないだろうか。私にとって銭湯は子どものころの思い出とともにあるので、ノスタルジーのなかにあるもので、なくなっても仕方ないのかなぁ、というものだった。仕方ないと思ってしまうと行動はしない。でも、湊さんはそう思わなかった。「なんとかしたい」と思ったのである。そう思う若い世代がいてよかった！　お風呂好きとかいいながら行動しない自分はなんやねん！　と自分に少しイラつく。せっかく就職した会社を一年で辞めたとか、貯金の100万はたいたとか、親に400万も借金したとか…、若気の至りといえばそうかもしれない。銭湯に慣れ親しんだ世代は銭湯がなくなっていくことを時代の流れで仕方のないことと受け止めた。でも湊さんはこの銭湯にまつわる色々を「もったいない」と思い行動した。やっぱりこんな若い世代がいてくれて本当によかった！　今、大人の私が自分にできること。近所の銭湯でふやけるぐらい浸かっているよ。

銭湯活動家　＃023
湊　三次郎さん

湊さんを表すことば　「温兄さん」

「温兄さん（おんにいさん）」（周り笑い）ぬくにいさんでもいいです。私、温度感の中で「ぬくい」ってのが一番好きなんですよ。ちょうどいいんですよ。熱そうでぬるそうで温いんですよ。一番気持ちいいです。

#024

猫猫寺（にゃんにゃんじ）

加悦　徹さん

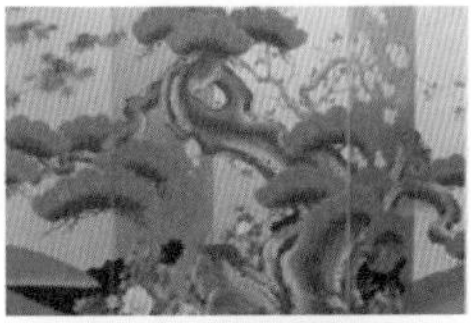

招喜猫宗総本山猫猫寺の管長。本業は仏画・天井画・襖絵・仏像など、神社仏閣に関わる彩色を手掛ける彩色師。「好きな事をしよう！」をコンセプトに、猫に関する作品制作やイベント企画など行っている。

招喜猫宗総本山 猫猫寺 HPあり

☎ 075-746-2216

京都市左京区八瀬近衛町520（Map F）

#024

谷口　わ〜、すごいところですね。こ〜んにちは（笑）猫ですよね〜。

加悦　わたくしは猫猫寺（にゃんにゃんじ）の管長でございま〜す。（笑）よろしくお願い致します。

谷口　猫猫寺、お寺さんという…

加悦　お寺じゃなくて、カフェとかギャラリーとか猫の雑貨を取り扱ってるテーマパークでございます。

谷口　あ、猫のテーマパークの猫猫寺さん。

加悦　さようでございます。

谷口　でも一応こちらの方に…

加悦　あ、ご本尊も、大日猫来（にゃらい）様でございます。（笑）

谷口　今日はご住職にご出勤頂いて。

加悦　そうですね。お勤めに。

谷口　お勤めに。（笑）今日はじゃあ、猫寺のことと、なんでこういうことをしてらっしゃるのか、加悦さんの人生についてお話を伺いたいと思います。

加悦　はい。

カフェ・ギャラリー・雑貨販売を行うテーマパーク

猫猫寺 → お寺じゃなくて、カフェとかギャラリーとか猫の雑貨を取り扱ってるテーマパーク

彩色師

谷口　ズバリ聞きますが…他に何かされてるんでしょうか。

加悦　実はですね、彩色師をしてまして、職人なんですね。神社・仏閣の仏画とか、あと天井画、襖絵とか、そういったものに絵をつけるというそういう職人です。

谷口　ちゃんとしてるじゃないですか。あははは。じゃ、それはもう何年もやってらっしゃるんですか。

加悦　そうですね。もう30年になりますね。

谷口　あら。ということはもう職人さん、もうベテランさん…

加悦　ベテランでございま

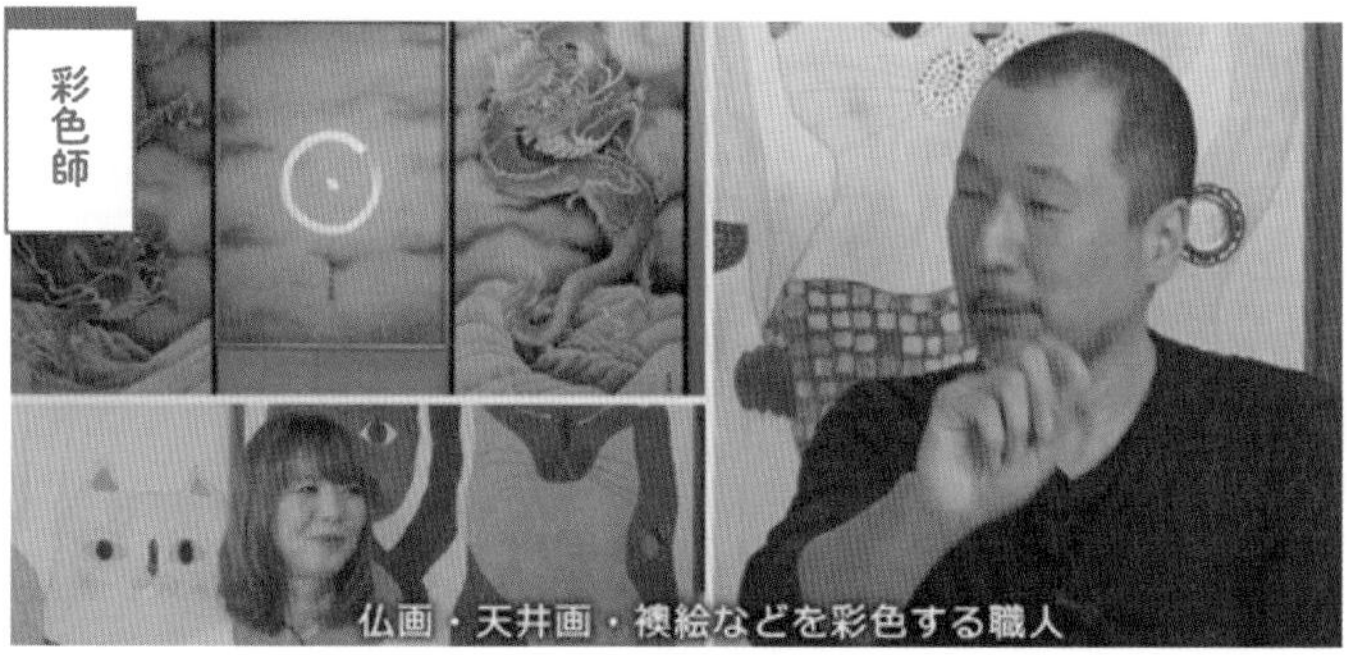

仏画・天井画・襖絵などを彩色する職人

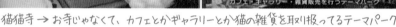

す。本当に先人たちの絵ってすごいんですね。線を一本引くにしてもほんとにわかり始めるのに十年ぐらいかかるんです。

谷口　やればやるほどどんどん深くなっていって…

加悦　どんどん！

谷口　なんやったら、どんどん難しくなっていく世界。

加悦　そうですね、はい。そういう世界でございます。あはは(笑)

猫に魅せられて

谷口　でも、ま、それだけじゃないこと…要するにここ猫猫寺もありますし、何かをし始めるってことですよね。

加悦　きっかけはですね、3・11。2011年、震災ですね。あれだけの映像を見てですね、実際に「アッ、これいつどうなるかわからないな」っていうことで、家族会議をしたんです。

谷口　家族会議…何人家族？

加悦　3人家族。で、妻と、自分たちが本当に好きなこと、楽しいこと、悔いの残らないような人生を生きたい。って思ったので、そういう生き方しない？ってことで、話し合ったんですよ。私はまぁ彩色師やったり、自分の作品描いたりとかしてるんですね。で、妻も妻で羊毛っていって、こう、わかります？羊の毛をこう固めて…

谷口　フェルト？

加悦　あぁ、もうそうそう。で、作品を作って、それを手作り市とかに出展してたんです。じゃ、そのフェルト作って雑貨屋とかしたらもっと楽しくない？って提案すると…

谷口　はい。

加悦　そりゃ、その方が楽しい。

谷口　楽しい〜。(拍手)

加悦　じゃもういますぐやろうってことで、話し合いをしたその日に、まず物件だけ探しに行こう。

谷口　もう物件探しに行くんですか？早いですねぇ。

加悦　早いです。で、いい物件があったんですね。「ここがいいんじゃない？」っていうことで、一応決めようって。でも気付くんですよ。お金がなかったんですよ。

谷口　でもほら、蓄えがあるじゃないですか。彩色師としての。

加悦　彩色師、としては蓄えは無かったんですね、実はその時無かったんですけども、実は、彩色師のお仕事を頂いた時に、前金っていうのを頂きまして…

谷口　前金。(笑)

加悦　そうです。なので、そのお金を使いまして…無事オープンすることができました！

谷口　おめでとうございます！

加悦　ありがとうございます！

谷口　そのお店は、どのような場所に育って行くんでしょうね。

加悦　最初はですね、家族で作った作品だとか、作ってもらって、それをお客さんだとか、いろいろ見て下さる方が、ま、口コミとかもあって…どんどんどんどん輪が広がっていくんです。で、私の作品も、私の作品も、ってことで…

谷口　手作り感あふれるとこやから…要するにお客さんが作った作品を置いて売れるかしらん？みたいな…

加悦　そうなんです。

谷口　そん中でもいろんな輪ができて

加悦　輪ができてきて…

谷口　でもまぁ、ちょっと広がっていくってことですよね。

加悦　そうです。どんどん輪が広がって来ましたね。

好きな事で生きる

谷口　ギャラリースペースはどんなふうに発展していくんですか？そこから。

加悦　そっからですね、妻が羊毛フェルトやって、私も好きな絵を描いて、息子もその時11才とか12才だったんですけども、「猫作家になる。」って言い出したので。ちなみにこの襖絵を描いたのが私の息子なんですけど…

谷口　え〜〜！猫作家！

加悦　はい。春休み、夏休みとかず〜っと工房で私と一緒に絵描いてたんです。で、まぁ昼休みになったら、そこはマンションの1階だったので、四季とか、晴れてんのかな？雨なのかな？ってのがわからない場所だったので…外で、賀茂川でず〜っとご飯食べてたんです。そこで、川見て、山見て、そういうとこで絵描きたいな〜とか言ってお昼ご飯を食べながら息子とずっとしゃべってたんです。

谷口　あ、それもう二人でね。

加悦　もっと家族で楽しめる空間って作れないだろうかって思いが出てきたわけなんですね。じゃ私は神社・仏閣のお仕事じゃないですか。息子、猫作家になるんやったらそれも生かせるような空間、何だろうなぁって考えると、「あ、猫猫寺」。

谷口　(笑) ちょっと待ってください。ちょっと待ってください。

加悦　ここだったんですよ。流れがね。

谷口　流れ？そうかなぁ？なんかちょっとどっかが間が空いてるような…

加悦　(笑) 物件を探し始めます。で、そこで、ここ…

谷口　すぐに物件探すんですよね。

加悦　はい、探します。(周り笑い) で、見つかるんですよ。ほんとに。で、ほんとに…

谷口　ええな、思うのがすぐに見つかる。

加悦　あったんですよ。で、もう、絶対ここ、何とかして猫猫寺を作りたい！

谷口　ま、自然豊かなってことですよね。

加悦　はい、そうです。で、そこで、とりあえずいろいろ資金いるので、ま、クラウドファンディングって今あるじゃないですか。

猫猫寺から広がる輪
みんな笑顔になるような、
自分がほんとワクワクするような
生き方ができたらなぁっていうの
が猫猫寺の思いなんです。

谷口　はい。

加悦　で、それで資金を集めれば何とかなるんじゃないかな、と。

谷口　すごいですね。

加悦　はい。募ったところ、無事資金が集まりまして、運営できるようになりました。

谷口　は～。ま、この場を借りて…

加悦・谷口　ありがとうございます。（深々と頭を下げる）

加悦　お世話になりました。

猫猫寺から広がる輪

谷口　今どんな感じですか？猫猫寺は。

加悦　「楽しそうですね。ここ何やってるんですか？」っていろいろお客さんが来られる中で、「私、これが得意です。」「私、これが得意です。」で、また、いろんな方が来られるわけなんです。

谷口　はい。

加悦　じゃ、その方たちと一緒にもっと楽しいイベントができるんじゃないか、ってことで、ここでマルシェをやったりとかですね…落語、やったり…いろんな形でみんなが楽しめる空間が出来上がってる…

谷口　う～ん。

加悦　で、あん時に感じた、ほんとに人生悔いなくほんとに楽しいこと、好きな事をやっていきたい。で、自分も楽しく、みんなも喜べるような生き方がしたい、っていうのがあったので…そういう意味でも家族から地域に広がってきて、それが地域からもっと世界にどんどん広がっていって…

谷口　世界！

加悦　はい、世界に！みんな笑顔になるような、自分がほんとワクワクするような生き方ができたらなぁっていうのが猫猫寺の思いなんです。

谷口　そしたらもう、正直お金はもういりませんね。

加悦　お金、要らないですね。っていうかお金が無かっても、ほんとに好きな事ってできるんだなってこと、が正直実感…

谷口　そうですね。

加悦　これ、皆様のお蔭でございます。（頭を下げる）

谷口　や、でも聞いてたら、それでもええかなって思うんですけど、私はまだそこまでは行けない…（笑）

谷口キヨコの流々通信

「加悦さん」

　2011年の東日本大震災で自らの人生を変えた人はどれくらいいるだろう。私もあの頃は自分の生き方を変えようと真剣に思っていた。日常の暮らしのありがたさ、生きていることの尊さ。間違いなくそれらが一番大切なことだから。毎日そのことに感謝し、日常や人との関わりを丁寧に暮らしていこう、と。それまでの生活はそう思うこととはかけ離れていて、何もかもを当然と思う毎日だった。日々を大切にしたい、大切にするのだ。でも…、仕事の忙しさや面倒くささがあり、こんなに大切だと確信したものでさえも今では後回しにしている。でも加悦さんはちがった。震災後、家族と会議して「自分たちが本当に好きなこと、楽しいこと、悔いの残らない人生を生きたい」ことを確認。そこからはまっしぐら。自分たちで作ったものを売る雑貨屋さんをやって、そこに作品と人が集まって、もっと広くて自然を感じられる場所にうつって。でも、そこに行くにはお金がないからクラウドファンディングして。まるで雲をつかむような話だが、実現するのである！　雲はつかまないけど、資金はつかんだのである！

　クラウドファンディングに参加してくれた人は、この夢のような話に憧れたのではないだろうか。こんな風にできたらいいなぁ、こんな風に生きられたらいいなぁ、と誰もがフワッと夢見る人生を加悦さんは生きている。フワッと思うけど実際できないことは多い。フワッとしか思わないからできないのだ、いやできないのではない、人間はフワッとしか思わないことはしないのだ。でも加悦さんはそうして生きている。絵を描いて、雑貨作って、猫猫寺やって…、もうやっていること自体がフワッとしている。

　楽しく生きるとは、楽に生きること。あぁ、フワッとしていることしたいなぁ、とフワッと思うだけの私である。

加悦さんを表すことば　「猫人猫」

私は猫を飼ってるんですけれども、よく動物病院の先生に「猫っていうのは人に飼われてない、人が猫に飼われてるんだ。」とよくそういう風に言われます。あの、加悦さんも実は猫だと思います。ご家族も。その代り見て下さい、この猫の小雪さんは多分人間です。（周り笑い）本当に入れ替わってるので、パッと見だけではその人の中身はわからないなぁと思いました。

猫猫寺（にゃんにゃんじ）
加悦　徹さん　#024

谷口流々

TANIGUCHI RYU-RYU

MENTAL

#006

カラーセラピスト

藤田 たかえさん

カラースクールT.A.A代表。2008年よりカラーセラピストとして活躍。自身のスクールで数々のカラーセラピストを育てている。

カラースクール T.A.A HPあり

京都市下京区因幡堂651 SHICATA SIX403号（MapAB-2）

#006

谷口　こんにちは。
藤田　こんにちは。
谷口　黄色い上着ですね。
藤田　ふふふ、ありがとうございます。
谷口　ラッキーカラー？
藤田　ラッキーカラーです。はい。
谷口　カラーセラピーということですから、なんとなくはみんなわかると思うんですけど、実際どういうものなのかっていうことから教えてもらってもいいですか。
藤田　「カラーセラピー」っていうのは、結局「色彩療法」、色を使ったカウンセリングっていうことなんです。

「カラーセラピー」って
結局「色彩療法」、
色を使った
カウンセリングって
いうことなんです。

谷口　とってもきれいな色の瓶が並んでますけど。
藤田　ん〜ん、もしも、谷口さんが、この中の一人やとしたら、自分はどの子（どの色の瓶）やって思いますか？
谷口　あ〜〜…これ！
藤田　あ、この子。この子が、「あ、自分やな。」って。
谷口　はい。これですね。

藤田　なるほど〜。
谷口　怖いですねぇ。
藤田　あははは。この子って、すごい女性性を表す色だったりするんですよ。
谷口　あ、そうですか。
藤田　うん、うん。可愛い女の子っていうのがあるのと同時に、これね、ご覧になられたことあります。「色相環」って言うんですけど。
谷口　あぁ、無いです。初めて見ます。
藤田　この色の違いっていうのは波長の違いなんですね。
谷口　はい。
藤田　波長の長いものから順番に波長の短いものにこう移って行って、ここに入るこのピンクっていう色は「繋がらないものを繋ぐ。」っていうような、そんな意味があるんですね。
谷口　繋がらないものを繋ぐ色。ほぅ。
藤田　だから自分を犠牲にしてでも周りの人のために愛を注ぐ、っていうような。
谷口　あら、あららら。

黄色のワンピース

谷口　先生、黄色お好きなんですかね？

藤田　そうなんですよ。

谷口　黄色いワンピース。で、今日もね、黄色い上着を着てはりますけれども…

藤田　これね、小学校の卒業式の時に着てたワンピースなんですけどね。小学校時代の自分っていうのがすごくこう自分自身に対して自信がなくて、もう人前に出るとかとんでもないし、人の陰に隠れてっていうような子やった、って自分で思うんですね。

谷口　そうですか。もう今から想像つかない…

色の力ってすごいなと感じた、卒業式の時の黄色のワンピース

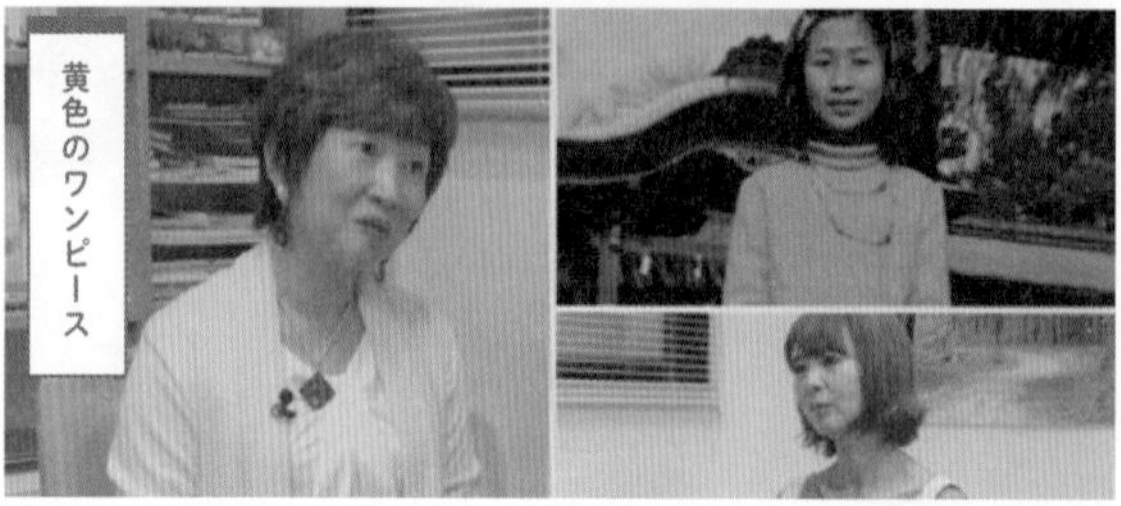

藤田　とんでもない。卒業式の時のこの黄色いワンピースを着て行った時に、行く途中に近所のおばちゃんとかに「いやぁ〜、かわいらしいなぁ〜」って「よぅ似合うわぁ」いうて言うてもろたんが、なんかすごく嬉しくって、昨日の自分と今日の自分とそんなに変わってるわけないのに、だけどこの黄色いワンピースを着て出たら、なんとなくみんなの注目を引いて、「あっ、いいね。」「かわいいね。」って言ってもらえる。「あ、色の力ってすごいなぁ〜」って思ったのがその時なんです。

谷口　じゃあ、そこでなんか、こう、特に色っていうものに、こう関心を持つっていうか…

藤田　そうです。

谷口　私も黄色好きです。

藤田　わぁ〜、そうなんですか〜。

谷口　私も、黄色とか赤とか、はっきりした色をバンと着たら、その色のパワーをもらうみたいな、なんかそういうイメージがあるので、私にとっても、黄色とか赤とかは、そういう感じありますよ、私。

藤田　なるほど。今おっしゃったの、すごく色の意味が全部含まれているので、谷口さんもカラーセラピストになれます。(笑)

谷口　ほんまですか？

藤田　はい。(笑)

色は心をうつす

谷口　学校を卒業されて、いきなり「カラーセラピー」って世界にバッと入られたんですか？

藤田　いいえ、とんでもない。もうそれこそ子どもの時から「幼稚園の先生なりたい。」と思ってたんですよ。なので学校卒業してすぐは幼稚園に勤めました。授業が始まる前にお絵かきタイムって、みんな好きな絵を描いてたりなんかするんですけど、ある時ふっと見たら、黒いチューリップを描いてる子がいてたんですよ。普通私たちが描くお花の色っていったらきれいな色使いますよね。

谷口　まぁ、黄色か赤かピンクか…

藤田　ねぇ。しかもチューリップやし。ねぇ。なんですけど、「あれ？この子はなんでこんな黒い色を使いたいんだろ

う？」って思って…ちょっと様子を見てたんですね。

谷□ はい。

藤田 するとどうもお耳が聞こえてない感じやったので、お母さまに連絡さして頂いて。そしたらお母さんもすぐに病院連れて行かれたんですね。そうすると、突発性難聴や。

谷□ あぁ、はいはい。

藤田 原因はストレスっていうことだったんですね。お母さま曰く、下に子どもさんが生まれて、「お兄ちゃんやし！」っていうので、今までのように手を掛けない状態っていうのが続いてたかもしれません…。その時にね、やっぱり「あぁそうか、言葉のつたない子どもたちのその気持ちを表すっていうのに、色ってすごい有効やなって感じたんですよ。

谷□ あぁそうか…どういう風に言っていいか子どもはわからない…

藤田 そのもやもやを表現する言葉が見つからない。見つからないけど、なんかこう吐き出したい想いがある。っていうのが、その黒いチューリップっていうものになったんかな。

色で人を幸せに

谷□ そういう色との縁がどんどん深まって行って、ついにカラーセラピスト。これ、具体的なきっかけって、どういうことだったんですか？

藤田 色のことはずっと大好きやったんですけど、その「色」っていうのと「仕事」っていうのと全然結びついてなかったんです。ある日たまたま本屋さんに入った時に出会ったんです。この『色の暗号』っていう…

谷□ 『色の暗号』！

藤田 読んでみたら、もうそこに色のメッセージっていうのがたくさん載っていて、「あーすごい！」って読み進めていくと、「『カラーセラピー』っていうのがあるんや！」って。「色って仕事になるんや！」って、初めて思って、そっから勉強し始めた。

色で人を幸せに
「彩り香のおけいこ」
和の色や和の香りを知り
自分でお香をつくって楽しむセミナー

谷□ これまでの生徒さんの中で、具体的なエピソードとか、話せることがあればお伺いしたいなと思うんですけど。

藤田 「習いに行ったんだけれども」って、家に帰ってご主人に言ったら、「色で何がわかんねん」って言うて、全然相手にもしなかったご主人がいらしゃって。でも仕事で立場が変わった時に、なんかもやもやしたものがご主人にありそうだなぁって奥さんが思われて、「それを話してよ！」と言ってもなかなかプライドが高くてね…

谷□ あっ、「なんかないの？」「なんかしゃべって！」そりゃしゃべりませんわ。多分ね。しゃべらない性分の方っていらっしゃる。うん。

藤田　「ちょっとここ、色並んでんねんけど、今気になる色選んでみて。」って言ったら、「これかな。」って。で、メッセージを聞いて、「はぁー、はぁはぁなるほどな。」って言って納得なさった。初めてそこでこう自分がやってることを理解してもらえたって言うふうにおっしゃるんですね。

谷口　ふ〜〜ん。ん〜ん。

藤田　それがきっかけで、コミュニケーションっていうものがはかれたりとか…やっぱり自分自身はこの「色」っていうのは「きっかけのツール」だって、思ってるんです。全てだとは思ってなくて。なのでツールとして使ってもらえるってのはすごく嬉しいな、と思います。

谷口　「自分」にとっての、って言うこともあると思うんですね。色との関わりとか、これからこうしたい、とかあるんかな〜と思うんですけど、いかがですか？

藤田　私自身はですね、「目指す色」って言うのが、これです。このレッドなんです。

色で人を幸せに
自分自身は この「色」っていうのは きっかけのツールだって、 思ってるんです。

谷口　レッド。

藤田　やっぱりレッドそのもの。そのエネルギッシュでパワフルで、みんなと一緒に「引っ張っていける」っていうような、そんな人物になりたいな！っていう想いがあって。その日本の色っていうのと、日本の香り、お香っていうのと、合わせたセミナーっていうのを考えて、この4月からちょうど動き出してるところなんですね。

谷口　はい。

藤田　ほんまに生まれたばっかりですし、赤ちゃんみたいにいろんな人の助けを得てこう動き出してるっていうことに対する感謝っていうものもずっと持ち続けたいと思っているし…目指すのはレッドです。

谷口　あ、そうですか。じゃー多分先生のそれが叶った時私が見たら、先生の後ろにこう赤のメラメラの…お不動さんみたいな…感じになってるっていう（笑）

谷口キヨコの流々通信

「藤田さん」

色は光がないと存在しないそうだ。もちろんそれを感知する感覚も必要である。

色は元々そこにあるものではないということになる。科学的、論理的にはそれで間違いないんだろうが、なんだか腑に落ちない。屈折率が、波長が、といわれても…、と。反論したい気分だ。何の科学的根拠もなく。

どうして反論したくなるのか。晴れた空は青くて、そこに浮かんでいる雲は白くて、木々は緑で、若葉は黄緑。檸檬は黄色で、蜜柑はだいだい色…で、あってほしい。私の見る世界がちゃんとそうであってほしいのである。時には一面が雪化粧の真っ白な世界も美しいが、世界はカラフルであってほしい。大自然が織り成す色とりどりの世界は元気な地球の証拠。それを見ることができる自分も元気に生きている。だからカラフルであることを人は望む、のではないだろうか。

色のことを考え出すと好きな色とか嫌いな色とか。もうどうでもよくなるなぁ。何色であっても、そこにあることが素晴らしいんだもの。

色はやっぱりそのものの色を表すような気がする。藤田さんはそれが黄色だったんだろうな。

カラーセラピスト
藤田　たかえさん　＃００６

藤田さんを表すことば　**「色力」**

はい、色の力です。色は多分私たちが生まれる前からここにあったと思います。その色の力を借りてコミュニケーションとか、あと生きてくこととか、助けてもらう、そういうことなのかな、っていうふうに思いました。「色の力」やっぱりすごいと思います。

#042

占い鑑定師

HAMAさん

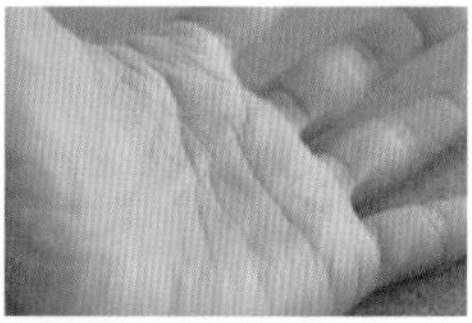

占い歴17年、京都の占い処「Key & Door」のオーナー兼占い師。タロット、数秘術、姓名判断、方位学、手相鑑定などを駆使して多角的に占う。

占い処「Key&Door」 HPあり

☎ 075-755-2404

京都市東山区七条日吉町229-1 アクール七条3F
（MapⒶC-3）

#042

谷口 わ〜!いいですね〜!こんにちは〜。
HAMA こんにちは。

占い鑑定師

谷口 占い鑑定師さん。占い師さんじゃないし、鑑定師さんではない。
HAMA はい。占いだけで、この運がありますよというだけじゃなくて、それをどう生かすかっていうのが『鑑定師』。で、『占い』と『鑑定師』足して『占い鑑定師』と言わしてもらってます。
谷口 っていうことで、占い鑑定をね、私して頂けるんです。ラッキーです〜。はい。(周り笑い)何から行きましょう?
HAMA はい。じゃ、手相見せてもらっていいですか?お、恋愛、めちゃめちゃ複雑なので後にしますね。
谷口 (顔を背けて苦笑い)(周り大笑い)
HAMA まず仕事、芯の方面から行きますね。6歳児の好奇心ってのがずっと出てて…(周り笑い)
谷口 えっ?えっ?6歳児って幼稚園児じゃないですか…(笑)

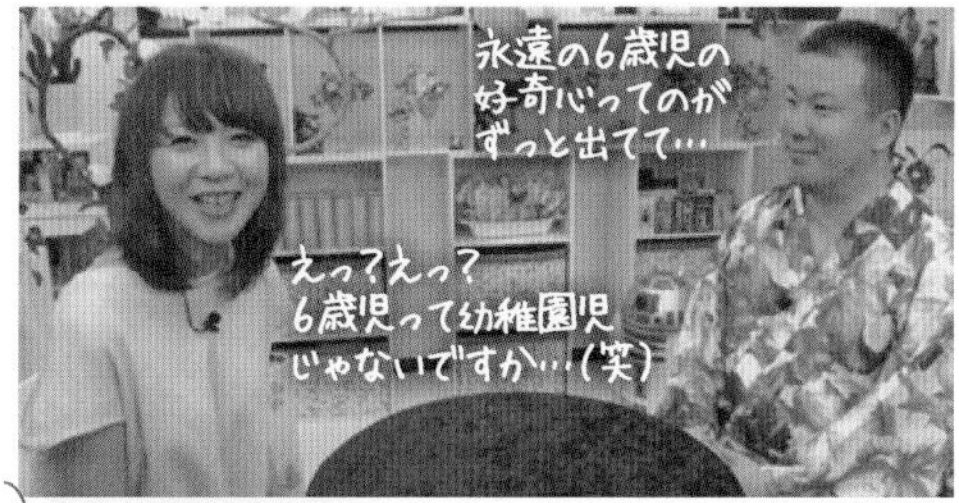

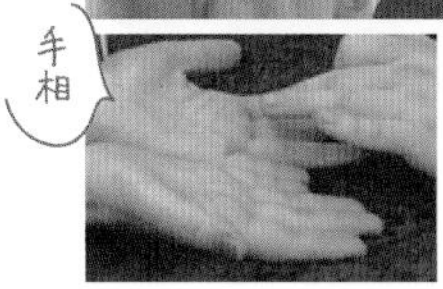

HAMA そうです。幼稚園児のままの好奇心で突き進んでいくというのが、90歳まで続きますね。
谷口 あっははは(大笑い)でも、ま、90ぐらいまで生きそうだ、ということですか?
HAMA しかも元気でしゃべってる状況で行けそうです。寝たきりじゃないってことですね。
谷口 やった〜!!
HAMA 特にキヨコさんの手相で特徴的なのが…人の3倍モテるってことです。特にここの線ですね、ま、「エロ線」とも言いますけど…ここ、センスが非常に高い。さっきの「少年」みたいな出方でいうと、女としての魅力がさらに5倍あるってことになりますね。
谷口 は〜〜。
HAMA しかも、簡単に言うと、年下のめちゃめちゃ一生懸命夢追いかけてる人との相性が高い。これは似てるっていう意味ですね。幼稚園児の気持ちを持った20代、30代…若い子でおススメです。
谷口 好きですね。投資したい。
HAMA ほほほ…貢ですね、それは。(周り笑い)
谷口 (笑)貢《みつぎ》じゃないです。投資です。次は何を占って頂けますか?
HAMA これは、占いっていうか、セラピー。タロットセラピーっていうのをやっていきます。この一束の中で一番自分っぽいなっていうのを一枚。

谷口　はい。自分っぽいのは…どれだろうな？あ、これ。なんかガブリエルみたいな…

HAMA　はい。では次に男性の方、お願いしたいんですけども…（スタッフのほうを見て）では、キヨコさんっぽいなと思うものを1枚お願いしていいでしょうか？

谷口　「っぽいもの」っていう選び方は初めてですね、私は。

HAMA　（スタッフが選んだカードをHAMAさんに渡す）

谷口　んっふっ、偉そうじゃん！

HAMA　はははは（笑）こちら、選ばれたのはですね…特にみんなの支え役とか、みんなにすごくサービスをする方なんですが、恋愛は確かに「貢癖」っての、結構ありそうなので…

谷口　あっはははは…

HAMA　みんなにサービスをする、めちゃめちゃいい人。なんですが、男性スタッフから見ると実は鬼嫁なんじゃないか、と…

谷口　ははははは…（大笑い）（周り笑い）

HAMA　めちゃめちゃ強い女なんじゃないかと思われてますから…ギャップがすごいですね。

バーテンから占い師へ

谷口　どんなお仕事をされてて占いに到達しはったんですか？

HAMA　実は全く占いやるつもりはなくて…バーテンダーやりたかったんです。

谷口　なんでバーテンダーさん？

HAMA　高校生の時にトム・クルーズの『カクテル』…見て、モテたいなと思って…

谷口　モテるよね。でも、あれ、なんでモテてるか知ってます？

HAMA　お、何でですか？

谷口　トム・クルーズやからです。

HAMA　あ～～！（周り笑い）

谷口　でもちょっと、うん、バーテンダーさんは、モテるところはあるな、とは思います。

HAMA　人の話を聞いたり、一緒にその場の雰囲気を作ったり…その時は、お客さんから教えてもらうってのがすごい多かったんですが、そういう経験だったりとか、お客さんに合わせてこういうプランを作るっていうのは意外と今に生きてたりしますね。

谷口　んん～。

HAMA　バーテンダー、実は昼は暇なので副業をしようと思ったんですね。本格的にやろうと思って勉強と、その時に所属して、店舗で占いやらしてもらったってところです。

谷口　占い師さん…ざっくり言うと、どういうタイプが…

HAMA　主になんですけど、見えるとか、感じるとか…スピリチュアルタイプ…

谷口　あ～、スピリチュアル。

僕は技術をもって
鑑定してアドバイス
するという…コンサル
ティングタイプ
バーテンから占い師へ

HAMA　が、結構流行ってるとこあるんですけど…僕は技術をもって鑑定してアドバイスするという…コンサルティングタイプって言ってます。

谷口　データってことですかね。

HAMA　そうです。でも、そうなると実は華がなかったりするんですね。なので、実は最初開けたときは、お客さんが来なかったですね。ただちょっと気付いた時がありまして…

谷口　うん。

HAMA　スピリチュアルな人と一緒に仕事する時に、横で見てたんですが、お客さんが高校生とかで、70歳のおばあちゃんのスピリチュアル…で、話が通じなかったりするんです。先祖供養が…とか…

谷口　(苦笑い)

HAMA　「あなた別れるわよ」って言われた高校生が「じゃ、どうしたらいいんですか?」って聞いても、「別れるから」と。そこで僕は気付いたんです。「どうしたらいいねん?」に対して「だったらどうしようか」…このアドバイスを入れるっていうのを特に意識的にやっていくとだんだんリピーターの方、口コミの方が増えて来て…

谷口　んん〜。

HAMA　一気にお客さんが来たんじゃなくて、やってくうちにお客さんがどんどん増えていったって中で、今に至ってます。

谷口　まさにマーケティングですね。

みんなの秘書

HAMA　みんなにとっての秘書になりたいってのがあります。いうたら、お客さん一人一人が、まぁ「社長」っていうか自分がもうトップですよね、自分の人生では…そこに対してサポートしたいってことがあります。「先生」というかは「秘書」って感じです、どっちかって言うと。

谷口　あ〜、そうか。それこそ、スピリチュアル系な方は「先生」のイメージですよね。でも、あなたには、こういう人、顧客がいらっしゃって、秘書的にはどういうことをやれば、もっとスムーズに円滑にあなたの人生が進みますよ!

HAMA　っていうので実際行動して、うまくいったら秘書の腕上がりますから…

谷口　そうですね。

HAMA　その方にまたその腕を提供して、また上がると、っていうふうにどんどん技術を上げて、皆さんのサポートをしたいということです。めちゃめちゃよくある相談なんですけど…33歳の女性で、出会いがないけど結婚したい、と。

谷口　めちゃめちゃいらっしゃると思いますよ。

HAMA　占いさして頂いた時に、特徴として、「スポーツ少年にすごいモテる」っていうのと「協力関係でモテる」っていうのをこの方は持ってたんですよ。で、具体的に、「例えばこういうことがあるよ」ってことを言う。「スポーツ少年とどうやって出会うか?」社会人サークルで、フットサルとか野球のサークルにどんどん行って頂く…そうすると、男子、いっぱいいますよね。

谷口　そうですね。

HAMA　スポーツやってる積極的でさっぱりする方が多い、と。例えばサッカー。ゴール決めたら、ハイタッチ…とか。

谷口　ありますね。

HAMA　抱きついたり…しますよね。がばっとね。

谷口　抱きつけちゃう、とか。

HAMA　はいはい。そこをどんどんやっとけ、と。あとは、もうこけたらこけっぱなしにしとけ、と。

谷口　あ〜、もう助けてもらおうと…

HAMA　そうそう、手を伸ばしてくる人に行きなさい、と。

谷口　すご〜〜い!

HAMA　それやったかはわからないですけど、結婚決まって今準備中、って方いますね。

谷口　あららららら…それはすごいよ。そうですね、相談に来る人っていうのは、やっぱり悩みがある。その悩みを「あなた、こうですよ。」って、運とか運勢で言われても、「どうやって変えましょう?」ってなって、やっぱり皆さんこっからどうしたいか、ってことを求めて来てるので…

HAMA　ちょっと耳に痛いこととか、辛いことも、言うには言うんですけども、じゃこれをどう変えるかっていうのは、一応アドバイスとしては見ますので…

ちょっと耳に痛いこととか、辛いことも、じゃこれをどう変えるかっていうのは、一応アドバイスとしては見ますので…
なんかどんどん相談したくなってきましたね。
みんなの秘書

谷口　あぁ〜、そうですか。んん〜、なんかどんどん相談したくなってきましたね。ところで、自分のことを自分で占ったりできるんですか?

HAMA　はい、できますよ。あの、僕、自分で手相見てすごく思うことが…「ひねくれてる変人」だなってのが実は…

谷口　はっははは。そういう相が出てるんですね。

HAMA　だから、人と違うことをしたいとか、変わったことをしたいっていうのは実は前からそうなんですけど、そこがあります。恋愛に関しては、寂しいことに、全然ないんですよね。あきらめて仕事に生きようかなと。

谷口　今のところはね。でも…手相って変わってくるって、本当ですか。

HAMA　はい、そうですね。運命の人と出会ったら、ガッと出たりはします。キヨコさん出るかもしれませんよ。

谷口　(笑)ほな、今出てへん言うことやないですか。(周り大笑い)ちょっと待ってよ…

谷口キヨコの流々通信「HAMAさん」

占い鑑定士のHAMAさん。もちろん占いはするのだが、そこから見えるその方の運をどうやってどう生かすかを鑑定する、だから占い鑑定士。

例えば、好きな人がいてその人との恋愛を占った結果、「縁ないです」って場合もある。それでも好きで、諦めきれなくて…、な場合は、どうしたらその無さそうな縁を繋げることができるのか、やれることは何なのか、そこを知りたい！そこのアドバイスがほしい、私たちは！（私は！かもしれない…）HAMAさんはそこをサポートしてくれるって言うんですよ。それってすごくないですか。

もしも自分の運命が決まっているのなら、それに従い生きていくのもありだと思う。その方がスムーズで、効率よさそうだし。ストレスも無さそうだ。てことは、体にもよさそう、長生きしそう。でも、その運命通りでは納得いかない、自分のやりたいことやるだけやってみたい！って生き方もあると思うのよ。私はそっち派。自分の人生、自分で責任とって自分で歩んでいきたいの。やってみてダメなら仕方ない。でもやらなくて諦めるなんてできないわ！

ハイ、私、完全にこっち派です。

自分の人生のストーリーは自分が作者でプロデューサー…、のはずなのに思うようにはいかないのが現実。やり方が間違っているのか、それとも自分の望みがとんでもないのか…。占いに行くってことは、自分のやり方ではうまくいってないから、うまくいっていたとしてもこの先どうなのか不安だから…、でも、自分のやりたいことは自分しか知らないし、自分の人生にどれだけ満足しているかも自分しかわからないのだ。でもでも、これまででも自分なりに一生懸命生きてきたこの人生、ここからどうすればよいかわからない。

占いをして、その人の運を生かして、切り拓いていく人生の秘書として寄り添ってくれるHAMAさん。うちの事務所のマネージャーさんは取材後、すぐに占ってもらっていました。

そこからなんだか積極的になったような気もする…、運を生かす力をアドバイスしてくれる秘書がいる…、最高やん！

HAMAさんを表すことば 「It's my life」

「It's my life」HAMAさんは皆さんの人生のそれぞれの秘書になりたい、とおっしゃってました。で、自分の人生のプロデューサーは自分ですよね。それぞれほんとに懸命に自分の人生を生きてると思いました。占いは、これからますますもしかしたら必要になるかもしれません。（肩のインコに）「ん、ピーちゃん何？」「It's my life」「そうかそうか。」ふふふふふ。

HAMAさん
占い鑑定師
#042

谷口流々

TANIGUCHI RYU-RYU

ART

#004

陶板画作家

SHOWKOさん
（ショウコ）

京都で6代続く茶陶の窯元に生まれる。
陶板画作家として活躍しながら陶磁器ブランド「SIONE」のブランディングを務める。

SIONE 銀閣寺本店 HPあり
☎ 075-708-2545
京都市左京区浄土寺石橋町29（MapH）

#004

谷□　こんにちは。

SHOWKO　こんにちは。SHOWKOです。

谷□　素敵ですね、ギャラリーというか、まぁ店舗というか。どっちも兼ねてはるんですか。

SHOWKO　そうです。SIONE（シオネ）という器のブランドやってるんですけども、ここにある白磁に金彩のものがそのブランドのシリーズでして…

谷□　白に金ってすごく上品で好きです、私。

SHOWKO　あぁ、ありがとうございます。

こちらの方がSHOWKO名義の作品群になるんですけども、「生命の賛歌」っていうのがテーマとしてありまして…

谷□　「生命の賛歌」

SHOWKO　はい、生命（いのち）が生まれ出たことを喜ぶという意味なんですけど、命でも何でも、物事でも最初から終わりまであって、そこにいいことも悪いこともいろんなことが内包されてる時間があると思うんですけど、その物事を作品を通して肯定したいと思い活動しています。で、後はまぁ時間。焼き物っていうのは、作った時点で、私より絶対長生きしてしまうものなんで、未来への手紙のような意味をこめてつくっています。

谷□　あぁ～。

SIONE（シオネ）という
器のブランドやってるんです

ギャラリー兼店舗

老舗の窯元

谷□　陶芸のお家に生まれはったという。

SHOWKO　はい、そうなんです。

谷□　噂によると、三百三十年。

SHOWKO　そうですね。三百三十年くらい前から京都でやらせてもらっていて、父で6代目になります。私は兄がいますので、生まれた時から、兄が継ぐっていうの、決まってたんですね。

谷□　やっぱり男の子。

SHOWKO　そうですね。なので逆に私は焼き物はやるな、と。それ以外の職業に就け、と言って育てられて。

谷□　やらんでええっていう…

SHOWKO　そうです、そうです。むしろ独立して、何かこうやっていけ、といいますか、まぁいいところ嫁に行けといいますか…まぁそういう…

谷□　（笑）「他で頑張れ！」みたいな。

SHOWKO　そうですね。その時実は手に職をつけたくて美

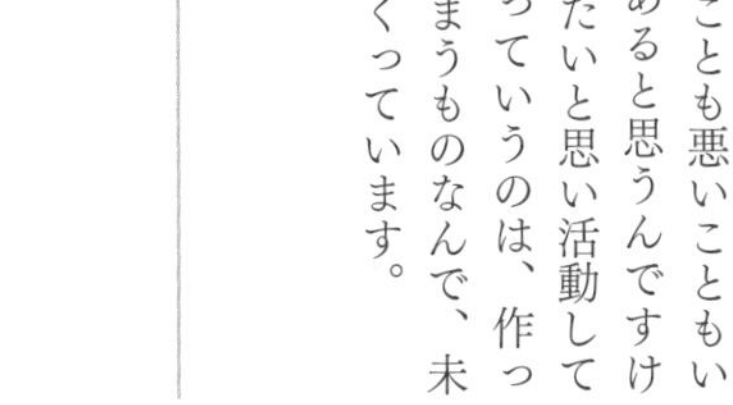

老舗の窯元
父に「焼き物の道に進みたい。」って
ことを言いましたら、まぁ
「お前になんかできるか」とか
言いながら、ちょっと顔は笑ってた
んで、「大丈夫かな？」みたいな
ピピピピって
来たんですね。

容院でバイトをしてたんですけれども…なんか、楽しいんだけれども、何かちがう？みたいな。まちょっと悩みながら過ごしてたんですね。

谷□　はい。

SHOWKO　で、その当時良くあそびに行ってる友人のお家があって、で、そこのお父さんが…今考えるとそのお父さんもプロダクトデザイナーだったんですけど、すごいかわいがってくださって。こんな焼き物屋に生まれることなんてそんなによくあることじゃないから、と。

谷□　良くあることじゃないですよ。

SHOWKO　「もっとそっちの方を勉強してみたらいいん違う？」って言ってくださって、で、『焼き物』って一口に言っても、器もあればタイルもあれば、いろんなことができるんやで。」って言ってくださって、「あ、ほんまや。あたしこっち見てへんかったわ。」みたいな。そう思った時に、バ〜っとシャッターが開いていくみたいに、未来が明るく思えたんですよ。

谷□　ふ〜ん。

SHOWKO　で、家に帰って父に「焼き物の道に進みたい。」ってことを言いましたら、まぁ「お前になんかできるか」とかなんとか言いながら、ちょっと顔は笑ってたんで、「大丈夫かな？」みたいな。

谷□　ピピピって来たんですね。

SHOWKO　そうですね。導かれました。

ストイック修行

谷□　「ストイック修行？」

SHOWKO　佐賀県の武雄、有田の隣町なんですけれども、そこで陶板画で仏画を描いておられる先生の…その仏画の写真を見た時に、見たこともないような美しい色だったりとか、「あぁ、これはすごい！」「この技術を絶対身につけたい。」と。

谷□　そうですよね。わ〜！

SHOWKO　もっともっと人生の修行というか、精神修行が必要なんじゃないかなと思っていて。なので向こうではもう恋人も友達も作らず、もう、山に登ったり…

谷□　まずは、いわゆる清い体で、ははは…

SHOWKO　そうですね。清い体で、はい、滝行したり…。

谷□　滝行！

SHOWKO　はい、そんな生活をしてたので…

谷口　すごい、修験者、みたいになってるじゃないですか。

SHOWKO　ほんとにそれに近かったですね。

谷口　やっぱりやると、何ていうんですか、心洗われるもんなんですか?どうですか?

SHOWKO　んん〜、でも、あれは12月で気温が3度とか2度とかだったので、もう一瞬無の状態にやっぱりなるんですよね。洗われる、とかじゃなくて、頭から思考が消えるっていう状態。

谷口　ふっとなるんですかね。

SHOWKO　そうです。そうです。佐賀に出たということで、京都の良さもまた改めて感じ取れましたし、京都以外の世界も見たり、そういう精神修行みたいなこともできたので、二年って今の年になるとあっという間に過ぎてしまうんですけど、修行時代の二年はほんと十年ぐらい学ばせて頂いたような気持ちになりました。

読む器

谷口　「花信風（かしんふう）。花の咲くのを知らせる風。初春から初夏にかけて吹く風。そろそろだよと耳の後ろをくすぐるように花にささやきかける。眠りから目覚めた花は一斉につぼみを柔らかくして天をあおぐ。」この詩を自分で書かはるんですか?

SHOWKO　はい、そうです。器って言うと、もちろん使い勝手とか、そういうのも大事なんですけど、どういう物語を付加価値として伝えるか。どういう器で、どういうシーンで人がそれにものを乗せて頂きたいか、ということをまず最初にふわ〜っとした空想の中から考えるっていうことがあります。

物語を乗せたいって思ったきっかけは、まずお茶道具の器ってのは基本全部「銘」っていうものが付いてるんですよね。銘をいろんな作品と組み合わせて、取り合わせて、お茶の空間を作って、そこに人を呼んで、その人にもてなしの時間を提供する、という文化が昔からあって、でも普段日常的に使っているカップとか見ると何の銘も付いていなくって、で、それが何かもったいないなとある時ふと思ったんですよ。

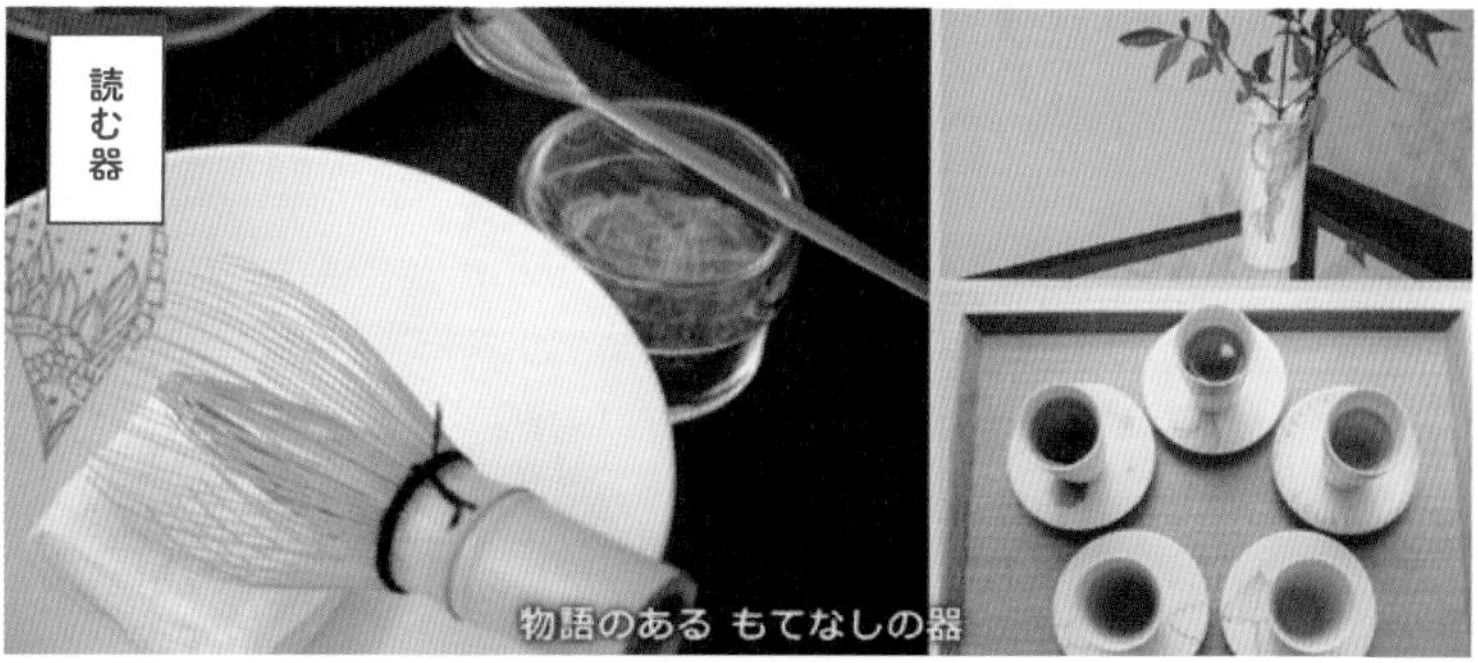

谷口　だから、銘って概念は、非常に口で説明しにくい、難しいんですけれども…

SHOWKO　そうなんです。物語がしっかりついていって、そこになぞらえて物が取り合わされていく、そういうもてなしの器が作りたいな、と思ったのがきっかけです。

一万代目

谷口　これはどういう作業中なんですか？

SHOWKO　はい、これは今まさにこの白のベースに金の釉薬で絵付けをしている状態なんです。これ、今回コラボレーションの作品で、私がこう作るだけじゃなくって、日本の和歌をモチーフに、絵柄も合わせていきながら、そこに雅楽の簫ってわかりますか？ふわ〜って。

一万代目
白のベースに
金の釉薬で絵付け
をしている状態
なんです

谷口　東儀さんが…縦にこんな…

SHOWKO　そうです、そうです。あれを吹かれる方と和歌の方と私の三人の展覧会になるんですけれども、和歌と音を、陶器の絵と合わせていくというコラボレーションで新作を作るというプロジェクトなんです。

谷口　わぁ〜、空間づくり、好きですねぇ。もう、全体なんですね。これだけじゃなくて、それだけじゃなくて、全体。

SHOWKO　そうですね。

谷口　写真、「一万代目」ってありましたよ？

SHOWKO　はい、私がこの器のSIONEを始めた時は2009年で、自分一人で、ほんとに裸一貫で始めたので、その一代目だったわけですよ。初代でやり始めたっていうことになんか自分の中で、すごく、気負いというか、プライドというか、っていうのがありながら、それをバネや、力にしてやって来た時代がずっとありまして。そういう気負いで、「一代目」って言ってたのがふと馬鹿らしくなった瞬間があるんですよ。

谷口　ほぉほぉ。

SHOWKO　実はその血縁だけではなくて、きっと今日お会いした谷口さんからも何か私はたくさん物を頂いていて、これはきっと二代目だと…じゃー、いろんな方に…

谷口　二代目⁉

SHOWKO　二代目。谷口さんの二代目。

谷口　あはははは。（笑）

SHOWKO　いろんな方から、いろんなことを教えてもらい、きっと誰かの二代目を継がせてもらっている事で今の自分があるって思ったら、もっと気持ちのいい自分のあり方があるかな、と思いまして、「あぁ、一万代目って思おう、自分のことを。」って、思ったんです。で、きっとこれ（器）も誰かに何か影響を与えてるのかも知れないし分身として頑張ってくれて。

谷口　そうやね。（笑）

SHOWKO　（器に）頑張ってね。あとどれぐらいで出来るかな？まだまだかな。（笑）

谷口キヨコの流々通信「ＳＨＯＷＫＯさん」

老舗に生まれるってどういうことなんだろう…。

この番組の舞台は京都である。日本有数の老舗の宝庫。お客さんとしてではない、これまで聞いたことのない老舗トークが聞ける！　ありそうでなかなかない機会、好奇心に胸は高鳴った！

ＳＨＯＷＫＯさんの工房兼店舗兼カフェは銀閣寺近くの町家。立派な方の町家である。現れたＳＨＯＷＫＯさん。飾り気はないが綺麗だし堂々としている。女性らしい自信に溢れている、といえばよいのだろうか。小柄な方だと思うのだが、なんだか漂う大物感。これが３３０年の伝統のオーラなんだろうか…、と弱冠ビビってしまう。

人間、雰囲気というかオーラというか、その人がまとう空気感でその人の格が決まるような気がする。その点でＳＨＯＷＫＯさんは別格の空気をまとっていた。彼女は家を継いだわけではない。焼き物の仕事をしているが、独自のブランドを持っている。その意味では老舗ではないのだ。

では、私が感じた彼女の大物感の正体は一体何なのだろうか。３３０年の伝統は凄い、自分一人では決して体感することができない、気が遠くなるほどの年月。積み重ね、継続することは素晴らしい。しかし誤解を恐れずにいうと、それは時間軸的には過去のことだ。だが、いくら自分の生まれた家のこととはいえ３３０年分の過去を私だったら引き受けることができるだろうか。重い、重すぎる。もしかしたら、老舗の伝統はそんな意味合いもあるのかもしれない。ポジティブにもネガティブにも、引き受ける。そこに自分のスタイルを加味する。その覚悟をきめ、引き受けた姿が大物感につながるのではないだろうか。

そんな、私には全く具わっていない異次元の大物感は、地球を飛び出し宇宙さえも感じさせる。だからって「土星人」なんて、インチキ占い師っぽくなっちゃった…。伝統も自分自身の経験も、それを全部土にしてそこから焼き物を作る。ＳＨＯＷＫＯさんはそんな女性ではないのだろうか。

SHOWKOさんを表すことば　**「土星人」**

SHOWKOさんは「土星人」です。土のようなたくさんの栄養を持っていて、いろんなことを育む、そして、私たちがわからないような時間とか次元のお話をされる方。なので、他の星からやってきた人、土星人です。

ＳＨＯＷＫＯさん　陶板画作家　＃００４

#013

針金アーティスト

ハイメ・ロペスさん

メッセージ付きの針金自転車"Happy Bicycle"を中心に、様々な針金細工の製作・販売を手掛ける。ラジオDJ・テレビタレントとしての経歴も持つ。

Happy Bicycle HPあり
☎ 075-541-1660
京都市東山区八坂上町368-2（MapⒶD-2）

#013

人に伝えたい言葉とか、自分の中に思っている言葉を針金アートで表現

ロペス　オ〜！コンニチハ！

谷□　こんにちは。

谷□　「Happy Bicycle」さんですから、やっぱり自転車の。（自転車型の作品を手渡されて）いわゆるスタンダードタイプですかね、これは。

ロペス　そうですね、今は流行ってるハイブリッド。

谷□　で、これ回るんですよ、ペダルが。なんかメッセージみたいなんありますやん？

ロペス　メッセージは人のために何か伝えたい、或いは自分に伝えたいものがあれば、ここにありますね。

谷□　人に伝えたい言葉とか、自分の中に思っている言葉を針金アートで…

ロペス　表現します。

谷□　表現してる！値段じゃないそれ以上のものがメッセージの中に入ってんのやなってちょっと思えて来ました。

工房にやって参りました。これ、ちょっと懐かしい形に見えますけど。

ロペス　そうですね、これはですね、今の自転車ではありませんですね。

谷□　ジャンジャジャ〜ン！は〜い、出来上がりました。

ロペス　はい、で、上にちょっと言葉を入れたいんですよ。キヨピちゃん。

谷□　はい、キヨピちゃんですよ。

ロペス　キヨピちゃん来る前に想像して、こんな言葉を書きましたんですよ。

谷□　えっ、これ私にですか？ Sexy girl!（周り大笑い）

ロペス　たまたま置いてたんちゃうんですか？（再び大笑い）で、今日はキヨピちゃんですね、のことを考えて、ちょっとだけ作ったんですね、言葉。

谷□　えええええ。「Enjoy life」あ、ちょっとうれしいかも。

ロペス　外に出かけるときだけじゃなくて、仕事してる時、勉強してる時、いつでも楽しく生きていきましょう。という意味です。

谷□　やっぱり大人になると、だんだんとライフもエンジョイだけじゃなくなってきますもんね。

ロペス　そうですね。

谷□　そうそう、それもあってやっぱりハッピーかなって思うから、ありがとうございます。ほんとに。

ロペス　毎日朝見て下さい、これを。

谷□　そうですね。ほんでちょっとこれを（ペダルを）クリクリとしてから出かけます。

父親へのプレゼント

谷口 めっちゃ自然に針金細工してはったじゃないですか。

ロペス はい。

谷口 でもなんか生まれた時からそんな感じかなと思うんですけど…（笑）

ロペス 生まれた時から！へその緒ですか？（細工するジェスチャー）

谷口 はっはっは！（周り大笑い）でもまぁやっぱり始められるきっかけがあったんですよね。

ロペス はい、針金をいろんなことやって、で、作ったのはほぼこれと同じです。この進化してない…

谷口 あ、最初からこんな形で…

ロペス そうそう、最初の昔の時代の自転車に興味があって…で、それを父親にクリスマスプレゼントとして…

谷口 あ〜。

ロペス 父親は、本当に驚きました。「え、君が作ったの、これ？」父が財布出したんですね。「いくら？いくら？」「いえ、プレゼントです。」

谷口 あっはは(笑)お父さんが財布出したんですか？それぐらい価値があるということを教えてくれたんですね。

ロペス そうですね。

谷口 そこから、じゃー、もっと外に出てやってみようってことに…

ロペス はい。チリの状況があってですね、軍事政権、非常に厳しくて、いろいろなことやってもなかなかできなくて、国を出ようと思ったんですよ。

谷口 はい。

ロペス まずは隣の国、アルゼンチン。そこで針金細工を。針金細工はチリのあちこちの公園でやってみたので、もしかしたらアルゼンチンでもできるかなと。しかし！

谷口 しかし！

ロペス しかし、アルゼンチンとチリは戦争なりかけた時代があるんですよ。

谷口 あ〜、完全な緊張状態ですね。

ロペス 緊張状態。ですから、「アルゼンチンに行きます。」って両親に言った時は「えっ、何言ってるんですか？何言ってんの？」

谷口 いや、そらそうでしょう。これからもしかしたら戦争になるかもしれないような国に自分の息子が行くって…

ロペス そうですね。でも、若い時は全然違う気持ちですね。何ていうんですか、adventure、冒険。だから、私の考え方は、アルゼンチンだけじゃなくて、別の国行って、別の国行って…

谷口 あ〜。

ロペス 目標としては、65才、ず〜っと地球を歩くこともできる。冒険する気持ち。自分の夢の第一歩は、まず自分が今行ける、緊張状態やけど、やっぱりその隣の国にも行かなければならなかったんですね。

ロペス　そうですね。

谷口　いや～、なんかその時の彼に会って励ましてあげたい。そう思いました。

ロペス　（テーブル越しに谷口にハグ）

谷口　あ～、本当によく頑張ったね。こわかったやろうなぁ。

ロペス　このテーブルは、

谷口　邪魔ですね。はっはは。（周り笑い）

自転車から広がる世界

谷口　まず、アルゼンチンに着いたわけですよね。

ロペス　はい、そうです。もちろん不安だったんですね。国境を越えてすぐの町はメンドーサ。人口の少ない町ですけども、自転車ちょっと作ったら人が集まって買ってくれました。

谷口　はぁ～、でも、買ってもらえたんですね。

ロペス　そう、買ってくれて、次のステップは首都のブエノスアイレスに行こうと思ってね。

谷口　わぁ～～！

ロペス　ブエノスアイレス、めっちゃ遠いですよ。ある日、パフォーマンスやってる時、あるおばあちゃんが私を見て手を取ったんですよ。で、私の手にチュッしたんですよ。上を見て、「神様、この手を守りますように！」祈ってくれたんですよ。このエピソードは、本当に心にわ～～っと入ったんですよ。

谷口　うんうん。

ロペス　だって、少し前だけでも戦争しそうになってたので、今敵の国に行ってこのおばあちゃんが私の手を祈ってくれたということは、非常に感動。私は始めた時はおもちゃとか、そういうシンプルなものとして作り始めたんですけども、この自転車でメッセージが行くっていうことを感じて、さらに世界を見てみたい、いろんな人と出会って話したいなと思ってですね…

谷口　やってはる姿とか、なんか気持ちが通じてそこでチューってことになって…

ロペス　そうです。

谷口　青年ロペス君、よかったね～。そういう出会いがあって。

ロペス　私はこれ作ってプレゼントしたんですけど、チューはまだ来ないですね。

谷口　あははは（周りも大笑い）

京都から広がる幸せ

谷口　チリを思い切って出られてから、日本に来るのにだいたい何年ぐらい…

ロペス　10年ぐらいかかって…

谷口　結構かかりました～

ロペス　めっちゃ遠い～。大阪、という食い倒れの街に…道頓堀で始めて、ものすごい反応がありました。

谷口　なんか、道頓堀とこれ、合う気します。なんでやろ？

ロペス　道頓堀のところに置いたら、ある方はこういう風にして（腕いっぱいで囲い込んで）「私、これ買います。」

谷□　わ〜〜。

ロペス　で、他のお客さんは、「ちょっと待ってくださ〜い。残してくださ〜い。」って。で、だんだん私の性格に合う！と思ったんですね、日本人の暮らし方。で、結婚しました。

谷□　お、日本の方？

ロペス　アヤちゃん。

谷□　アヤちゃんで〜す。アヤちゃ〜ん、ふふふ。

ロペス　で、大阪に、友達の店にこういうような自転車あったんですね。

谷□　ええ、ええ。

ロペス　で、そのお客さんの一人、松崎（まつざき）さんという年配の方ですね。それを見て、「じゃ一つ作って下さい。」と注文が来たんですね。で、プレゼントをしました。

谷□　はいはい。

ロペス　彼はすごく感動して、すごく喜んでくれたので、「これはもったいない。」と言って、「京都に行きなさい。」「京都でなにか店をオープンしなさい。」で、この場所見つけたんです。

谷□　うん、ロペスさんだけじゃなくて、いろんな人の想いがこうなってるような気もします。

ロペス　そう、私、「Enjoy Life」と言うのは、必ずここで「Happy Bicycle」幸せの自転車、自分も幸せじゃないとダメ、ということでいっつも元気。雨の時は「悪い天気」という。私は「悪い」を取って変えます。「雨降ってます。」でも悪くない。「悪い天気ではない。」

谷□　んん、んん。

ロペス　いろんなそんなちっちゃなこと、人間にプラスになると思いますね。積極的な考え方があって、「人生は宝物！」

谷□　人生自体が宝物ですし、家族っていう宝物がね…ロペスさんとアヤちゃんとお子さん。

ロペス　これ見てもらえます？（飾ってある子どもの写真を取って）

谷□　あっはっは(笑)お店、手伝わはります？

ロペス　もうこの人がいないと店はできません。

谷□　あっはっはっはっはっは。

ロペス　ちょっとラテン人ですから、なんかもうチューしたりですよ、ハグしたり、私恥ずかしいですよ。

谷□　あっはっはっはっは。（周り笑い）

ロペス　だから、この人を通じてまた多く、できるだけ多くの人にそういう積極的な考え方を与える。だから、幸せ、自分が作らないといけないんですけども、ヒントは出せるんですね。

谷□　あ、あっ、そうか。あ〜、それがこのメッセージですね。

ロペス　そうですね。これは写真立てになりますので、例えばここにですね、自分の写真とか、私の写真でもいいですよ。

谷□　はい。（周り笑い）二人で撮った写真ね。

ロペス　あ、いいじゃないですか。

谷□　はい。アヤちゃんに怒られるかな…（周り笑い）

ロペス　優しいから大丈夫ですよ。

谷□　ふふふふ（笑）

谷口キヨコの流々通信
「ロペスさん」

愛と冒険のロペスさん。まずはチリを飛び出した青年ロペスくんに今のロペスさんを見せてあげたい。一体どういうだろうか。きっと「いぃねぇ」というのだろう。

軍事政権下の窮屈さ、不安さは私にはわからない。そのとき、ちょうど青春真っ只中のロペスくんは、そこにいることでは収まりきれない何かを抱えていたのだろう。ここにいてはあかん！　ここから出て何かをせなあかん！　一度生まれたその思いは、熱く、固く、大きくなるばかり。彼は家を出た。向かった先はお隣の国…、バスで国境を越えられるお隣の国とは、戦争寸前になるほどの緊張状態の直後だった。長距離バスのお手軽感と戦争寸前の恐怖感。それでも彼は故郷にいるよりも、バスで隣国に向かう道を選んだ。

人には何かをしなければならないときがある。環境の変化や自分以外の要因からの場合もあるし、自らそうせざるを得ないと感じるときもある。そうしたいとか、したくないとか、そんな次元ではなく、そうしなければならないと思うその瞬間。そうしなければその後の人生、必ず後悔するとわかってしまうこともあるし、わからないこともある。とにかくそうすることによって、世間で言われる成功するか、失敗するか、そこまではわからない。でもその思いに突き動かされて、それまでの何かと決別し、新しい世界にはいっていく。

この『冒険』は人生で一度だけではなく、何度でもあるだろう。小さな冒険は日常茶飯事だ。それを人は人生における選択と呼ぶのかもしれない。

ロペスさんは、今も昔もきっと自分をちゃんと愛している。自分の内なる声に耳を傾けている。だから人も愛せるのだろう。彼の自転車メッセージには愛が溢れている。

愛と自転車の冒険家ハイメロペスである。

ロペスさんを表すことば　「愛と冒険」

「愛と冒険！」自転車は自分でこがないと前に進めないんですけど、でもその自分がこぎだすための力って言うのは、ロペスさんにとってはやっぱり愛と冒険、この心なのかなぁと思いました。私もいっぱいHappyもらいました。前に進みます。

#016

履物作家

野島 孝介さん

京都西陣の靴工房「吉靴房」の代表。
和のデザインを取り入れたオーダーメイドの靴を制作している。

吉靴房 HPあり

☎ 075-414-0121
京都市上京区大宮通寺之内下ル花開院町111-2（MapL）

#016

谷□ こんにちは〜。
野島 こんにちは〜。
谷□ こちらは西陣にあるオーダーメイドの靴の工房。これ、今、何の作業だったんですか？
野島 これは、切り回しですね。
谷□ 切り回し。
野島 はい、靴の周りを整えてる状態。
谷□ 工程でいうと、どれぐらいになるんですか？
野島 ざっくり言っても7〜8工程ですかね。細かいこと言うと100以上あると思います。
谷□ いやん。

デザインとしては、常に「日本」というのをテーマに作ってます。

谷□ これ、靴ですよね。どう考えても足袋にも見えるというか…
野島 はい。
谷□ あと、なんか、下駄っていうか…
野島 デザインとしては、常に「日本」というのをテーマに作ってます。日本独特の文化がありますから、それを反映したいなと。
谷□ ね、これですもんね、お店の。（野島の着ているものを指し）
野島 はははは、そうですね。

靴に人生をかける

谷□ 二代目とか三代目さんじゃないんですね。
野島 はい、そうです。
谷□ どうやって、靴にたどり着くんですか？
野島 少年時代も学生時代もずっと剣道を専門でやってたんですよ。
谷□ 剣道！
野島 地元でもそこそこ剣道では有名でしたから、その周りの剣道警察関係者も、「お前は警察官になるもんだ」という接し方でしたし、何も考えずに警察官になるもんだと思ってたんですよね。
谷□ あ〜、はい。結構じゃ〜、「自分が何がやりたい！」とか…
野島 全く無かったです。だから、25ぐらいまでに、人生の生涯をかけてやれる仕事っていうのも決めないといけないって思ってる頃だったので、いくつか候補を、ま、「手に職」という言葉が流行ってた時期ですし…
谷□ はい。
野島 ファッションデザイナーか、スーツの仕立て屋か、家具屋か靴屋、この四つで悩んで…
谷□ そっちに興味があったわけですか？

剣道少年だった頃の野島さん
自分が何がやりたい！」とか全く無かったです。

一番最初は仕上がった靴を磨く。
それを2年半ぐらいやってましたねぇ。
イメージですけど、浅草っていうたら、
なんか、下町！江戸っ子。

靴に人生をかける

野島　ファッションはまぁ、大学生の時からのめり込んでましたねぇ。

谷□　そういえば、写真、すごいカッコいいですよ！

野島　ありがとうございます。（笑）

谷□　それで、その四つ。

野島　その四つから、ま、一人でできそうで、まだ新しい、今までに無い形を作れそうなジャンル、ありそうだと思ったのは靴だったんですよね。

谷□　足元はおしゃれから、とか。

野島　ええ、言いますよね。それで、大学は東京だったので浅草に…浅草が革製品が有名なのは知ってたんで、引っ越しちゃったんです、それで。

谷□　（笑）何才の時ですか？

野島　それが24になる年ですかね。

谷□　あぁ～、ギリギリですね。25までのこと思ってたから。思い切って浅草に引っ越した。

野島　はい。

谷□　当ては…あったんですか？

野島　何の当てもないです。それで、たまたま募集を見付けたので、面接に行って、で、まんまと落ちたんですよ。でも「困ります！」と言いに行って「何でもいいからやらせて下さい！」って言いに行って…

谷□　すごいモンスターですね！（笑）

野島　はははは。めちゃくちゃですよねぇ。

谷□　修行ってのはどんな風な感じなんですか？

野島　一番最初は仕上がった靴を磨く。

谷□　（笑）

野島　はははは。それを2年半ぐらいやってましたねぇ。いろんな職人さんのところに行っては、話を聞いて教えてもらって…を、繰り返してましたね、その2年半の間は。

谷□　あの、イメージですけど、浅草っていうたら、なんか、下町！江戸っ子。「てやんでぇ」「べらんめぇ」みたいな。

野島　はい。その通りです。

谷□　なんか、いちいち怒ってるみたいな…イメージ、イメージですよ。いかがですか？

野島　その通りです。

谷□　ははは…やっぱり。

野島　「こりゃこうやってやりゃいいんだよ」だけなので、全然教わってる感が無い…

谷□　あぁ～、見て教わるみたいな感じかな。

野島　そうですね。それぞれの工程のプロが目の前で見せてくれるので、それはほんとにいい経験になりましたねぇ。

谷□　あぁそうか。見せてもらって…学ぶことができた。

野島　はい。そうです。

日本の靴をつくる

谷□　やっぱり、自分で、作ってみたいって思いますよね。

野島　そうですねぇ。

谷□　どのぐらいで独立されたんですか？

野島　7年弱ぐらいですかね。あぁ〜、僕なんかね、そのスペシャリストの、プロの職人さんたちを見て来たんで、自分を職人だなんてもう、おこがましいというか、全く言わないですけど…

谷□　今も？

野島　今も言わないっすね。

谷□　ええ〜〜!!いや、でも、まぁ、独立しました。

野島　はい。

谷□　浅草、それが今京都だし…和のテイストがある靴だったり、この辺が非常に個性やなと思うんですが…

野島　そうですね、デザイン自体の勉強はしたことは無かったので、じゃーもう、知ってることを前面に出したいと…

谷□　ほぉ。靴でそれを表現した。

野島　テーマは「日本」にする、というのは実は、業界に入って1年目ぐらいにはもう漠然と思っていて…独立する時、1回代官山で個展をしたんですよ。

谷□　はい。

野島　で、その後すぐ京都に引っ越しを。ま、日本というテーマで靴を作っていると言ったら僕をイメージしてもらうぐらいのつもりでやろうと思ったと言いますか…

谷□　だから足袋型の靴。

野島　はい。

谷□　なんか、坂本龍馬のブーツ…

野島　あぁ、はい。ま、坂本龍馬のあのブーツは有名ですけど、あれからもう１５０年ぐらい経つので…

谷□　そうですね。

野島　はい。日本の靴業界として１００年以上経っているのであれば、日本独自のデザインがあっていいんじゃないかと思ってこういった物を作ってます。

谷□　まさに、日本の文化がこの形になって出来てきた。そしてここを中心に作ってはるということですね。そう思うとなんか愛しいですね。（靴を撫でる）

野島　はははは。

谷□　結晶みたいなもんでしょ。

2006年 西陣に「吉靴房」をオープン

靴づくりって楽しい！
みんな作り方を知らないだけなんです。なので、教室を始めました。(笑)

野島　そうですね〜。一つ一つ全部…

谷□　遂にこういう形になったんだねぇ、という。

靴づくりって楽しい！――

谷□　龍馬から150年たって、一つの、その、日本の靴がね、出来上がったという感じがすごくしたんですけれども、靴を作る教室をされてると聞きました。

野島　はい、そうです。自分が靴を作りたいと思った時に…どこで教えてもらえるのか全くわからなかったので…

谷□　私も見当がつきません。

野島　(笑) 誰でも作れるんです。

谷□　ほんまですか？

野島　ほんとです。みんな作り方を知らないだけなんです。なので、教室を始めました。(笑)

谷□　しょうもないこと聞きますけど、どれぐらいで作れるんですか？何ヶ月とか…

野島　うちの教室ですと、半年ぐらいですかね、かかるのは。

谷□　ええ〜。

野島　はははは。

谷□　どうですか？皆さん、やってらっしゃる方は？

野島　一足作ると、うちのオーダーの価格が安すぎるって、見直したっていうんですかね。

谷□　あぁ〜、そうでしょうねぇ。こんな手間がかかって、こんな時間かかるんなら。

野島　10万円でも売らない！って。(笑)

谷□　だから、一つ一つの物の見方が変わってくる。

野島　そうだと思います。

谷□　そうなると、やっぱり、子ども達とか…

野島　あぁ、そうですね、僕自身の今後の目標といいますか、子どもの内に、自分の筆入れとか、カードケースとか、ちょっとしたものを作る体験をしていたら、皮製品に対する見方というのが随分違うんじゃないかなと思うんです。物作りの第一歩と言いますかね、ま、それを広げていきたいなぁとは思ってます。

谷□　しかも、普通に生活に使うもんですもんね。物との付き合い方…物がないと人間生きていけないですからねぇ。

野島　そうですね。

谷□　その人の生き方にも多分関わるだろう。

野島　(笑) はい、思いますね。

谷□　そんな話したら長そうですね。うふっ。(周りも大笑い) ま、それは飲みながら…！

野島　はははは。

谷口キヨコの流々通信

「野島さん」

私もおしゃれは好きな方だ。お洋服も好きな方。

大学時代、就職活動はアパレル中心に動いていた。お洋服が好きだから、仕事も好きなものに関わりたい。そして洋服を扱う会社にはいった。

考えてみれば、子どもの頃は自分の好きなものを手作りしていた。お人形も、紙の着せかえ人形も、自分のセーターもベストも編んで作った。布のかばんも、お皿も、小さな机や棚…、いっぱい作っていた。手作りが得意な家族がいたわけでもないが、子どもの私は買って手に入れるよりも、欲しいものはまず作って手に入れるスタイル。いつ頃からかなぁ、買うようになったのは。買った方が早いと思うようになったし、売っているものを欲しい！と思うようになった。小6のころアイドルが着ていた服を着たくて、でもどう作ればよいか想像がつかないし母に頼んでみたけれど、「あれは作るものじゃない。東京で売っているもの」みたいなことを言われて、「そうか！流行りのものは作るのではなく、買うのだ！」と。そこから着たい服は作るものではなく、買うものになってしまった。手作りはダサく、売っているものがカッコいいという概念ができあがってしまったのである。

作りたい！という思いは急速に私の中から失せていき、そこからは欲しい↓買いたい、という欲求に変わってしまった。

でも、ものは作れるんだ。人様に使ってもらうものを作ることは私にはレベルが高すぎるけど、自分が使うものは実は自分で作れるんだ。生活に必要なものは実は自分が作れるもの。一人では無理でも、誰かに教えてもらったり手伝ってもらえれば必要最低限のものは作れるのかもしれない…。自分でものを作ると、ものの見方が変わってくる。ものはどこかからやってくるのではない。必ず作り手がそこにいる。どんな小さなものでも作る人がいて使う人がいるのだ。忘れていた必要なものを「作る」という感覚。野島さんが思い出させてくれた。

履物作家　＃016　野島　孝介さん

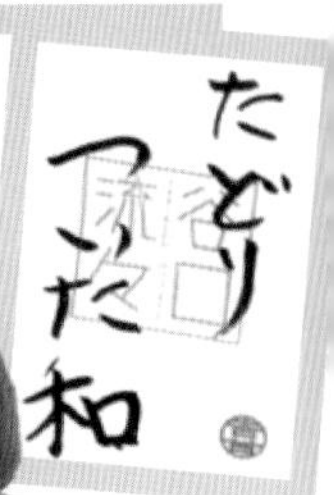

野島さんを表すことば　「たどりついた和」

はい、「たどりついた和」です。ずっともやもやもやもやしてはったんですよね。やっと、靴という、物づくりというところにたどり着かはったんですけど、やっぱりそこはず〜っと剣道してはって、それでやっぱり、和の心がきっとあらはったんちゃうかなぁ、って。靴とそして、「和」というところにたどり着かはったんだ「和」！

#020

花結い師

TAKAYAさん

人と花を結ぶ「花結い師」として活動するアーティスト。
独創的なヘッドドレスは、国内外から注目を浴び、話題を呼んでいる。

TAKAYA Design Office　花結い師 TAKAYA HPあり
☎ 075-585-8901
京都市東山区松原町294（MapⒶD-2）

#020

谷□　よろしくお願いします。

TAKAYA　よろしくお願いします。

谷□　「花結い師」ってどんなお仕事になりますかねぇ？

TAKAYA　そうですね。花を髪に付けるのは昔からあるんですけど、それのデザインを特化した人っていうのが今までいなかったんですね。そこを僕が今、表現して、アーティストとして人の髪に花を付けていくっていうことをしていますね。

谷□　あ〜〜、すご〜〜い!!もうほんとにいろんな形、男性・女性問わずいらっしゃいますけど、この人にこの形、この人にこの色っていうのはどういうところから…？

TAKAYA　僕のやってることって、やっぱしモデルありきなので、モデルを選んで、そこから市場に行って、僕が付けたい花を、その人に合う花プラス自分の表現として使える花を選んでくるっていう感じですね。

谷□　あ〜、「じゃ、私ってどうなんやろ？」って思いもしながら、お話を聞いてます。ふふっ(笑)

TAKAYA　(にっこり)

谷□　なんで笑うんですか？

TAKAYA　いや、どうなるんでしょう。(周り大笑い)

谷□　ははは…

後悔しない生き方

谷□　オギャーと生まれて「花結い師」という訳にはいかないと思うので、お仕事歴っていうか…

TAKAYA　仕事歴は長くて、15才からもう仕事をしてるんですね。でも、小学校2年の時から自分の夢はもう決まっていて…調理師になって自分のお店を持つっていうのが夢だったんですね。

谷□　あ〜〜。

TAKAYA　中学校出て、本当は修行に出たかったんですけど、やっぱし家族とか、世間体があるから高校ぐらいは出たい、と思って。で…高校はとりあえず行ったんですけど、数日でやっぱしまぁそういう…

谷□　あ〜〜。「もう行かへん！」

TAKAYA　「もう行かへん！」…で、そこで、辞めることによってみんなに「絶対後悔する。人生どこかで後悔する。」

谷□　んん〜。

TAKAYA　すっごいそれ言われて、でそれを言われたから、僕は「これから絶対後悔をしない！」と15才の時に決めて。初めはケーキ屋さんに修行に行って、…で、24才で、ご縁があって自分でお店をすることができたんですね。

谷口　ん。

TAKAYA　で、カフェをオープンして、そこで自分の1個の夢が叶うんですね。小学校の時からの…

谷口　ですね。お話聞いてると…その時多分、そのカフェ私、行ってると思うんですよ。

TAKAYA　そうですよね。多分隣に…

谷口　私、行ってるでしょ。

TAKAYA　そうですね。

二十歳ぐらいですかね、ある人に「男性は30で成人、40で成功」っていうことを聞いて…僕はそれをいいなと思って、で、カフェをオープンするんですけど、「これで終わらない」と思いながらしてたんですね。

谷口　24でカフェオープンやからモテたと思いますけどね。あははは（笑）

TAKAYA　いえいえ（笑）。ちょっとカフェブームの、それぐらいですね。

谷口　そうでしょう、そうでしょう。

TAKAYA　で、30前に料理をしながら、その時に女性の髪に花が湧き出てるようなイメージが、映像として頭に…

谷口　えっ！ちょっと待って下さいよ。今ね、ちょっと懐かしいカフェの話も出たから、「うんうん。カフェカフェ」と思ってたけど…そう、だから花結い師さんになる訳で…

TAKAYA　そうですね。その、料理に関しても仕込みよりも盛り付けとかが好きだったんですね。

谷口　んん～。

TAKAYA　それが結構繋がってる可能性もありますよね、

後悔しない生き方
30前に料理をしながら、その時に女性の髪に花が湧き出てるようなイメージが、映像として頭に…

髪の毛に花を付けていくっていう…

谷口　はあ～、デザインという…

TAKAYA　デザイン。そうですね。

谷口　でも、遂にどなたかの頭の上にお花のっける日がやって来るんですよね。

TAKAYA　そうですね。友達に、まぁ髪の毛貸してもらって、とりあえず花をどうやったら、落ちないか、とか、どうやって付けるかというのを自分で考えて、それをやり出したら手が勝手に動くようなイメージがしたんですよ。そこが、天職というか、何か僕はこれで表現していかないといけないなぁとか、して行こうと思ったのは、そこからの始まりですね。

谷口　じゃ、ご自身がやりたいと思ってやり出して、そこからは、やっぱり口コミで広がったり、「やって！」みたいなことにもだんだんなっていくってことですか。

TAKAYA　そうですね。初めはウエディング、友達がこういうことしてるなら、「ウエディングできないかな？」っていう話が来て…

谷口　やっぱりそこに行くと思いますね。

TAKAYA　で、それプラス、アーティストという話なので、アーティストとしては自分が海外発信して、ま、海外にそういうアート系のウェブマガジンとかにのっけてもらって、海外に広がったりとかっていうのが広がりですかね。

谷□　じゃ、そこでもう充実した、それこそ「40才の成功」にちょうど向かっているという感じだったんですね、30代で…

TAKAYA　そうですね。ま、花を扱う人としては十分メディアが扱ってくれたりとか、すごいありがたい環境であったと思うんですけど、広告であったりとか、自分の表現ではない表現というか…

谷□　あ、まぁやっぱり、「こういうの、やって下さい。」

TAKAYA　そう、「やって下さい。」っていうのが、縛りがやっぱし出てくるじゃないですか…（笑）

谷□　でもそっち、儲かりますやん。（笑）

TAKAYA　そう。（周りも笑い）

遺影展

谷□　見たんですよ！遺影！しかもご自身の。

TAKAYA　そうですね。

谷□　しかもお花を結わはって、っていう遺影のお写真見て、これ、すごい衝撃じゃないですか…あれ、どういうことから…

TAKAYA　自分が二十歳ぐらいから、40で死んじゃうんじゃないかっていうか、死の恐怖感っていうのがすごくあったんですね。それはなんでかは聞かないで下さい。わからないから。

谷□　（笑）はははは。（周りも笑い）「死が怖い」っていうことからあの遺影ってなるんですか？

TAKAYA　そうですね。で、40で死ぬっていう恐怖感っていうのを、どう表現、花への表現としてどういうふうに落とし込んで行こうかな、とかそういうこと考えて、「遺影」っていうそういうイベント、死ぬまでに対してのイベントとして遺影を撮ろうっていうのが「遺影展」の始まりですね。

谷□　ご自身もそうですけど、たくさんの方の遺影として花結いをしてらっしゃる写真がありますよね。

TAKAYA　20才から70才くらいまでの方、50人くらい来てくださって、その人それぞれの死に対してのコメントを書いて、それと一緒に展示をして。で、逆に僕が、その人たちも遺影を撮ることによってすごいいろいろなことを考えて下さったし、その人たちの、「あ、こういうふうに思ってるんや。」とか、いろんな、直接会ってお話聞いたりとか…

谷□　どうですか？「死」に対する考えとか、その後…死に対して考えるということ

40で死ぬっていう恐怖感っていうのを、花への表現としてどういうふうに落とし込んで行こうかな、とかそういうこと考えて…

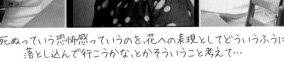

は、裏を返せば、生きることに対してめっちゃ考えてるわけですよね。

TAKAYA　怖いだけじゃなくって、死に対しての考え方が広がったというか、考えなくなることはないけれど、いろんな考え方の広がりが自分の中で出来たっていう感じですかね。

谷□　はぁ〜。新しいのは、なんかないですか？新しいの！

TAKAYA　「新しい」というのは…？

谷□　今までそんなん全然思わへんかったけど…

TAKAYA　掃除を結構頑張ってするようになったとか…

谷□　はははは（周りも笑い）なんでですか？

TAKAYA　いつ死ぬかわからへんし…

遺影展

自分らしい生き方

谷□　今、そしてこれからはどんなふうなお考えあるかな？と思うんですけど。

TAKAYA　そうですね。写真展っていうのは写真がほんとの作品ではないんですね。

谷□　ん〜。もう始めた時からが、っていうことですね。時間の経過っていうのも含めてご自身の作品っていうことですね。

TAKAYA　そうですね。見せること、表現ってのが、僕の中では、これがほんとの花結い師が見せる場面なのかなと。なので、これからちょっと「パフォーマンス」ってことに重心を置いていこうって。モデルさんはもちろん出てくるんですけども、なんかそういう、それの照明を考えたり、とか、演出を考えたりとか…

谷□　要するに、空間全部ですよね…

TAKAYA　そうですね。

谷□　じゃ、でも、パフォーマンスに向かっていきそうな…

TAKAYA　パフォーマンスをもうちょっと頑張って、世界に向けてしていきたいというか…

谷□　ん〜〜。外国。やりたいところは…

TAKAYA　ニューヨークでやりたいですよね。

谷□　ニューヨークで…

TAKAYA　誰か紹介してください。

谷□　あっはっはっは…ニューヨークはおらんなぁ。（笑）ロンドンにもおらんけど。ははは…

谷口キヨコの流々通信「TAKAYAさん」

頭に花を飾る…、女子なら経験があることではないだろうか。

例えば子どもの頃…。

私にもそんな写真が一枚ある。従兄弟と田んぼの真ん中で白爪草の花輪を頭にのっけておすましする一枚。その従兄弟は双子で三つ下。たぶん私が小学校一年生で彼女らは四歳のとき。子どもの頃の写真って、大人になった今では恥ずかしいものばかりに思えるがこれはお気に入りの一枚だ。小さいころはまだ田んぼや畑がまわりにあるところに住んでいたので、よく野の花を摘んだし虫捕りもした。小さくて可愛い花があれば耳の上にさしたり、友達にさしてあげたり…、女の子なりのおしゃれだったし、友達とのコミュニケーションだったと思う。どこで見たのか覚えたのか、本当に自然にそうしていた。あのときスマホがあれば自撮りしてたんだろうな。

なので、か、頭に花を飾ることは懐かしいことでもある。大人になっても自然にできてしまうのは、経験があることだからなのだろうか。

ＴＡＫＡＹＡさんの花結いは、男女問わずその人の頭を花で飾るためのものではない。その人を花で表現する、といってもよいだろう。結果、それが人を飾ることになる。本人が思う自分らしさと他人が思うその人らしさでは違うことが多いと思う。本人が知らない自分らしさを他人が知っている場合もある。

ＴＡＫＡＹＡさんが行う花結いとはまさにそのようなものではないだろうか。本人が知らないその人らしさを花結い師ＴＡＫＡＹＡさんが花で表現する。何かひとつが欠けても成り立たない、花とＴＡＫＡＹＡさんとその人のコラボレーションのアート作品といえるだろう。

花結い師 #020 TAKAYAさん

TAKAYAさんを表すことば 「美手花」

お花描いてみました。ふふ。「美手花」です。これとっても漢字も美しいじゃないですか。私、体の中で一番きれいな部位は「手」だと思ってたんです。そこを花結い師さんのＴＡＫＡＹＡさんがもっともっと美しいものにしていくっていうのは今日聞いてて、ほんとに素晴らしいことやなぁと思いました。これからもっともっと大きなお花を咲かせて下さい。

#022

摺師《すりし》

森　愛鐘さん

竹中木版 竹笹堂の摺《すり》師。京都の若手職人による団体「わかば会」の会長。
作家として木版画を制作し、展覧会を開催するなど幅広く活躍している。

有限会社 竹笹堂 HPあり
☎ 075-353-8585
京都市下京区新釜座町737（MapAB-2）

#022

これが「バレン」なんですけども。これで、摺っていきます。
バレン。それは図画工作の時にやりましたね。
衣装協力 ella

谷口 どうぞよろしくお願いしま〜す。

森 よろしくお願いします。

谷口 作業場にお邪魔してますけれども生まれてほんと初めて見るんですよ、私。摺師さんも生まれて初めて会うんですよ。

森 あぁ、そうですか。

谷口 ほんとに。

森 今、木版画を摺る工程をしています。

谷口 はい。

森 版木の上に糊と絵の具を乗せて、で、このブラシで広げていきます。で、この上に和紙を置きまして、ここに「見当(けんとう)」っていって和紙を合わせるポイントがあるんです。

谷口 あ、まさに「見当をつける」の「見当」ですか。

森 あ、そうです。で、これが「バレン」なんですけども。

谷口 あ、バレン。それは図画工作の時にやりましたね。

森 これで、摺っていきます。

　こんなふうに、摺り上がりました。

谷口 うわ〜！（拍手）きれい！ちょっと見せて下さい。できたてほやほやの…。これ作っていただきましたけども、これが、例えばどんなもんになるんですか？

森 こんなふうにブックカバーになります。

谷口 ほお〜。あれがこうなるんですね。女の子、好きそう。

森 同じ紙を使って、こういうポチ袋ですね…

谷口 はい。ポチ袋って、意外とねぇ、持ってるといいですよね。やっぱりお金入れるんでも、裸はねぇ…

森 はい。

谷口 可愛らしいのに入ってたら、私なんか、やらしいからまたそれ使たりもしますけど…（笑）

アジアの文化にふれる

谷口 これ、留学、旅行ですか？

森 留学です。学生のころに1年間中国に行ってました…

谷口 それは何を勉強しに？

森 語学留学とかではなくて、ただ1回海外に住んでみたい、という想いで行きました。ほんとに山の中とか、草原で遊牧生活されてる方とか、そういう方に出会って、女性も男性もすっごいカッコよくって…

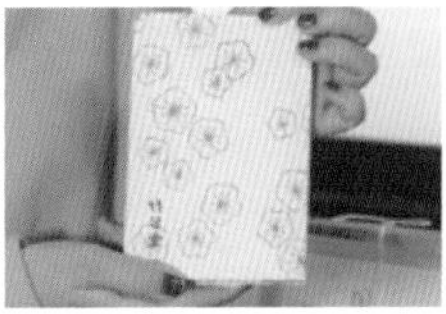

アジアの文化にふれる
来た来た、遂に来た!
小さい頃から手先の細かい作業とか結構好きで…

谷□ カッコいい！どんなふうに？

森 なんか、ワイルドで…

谷□ そりゃ、ワイルドでしょう（笑）

森 そのころにちょうど出合った考え方とかがあって、半農半Xっていう…

谷□ 半農半X。

森 半分農業というか、畑とか農的な生活をして、半分は自分の仕事を見付けて、その仕事で収入を得る。

谷□ あぁ、だから半農の方は自分の暮らし、食べるもんということですかね。

森 そうですね。

谷□ じゃあ、Xは、どうしようと…

森 はい、そうなんです。
小さい頃から、手先の細かい作業とか結構好きで…

谷□ 来た来た、遂に来た！

森 はい。（笑）
あの、テレビで職人さんとか見て、すごく「あぁ、カッコいいな」って思ってたんですね。

谷□ あ〜、それこそ「職人さん」とか、そういう人をカッコいい！と思う方なんですね。

森 そうです。その頃ちょうど、偶然なんですけども、私の姉が竹笹堂で販売の仕事をしてたんですね。私が、4回生でもう卒業。あと何ヶ月で卒業するってタイミングで「職人を捜してはる」っていう情報を得まして、まぁ、めったにないことだと思うんですけども。その話を聞いて、「あ、こんなチャンスはない！」と思いまして…

谷□ じゃ、もうそこから、つるっと…

森 はい、そうですね。ここの会社の皆さんとお会いして、ご飯一緒に食べさせてもらって…

谷□ （笑）すごいリクルーティングですね。

森 はい（笑）

谷□ どんなことから積んできたんですか、経験を？

森 例えば、はがきにワンポイント…

谷□ ワンポイントやったら、もうこんなこと言って、ほんと申し訳ないんですけど、あの大きなバレンでシュシュってやったらできる気がするんですけど。

森 あ〜、難しいんですよ、それが。1枚きれいなの摺るんやったらできるかもしれないんですけど、１００枚とか、５００枚とか、ずっと同じように摺り続けないといけないのは難しくて…

谷□ 人間の手の温かみを感じさせながらも、同じものを、「これ」って言われたらそれを作るってことができるのがプロ。
森 そうですね。訓練を重ねていくとどこまで行けるんだろう？っていうのが、今は興味があるんです。
谷□ そうですね。ほんとに深まるっていうか、奥まっていくっていうか、やっぱりそういうお仕事のやり方なんかなぁというふうに…
森 そうですねぇ。
谷□ すみません。私なんかもう浅く広くでほんとにすみません。（笑）

気持ちを汲む

谷□ ズバリ、この「気持ちを汲む」というキーワードはどういうことでしょう。
森 私の仕事は、絵師さんが描いた絵と彫師が彫った版木を渡されて、「この絵と同じものを100枚作って下さい。」って言われてそれを複製する仕事。なので、できるだけ原画を忠実に複製することが大切…
谷□ ま、一応工程としては、第3の工程として摺師さんのお仕事がある。
森 はい。私は芸術の勉強を全く今までしてこなかったので、作家さんがなんで絵を描くのかっていうところがやっぱりいまいちよくわからなくって、でもこの仕事をするにあたって絵師さんの気持ちをちゃんと理解することすごく大切だなと思うので、自分でも作ってみようと思ったんです。
谷□ うふふふふ（笑）
森 良くわからへんから…
谷□ すごいなぁ、行動力あるなぁ。
森 （笑）
谷□ これとか…
森 そうです。これは初めて作った作品ですね。
谷□ どうですか？やってみて…全工程を、自分で…最初から最後まで。
森 産みの苦しみがわかりました。
谷□ はっはははは（笑）
森 真っ白な状態で始めるわけですよね。ほんとにどんな色にするか、どんな濃さにするか、全て自由、な状態。
谷□ そうです。何でもいいもんね。
森 そうなんですよ。それって普段の仕事とは正反対で…
谷□ そうやんね。
森 摺師としてちゃんと読み取って同じものを作らないといけないというのは、自分の作品を作ってさらに強く思うようになりました。

摺師（すりし）　＃022
森　愛鐘さん

摺師×伝統工芸

森　私は京都市の若手職人が集まっている「わかば会」という団体に入ってまして…

谷口　はい。でも、入るきっかけってあるでしょう？ま、極端に言えば入ってらっしゃらない方もいるわけで…

森　そうですね。他の職人さんがどんな仕事をしてるのかすごい興味があり、あとは、同じぐらいの年代の職人の友達が欲しいな、と思って…

谷口　ははは（笑）

森　（笑）

谷口　むっちゃ素直。正直！ほんでも、そういう会に入られたら、なんか「一緒にやろか。」みたいな話になるかなと思うんですけど。

森　そうですね。こちらが木版の風鈴ですね。

谷口　はい、上品ですね。すごくね。んん～ん、いいと思います、これ。あと、こちらは提灯ですか？

森　はい、提灯職人と一緒に

提灯職人と一緒に製作したもの（紙の柄が木版）

…この紙が木版で柄を付けてあるんです。

谷口　へぇ～。こちらは？

森　これは同い年の日本画家で服部しほりさんっていう方がおられるんですけれども、その方の作品を木版画で作った物なんです。これも100枚ぐらい作ったんですけど、全部おんなじように見せないと、っていうのですごく苦労したんですけど、すごく印象深い仕事です。

谷口　同じ職人さんという括りやけれども違うことやってらっしゃる方とコラボしたりして…、これからどういうふうに考えてはりますか？こんなふうになりたいとか、こんなことしてみたいというのは…

森　やっぱり一番大切にしたいなと思っているのは、技術を磨くこと。でもやっぱりそれだけじゃだめだと思うんで、自分の作品も作って、「こんなことできますよ！」って。そしてそこからまた次の仕事に繋がっていったらいいなと思っています。

谷口　うん。ずっとこれを「やりたい！やりたい！やりたい！」と思ってらっしゃったんじゃなくて、なんかいろんなことをやった中でこの仕事に出会った職人さんっていう方に私は初めてお会いして…

森　あ～、そうですか。

谷口　だからずっと視点が違うのかなと思うので、新しい風が吹いたりとか新しいことというのは、一番やりやすい、突破口を開きやすい気がするかもしれない。

森　あぁ～。

谷口　頑張って下さい。

森　はい、頑張ります。

谷口キヨコの流々通信

「森さん」

自分のことを『広く薄くの人』だと思っている。浅い知識はその人の器量を薄くする…、だから、広く浅くではなく、広く薄くの人。何かの機会にそんな話になると「とにかく知っているだけでもすごいよ～」と慰めてくれる人もいるが、正直コンプレックスである。広いっていっても、世の中のことなんて際限なく色々あって、そこから考えると私が物事を広い範囲にわたって知っているわけもなく、興味のない分野は聞いたことがあるレベルで知っているともいい難い。浅く、ともいえない薄く程度の知識。こうなると、広く薄くどころか単に薄い…、わたしは薄っぺらな人間である…、こんなことを本で告白してしまうなんて本当に恥ずかしい。

なのでひとつのことを深く掘り下げたり、作り続ける人に強く憧れる。職人さんは私が憧れる職業のひとつ。私が見ている世界とはちがうべつの世界を見ているのにちがいない。まだ若い摺り職人の森さんは自分の仕事について「訓練を重ねていくとどこまでいけるんだろう？　と興味があるんです」と言った。私、何に対してもそんなこと考えたことないんですけど…、極めるとはどういうことか、とかを自分のこととして考えたことないんですけど…。やっぱり違う、森さんは私とはべつの世界に生きているようだ。摺る、という作業は傍目には単純なものに見える。バレンで摺るという作業。しかしそれが難しいと彼女はいう。素人である私には『摺る』ということの奥深さがわからない。しかし森さんは自分が摺る作業を職人としてやることによって、その難しさに気づいてしまった。私とは違う、別世界にはいっていったのだ。気になるなぁ、その世界。しかし私はそこにははいれない。一生覗き見するだけである。

森　愛鐘さん　摺師（すりし）　＃022

森さんを表すことば「スリスリ　マスリ」

「スリスリ　マスリ」これね、韓国の方が魔法をかけるときに、呪文なんですよ。「スリスリ　マスリ叶え～」「スリスリ　マスリなになに～」みたいな感じなんですけど、摺師さんのおかげで、ほんとに魔法のように木版画って出来上がるんだなぁ、と思いました。でも、それは魔法じゃなくって、摺師さんの毎日毎日の仕事のお蔭で成り立ってるんだってこと、今日わかりました。

＃025

京仏師

冨田　珠雲さん

三代にわたって仏像・仏具製作を家業とする家庭に生まれる。
16歳からこの道に入り、仏像を中心に製作している。

冨田工藝 HPあり
☎ 075-541-0123
京都市東山区五条橋東二丁目36-2（MapⒶC-3）

#025

この木の中にはどんだけの仏さんがおられるっていうのを知っとかないとやっぱり彫れないので…

谷口　今日はどうぞよろしくお願いしま〜す。

冨田　お願いします。

谷口　お仕事中に失礼いたします。教えてください。

冨田　はい。

谷口　これは何を？

冨田　これはね、仁王さんですね。あの…阿形って、「あっ」って口を開いてるお像…

谷口　「あ」と「うん」の「あ」。

冨田　「あ」ですね。もう最初に、この木の中にはどんだけの仏さんがおられるっていうのを知っとかないとやっぱり彫れないので…

谷口　そうですよね。だから、まぁ作るとかいうよりも、木の中に、その木の中には仏さん居はる…

冨田　はい。で、作るちゅうて、これは足していくんではなく取っていく彫刻なので、ま、そういうなのをわかりやすくしたものを、口伝で伝えてきたっていうのが仏師の仕事と…

谷口　んん〜。

仏を彫る

冨田　父親から、16才の夏休みに、兄弟3人で1本ずつ刃物を渡されたんですね。それでお地蔵さんを見ながら3人とも彫れ、と。

谷口　ちょっと待って下さい。いきなり？

冨田　いきなり！はい。初めてやった時、「あ、できる。」って思たんですよ。

谷口　おお〜〜!!

冨田　できてないですよ。なんか、刃物削った瞬間に、「あれ、できてる！」っていう、なんか血が沸くというか…

谷口　あ〜。なんか…

冨田　あれ！って…

谷口　できたかどうかではなくて…

冨田　なく、はまった、っていうかね、ぐ〜っとのめり込んだんですね。ほなら、やっぱりこう彫っていくとできないんですよね。

谷口　あ、やっぱりでもできない。

冨田　できないですよ。

谷口　すぐにはできない。

冨田　「模様を彫って練習したらええんやで。」っていうので、16才の時から『花菱紋様』ちゅう模様があるんですが、それを学校の昼休みとか彫ったりとかしながら…

谷口　は〜。

冨田　やったんがまぁスタートでしたね。2年間ぐらいそういうの続けて、もう一度ちょっと仏像彫ってみたいな、と。

もう今やったら彫れるかも知れへん。

谷口　2年間経って、花菱毎日やって。

冨田　はい。で、彫りはじめたら、やっぱり彫れないんですよね。

谷口　あぁ〜。2年経ってもあきませんか。

冨田　はい。ほんで、よう考えたら、自分の彫ってるお地蔵さん、これどんな人か知らなかったんですよ。

谷口　ふん、ふん、ふん、ふん。

冨田　ちょっと仏教ってどんなんなんやろなぁってゆうて、18才の時に大谷大学の仏教学科に入りました。仏教基礎学という、仏教の基礎を学ぶ必修のやつがありまして、「これ、楽しみや。」と。ほなら教授の先生が、「御釈迦さんはお母さんの右の脇の下から生まれ、生まれてすぐに7歩歩いて、上と下を指して、『天井天下唯我独尊』と言わはりました。」と。18才の頃でしたから、「はぁ?」「右の脇の下から生まれる訳ないやん!」

谷口　(笑)7歩直ぐに歩ける訳ないやん!

冨田　仏像の話なんか出てこないですし、「あれ?これ仏像と仏教どう関係があるの?」っていうような…ところまで。

谷口　はい。

冨田　ほなら、18才なんで2年ぐらいやってるんで、ちょっと仕事が任せられるようになって来たんですね。

谷口　あ、もうそれ大学行きながらもうやってはったんですね。

冨田　はい、もうやってました。サークル入ったりとかしてたんですが、辞めようというので…

谷口　もう大学ええわ、と。

冨田　はい。ほんでサークルの先輩に、「辞めようと思ってます。」と…

谷口　サークル、なにサークルやったんですか?

冨田　フォーク研究会っていう…

谷口　(笑)結構謳歌してますやん、大学。

冨田　はい。「辞めようと思います。」言うたら、当時の部長さんが、ま、僕一緒にバンド組んでた…

谷口　フォークソング部の部長。

冨田　その人がね、お坊さんやったんですよ。「仏教勉強したんか?お前今辞めてええんか?」と。で、ちょうどそのサークルの部長を決めなあかん、僕らの代で…その時に、「やぁ、僕、ちょっと大学もう辞めようと思てるし…」ってみんなにいうて、部長を選ぼうちゅう時に…僕が選ばれたんですよね。

谷口　あはははは。

冨田　これ、ちょっと参ったな、と思て…(笑)

谷口　はははは、それは絶対出来レースや。

冨田□ 仕組まれてる…

谷□ 仕組まれてるな。

一人立ち

冨田□ 29才の時に父親に「独立して好きにやったら。」と…ちょうど弟もずっとやったので、弟と「一緒やろうか。」ほんまに、ギャラリー、今ここ、こうなってるところが「彫り場」やったんですよ。

谷□ うん。

冨田□ ほんで、あそこ何もなかったんで、ガラス越しに中が見えると。でもまぁ、いきなりあんなとこでコンコンしてて彫ってるやつがいる。誰や？冨田の息子や！と…やっぱり、出る杭は打たれるのか、一斉に仕事があんまり無くなったんですね。

谷□ えっ!!

冨田□ やっぱり、物作りは奥に!!っていう、京都の昔ながらの秩序ちゅうかね…

谷□ はぁ〜、別に、やってるとこは見せる必要無い、と。

欄間

冨田□ 出来上がった物見せたらええんや、と。まぁ、「できる！」と思ったもんが、もう維持できなくなって、もう辞めようと思っちゅう時に、先ほど大谷大学で止めてくれはった前部長…

谷□ あの先輩。

冨田□ はい。あの先輩が「うち、本堂建て替えんで」と。「こんなんしてみぃひんか？」っていう、唯一希望の光をまたぽっとくれはったんですよ。ちょっと気にもかけてくれてはったんやろうなと…最近あいつ元気ないなぁ。とか、ちょっと痩せて来よったんちゃうか、とか…

谷□ (笑)はっはは…

冨田□ 今は反対ですよ。

谷□ あっはは。

冨田□ それがまぁ結構おっきいお寺の欄間《らんま》やったんで、それで、何とか、何とか維持できた。なら、なんか忙しそうにやっとる。ゆうので、「あんなん作っとんで。」いうのがまた広まって、また新しいお得意先が、だんだんだんだんとこう…ほなら、お弟子さんも、「やってみたい」っていう人が来て…そういうので、今言うてはるってな感じですね。

谷□ そうかぁ。

形ではない

冨田□ 3・11、東日本大震災が起きた時に、何かしてあげたいと。全国の皆さんに彫ってもらって渡してみてはどうかという、弟からの意見があったんですね。僕は、どちらかというとちょっと反対やったんですよ。

谷口　なんでですか？

冨田　よくね、仏像教室とかで、「仏像もらったんやけど、これどうしたらええかわからんのや〜。」と…

谷口　あははは（笑）

冨田　押し売り的なものが、「作ったし、あげるわ。」

谷口　はい。

冨田　「いらんわ。」とも言えないし…

谷口　あ〜、うちのねお母さんもね、フェルトでピエロ作って、それをあげててほんとに嫌がられてました。

冨田　（笑）だから、「いや〜、ちょっとどうかなぁ」って言うてたんですが、ある時、彫ってる時に、ラジオから、被災地の保育園の子が合唱で大声で歌ってたんですよね。

想いがあったら、それなりに仏像としての役割があるんや、と。

形ではない

谷口　ん。ん〜。

冨田　自分はもう被災して、周りもやのに、合唱で、決して上手くないですよ、でもなんか想いがあってわ〜と歌ってる声にわ〜と引っ張られて、想いがあったら、それなりに仏像としての役割があるんや、と。「よし、やろう！」と、弟と、どうせやったら、全国に行って、ほいで彫ってもらって、最終合計三千体以上全国から彫ってもらいまして、それを被災地の方にお渡しするというのを始めたんです。

谷口　ん〜。

冨田　そしたら、すごい喜んでくれはって…

谷口　そうですか。

冨田　また、彫って頂く方も、手を動かして、時間作って、ほんでちょっとでも役に立てば、反対に私らの心が救われました、とゆうなんかすごい想いが乗って来まして…技術どうのこうのじゃなくって、形どうのこうのじゃなくて、また想い、そこにどんだけの想いを乗せて、これを誰かに渡すためにこうしようちゅうのがあってのものなんやなぁという感じが最近しています。

谷口　そして、ここまで、いろんな人生を積み重ねて今いらっしゃって、その方ももちろん作ってるっていうか、まぁ作るというか彫り手さん、出してくれはるわけじゃないですか。たくさんの値打ちを感じます。

冨田　あ、ほんまですか。

谷口　はい。

冨田　（笑）ありがとうございます。

谷口キヨコの流々通信

「冨田さん」

仏像を見ると、どんな人がこれを作ったのだろうと思うことってないだろうか。

　木や石や粘土など、様々な材料から仏像はできているが、それを作るってどんな人なんだろう、と。私には想像もつかなかったが、とにかく作務衣を着て作業をしているのではないか、と……、そこは見事に当たった。珠雲さんは作務衣を着て表情も穏やかで落ち着いていて、会ってみると、そういえばこんな人が仏像作るんだろうな、と思わせる人だ。

　京仏師の珠雲さんは木を彫って仏像を作る人だ。彫っていく木のなかに「仏さんがおられる」から、その木を彫る。彫るということは作ることには違いないのだが「足していくのではなくとっていく」作業なのだと珠雲さんは言う。

なんだか一言一言がカッコいいぞ、グッとくるぞ。私が憧れるプロの職人さんがここにもいた。しかし…、木のなかに仏さんがいる!? 意味がわからない。職人さんと私は別世界に存在しているので（22参照）、もう同じ日本語でも通じなくなってしまったのか。どんな木にも仏さんはいるの？ それとも仏さんのいる木はこれだとわかるの？ 謎である。

　とにかく、私には見えない、感じることができない木のなかの仏様のことを珠雲さんは感じることができる、と考えれば納得できる。

　そして彫ることで珠雲さんは、その仏様を私たちに顕にしてくれるのである。

　形のないものを作るのではなく、感じたものを形にする。これも職人の世界の仕事でる。

冨田　珠雲さん　＃025　京仏師

冨田さんを表すことば　「あらわ　顕」

あらわ！（笑）必定を作る、のではなくて、木の中から掘り出すっていうのかなぁ、そういうふうにおっしゃってたのがとっても印象的でした。人のために自分が無心になって一生懸命何かを作ると、本当に最後手放したくないんですよ。でもそれがほんとに自分のその人に対する大切なものに対する気持ちの、ま、「あらわれ」なのかな。というふうに思いました。

#035

漫画家

ムライさん

滋賀県出身、京都在住の漫画家・イラストレーター。物語にアートを融合させたような作風と、銅版画を思わせる繊細な筆致で注目を集めている。趣味はTVゲームと模様替え。

ムライ HPあり

http://kusamurai.web.fc2.com

@kusamurai

#035

ムライさんの漫画

谷□　お邪魔します。

ムライ　こんにちは。よろしくお願いします。

谷□　イラストレーターさんっていうか、漫画家さんの仕事場に来たの、生まれて初めてです。

ムライ　えっ、そうなんですか？

谷□　色鉛筆とか、定規とか、無いですねぇ。

ムライ　そうですね。今どきはパソコンで書かれる方がすごく増えて、机周りがすごくすっきりしてきたと思いますねぇ。

谷□　これは、手描きの、原稿ですよね。

ムライ　はい、そうです。

谷□　今描いてはったんは、まず最初は、どこから描いていくんですか？

ムライ　まず、コマ枠から定規で引いて、それからセリフを書く吹き出し…これを書いた後に人間キャラを描いて、それから背景を描いてっていう順番で描いています。

谷□　へ〜〜。これぐらい描くのにどのぐらいの時間がかかるんですか？

ムライ　これの場合、6ページのマンガなんですけど、だいたい6ページだったら3日から4日ぐらいで仕上げる感じになりますね。

谷□　えっら〜い！（周り笑い）私ねぇ、絵が下手なことで有名なんですよ。

ムライ　そうなんですか。（笑）

谷□　例えば、「鳥描いて」っていってもイメージが出てこない。後でちょっと描きましょか？（周り笑い）

京都ご近所物語

谷□　たくさん作品がある中で、やっぱりせっかく京都なんで、これをご紹介しようかなと思うんですが、これはムライさんの作品の中ではどういう位置、立ち位置ですか…

ムライ　そうですね、一番人に紹介しやすいマンガですね。

谷□　紹介しやすいマンガ。（笑）私も読ませて頂いたんですけど、これはムライさんですよね。こちらの人は？

ムライ　あ、それ、私の旦那の呉さんっていう人です。

谷□　呉さんは日本の方ではなくて。

ムライ　はい。台湾人です。今は漫画の編集の仕事や翻訳の仕事をしたり、あと学校で漫画を教えたりとか、そういうことをしてます。

谷□　すごいじゃん。じゃここは漫画一家ですね。

京都ご近所物語
マンガで京都のいろんなところを紹介するという…

ムライ　ははは、そうなりますね。
谷口　じゃその二人が、マンガで京都のいろんなところを紹介するというか…
ムライ　はい。今まで近所に、回れる場所がたくさんあるっていうことに気付かなかったので、このマンガをきっかけにいろんなところに行ってみよう！っていう感じですね。
谷口　そうそう、だから4月のお花見から始まるんですよね。お花見と筍！
ムライ　そうです、そうですね。（笑）

デビューまでの道のり――

谷口　私、正直ねぇ、大人になってめっちゃマンガ読む人ではないんですけども、子供の時にはすごい読んでたし、自分も描いてたんです。
ムライ　あ、そうなんですか。
谷口　それぐらいやっぱり、子どもの時って特にマンガと切っても切れへんっていうか、誰でも絶対になんか思い出あると思うんですよね。
ムライ　そうですね。小学2年生ぐらいの頃に、友達と一緒に、自分の好きなマンガとかゲームのキャラをごちゃまぜにしたマンガを描いて

みんなで見せあって楽しんだりとかしてた感じです。ノートにマンガを描いて、一番最後のページに「感想コーナー」とかを作って、みんなに感想を書いてもらって、そこを見てめちゃニヤニヤしてたんですよね。（笑）
谷口　あ、やっぱり、みんなが「うまいなぁ！」みたいな。
ムライ　そうですそうです。
谷口　でも、そっから、私はマンガをもっと描きたいわぁ、とか、まぁ漫画家にっていう転機が来るわけですよねぇ。
ムライ　高校生ぐらいの頃に初めて漫画を投稿し始めたんです。で、最初はもう全然全く引っかからなかったんですけど、二作目あたりからちょっと最終選考に残ったりし出して…
谷口　めちゃめちゃ早くない？
ムライ　そ、そうなりますかね。
谷口　早いと思いますよ。親御さんは知ってたんですか？
ムライ　知ってました。漫画描いてることは、もう全部…知ってました。
谷口　でも、出版社に投稿ってなったら、「この子本気やな。」みたいな…それに対してはどうなんですか？
ムライ　全く反対はされなかったです。まぁ、「いいんじゃない。」みたいな…
谷口　まぁ女の子やし、絵も上手いし、そんなんもありかな、みたいな。有名になったらがっぽり来るし、みたいな…
ムライ　はははは。ま、その間に、大学とかに進学するということもあったり…。
谷口　大学は漫画の？
ムライ　はい、京都精華大学という「マンガ学部」が、初めてできたとこです。

デビューまでの道のり

谷口　すっごい話題になりましたよね。それこそ外国からそこに、マンガをやりたいからって留学されるような方も…

ムライ　はい、多かったですよ。現にうちの旦那もそうだったんです。

谷口　やっぱり！。

ムライ　はい。精華大学の、まだコースだった時代の1期生ですね。

谷口　あ、先輩後輩。でも大学の間はどうだったんですか。そういう出版社に投稿する…最終選考までは行くけど…みたいな感じ…。

ムライ　最終選考に入ったら、もう担当の方が付くということになってたんですよ。その雑誌は。

谷口　え〜、要するに、ちょっとした青田買いですね。

ムライ　はい、そうですね。なんか、連絡がもう取ってもいいという状態になってるはずだったんですけど…私の方から全然連絡を取らなくて…

谷口　なんでなんで？

ムライ　あのぅ、自分のマンガに対して、こうしなさいとか、こうした方がいいよと言われるのが当時こわかったんですよね。「これダメだよ。」と言われた瞬間に、「私もう全部ダメ。」みたいな感じになって…

谷口　ネガティブやなぁ〜!!

ムライ　そう、そうなんです。(笑)

谷口　ここをこうしたらいいや、ではなくて…

ムライ　じゃなくって…

谷口　あぁ、ダメ！みたいな…

ムライ　そう、そう。

谷口　でも今こうやってね、プロとしてやってらっしゃるってことは、頑張って出したってことですよね。

ムライ　はい、そうですね。はい。

谷口　それはなんか心境の変化があったってことですか？

ムライ　当時付き合ってた旦那さんが…

谷口　(本の表紙を指して）呉さん、呉さんね。

ムライ　(笑）はい、呉さんがもう「早く連絡を取りなさい。」と私の背中をめちゃくちゃ押してくれまして…最新の描いてた32ページの読み切りの漫画の下書きの下書き、ネームですよね、ネームと一緒に大学の課題や自主的に描いた作品4本、短編4本を一緒に送ったんです。編集部の方に。

谷口　とりあえず送ってみた。

ムライ　送ってみたら、その短編4本が新人賞を取ったという…

谷口　やったー!!（拍手）連絡してみるもんですね。

学生時代のムライさん

生涯漫画家

谷口　この中に実話のマンガが入ってるって聞いたんですけど。

ムライ　はい、入ってます。このマンガなんですけど…

谷口　あぁ〜。「とある漫画家の先生が言うには、漫画家って

生涯漫画家

のは親の葬式でも漫画を描かなきゃいけないのよ。」

ムライ　音読されるの、めっちゃ恥ずかしい…。

谷口　あっはははは。（大笑い）これは、でも主人公、男の子になってる。

ムライ　ちょっと変えてます。

谷口　じゃ、この主人公の男の子がムライさんってことですか？

ムライ　はい、それは私自身の経験談を描いたものですね。また、初めて出した単行本の話なんですが、一番メインのお話が、母親がおそらく死んでいるという設定なんです。で、当時母が乳がんで大分もう弱ってる時期やったんで…

谷口　うん、入院してはったんですよね。

ムライ　そうです。だから、これ見せていいのかどうかすごく不安やったんですけど…でも、見せないわけにもいかないので、とりあえず「これ出たよ。」っていって渡してちょっと遠くの方で母親が読んでるのを眺めてたんです。そしたらなんか、母親が急になんか、くっと目頭を押さえたりとか涙を流したりしてたので、「えっ、お母さん、どうしたの？」って聞いたら、「目にゴミが入っただけや！」みたいなことを言ってて、で、結局私はそれ以上は聞かなかったんですけど、でもなんで泣いてたかも結局聞けずじまいだったんですね。うん。

谷口　お母さん、回復は？

ムライ　入院して治療してたんですけど、3か月後に亡くなって…。で、亡くなった後に、看護師さんから単行本を渡されて、「えっ、何で？」って感じで…

谷口　これをね。

ムライ　そうなんです。「お母さまからお借りしましたよ。」って言われて。「娘の単行本が出たんですよ!!」みたいな感じで…。すごいやっぱり看護師さんに自慢しまくってたみたいなんです。

谷口　ふんふんふんふん。

ムライ　それ聞いて、「お母さん、そういうふうに言う人なんや！」ってすごいびっくりして、単行本出たの喜んでくれてたんだ、多分母が…って感じで…

谷口　んん。別れにも向き合いはって…。今、漫画家としてやってはって、これからどんな作品を描いていきたいなぁ、とか、どんな漫画家さんになりたいなぁとか、そんなん考えはったりしますよねぇ。

ムライ　とにかく続けていくことを目標にしていて、続けていくためにはやっぱり読者さんが楽しんでもらえる作品を描かなあかんな、というのは常に思ってるんですけど…

谷口　一日でも長く続ける！ということは、生涯漫画家でいるっていう…

ムライ　そうですね、はい。

谷口　漫画家さん、定年無いですもんね。

ムライ　ないですねぇ、ふふふ…。

谷口キヨコの流々通信「ムライさん」

いやはや、「単純にうらやましい」のだ。

絵が描けるなんて、漫画が描けるなんて。

私はまったく絵が描けない。幼児にも笑われるほどの実力。たまに「下手うま」なんていってくれる人がいるが、本当に気をつかわせていると思う。ありがとうございます、そしてごめんなさい…。

絵が下手な人の特徴的な絵を思い浮かべてほしい。私が描くのはまさにそれ。

これはかなりコンプレックスである。芸術的センスというのは、絵を描くということに集約されていると思うから。芸能人の中でも特に秀でている人は、絵がうまい。そんなこんなで自分の絵が下手なところは伏せておきたい。しかし隠し通せないほど、本当に下手なのだ。

絵が描ける人で名を成していない人は、いわゆる「まだ本気出してない」人なのではないか、と思う。絵を描くことにおいて、ではなく、自分のやりたい分野においても「まだ本気出してない」のではないか。もしかしたら、知らず知らずのうちに気が向いてないことをやっているから「本気出してない」のではないか。だからまだ名を成していないだけで…、つまり絵が描ける人は、何かにつけてポテンシャルが高いと思うのです！

私なんかあんな下手な絵でも本気で描いてるし、なんでもまあまあ必死でやっている。この仕事はなんとか続けていられるが、他は散々…。何も取り柄はない。でも絵が描ける人は、気さえ向けば何でもできちゃうのではないか、と本気で思っている。

だからムライさん、私は本気であなたのことを「単純にうらやましい」のです！

谷口　80才も…90才も…

ムライ　はい。

谷口　描きたいものがあればずっと…

ムライ　はい、そうですね。はい。

谷口　是非そうなって下さい。この人と一緒に。（本の表紙を指し）（周り笑い）

ムライ　はい、頑張ります。

ムライさんを表すことば

「単純にうらやましい」

私が描いた鳥がこれです。（周り笑い）単純に絵がうまい人は羨ましいです。（周りまた笑い）だからそれを誇りに生きて下さい。

漫画家
ムライさん　＃035

＃036

グラフィックデザイナー

村田 良平さん

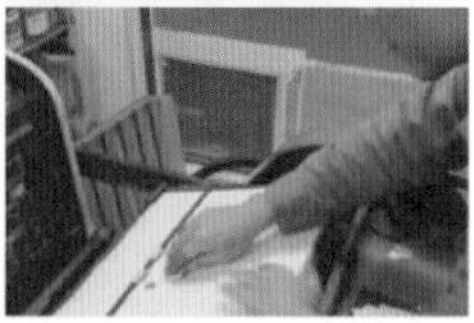

デザイン事務所兼店舗、りてん堂の代表。
雑誌や広告などのデザインに軸を置きながら、
名刺やはがきなどの活版印刷も行っている。

りてん堂 HPあり
☎ 075-202-9701
京都市左京区一乗寺里ノ西町95（MapG）

#036

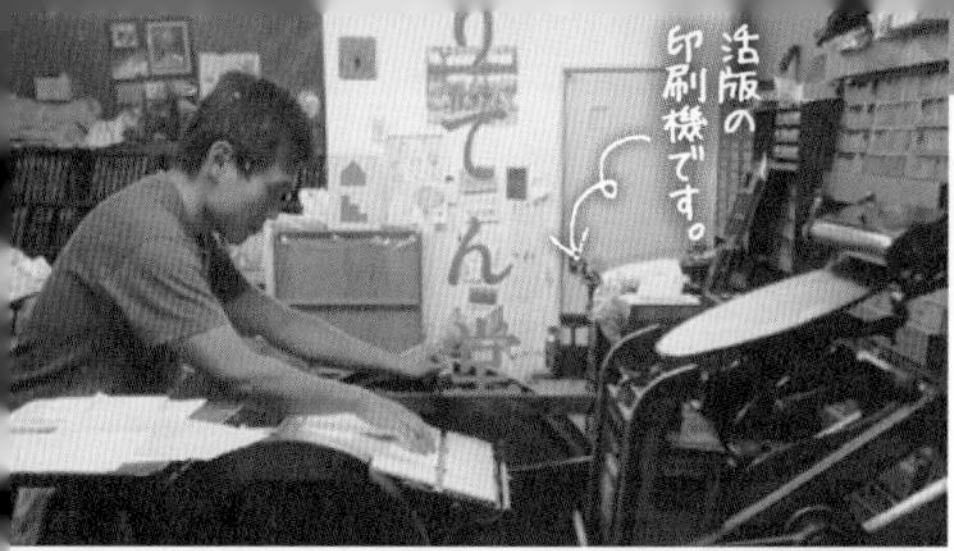
活版の印刷機です。

一文字ずつ活字を拾って名前や住所、文にしていく
文字は「活字」から選ぶ

谷□　こんにちは〜。

村田　こんにちは。

谷□　これが印刷する機械なんですね。

村田　はい。活版の印刷機です。

谷□　どうやってやるんですか？

村田　ここにインクが乗ってるんですけども…ここからインクをこのローラーがくっつけて…紙にこう押し当てて…

谷□　はぁ〜、この機械自体がそういう仕組みになってるんですよねぇ。

村田　はい、そうです。

谷□　じゃ、一文字一文字はどういうふうにここに押していくんですか？

村田　文字の方は活字の所から文字を選んで…

谷□　わお！平仮名もあるし、これ、カタカナですよね。

村田　はい、そうです。

谷□　それもこれ、一個ずつ入れていくんですか？

村田　そうです。

谷□　ここを作るのがまずは大変ですよね。

村田　そうですね。

谷□　私の名刺を刷って頂けるそうで〜す！やったぁ！いや〜、すっご〜い！わぁ〜！こちらね、今刷ってもらったものなんですけど…縦に名前で、横にアルファベットが来てます。じゃ〜〜ん！

紙媒体の価値

谷□　活版印刷って、まぁ昔からあるもの、というか…

村田　はい、はい。

谷□　昔に非常に盛んだったものですから、継がはったんかな、と思ったんですけど、違うんですね。

村田　はい、違います。元々僕の方が書籍とか雑誌を共に制作する会社で働いていたので…

谷□　今ある編プロさんとかいう感じですよね。(笑)

村田　そうですねぇ。ま、そこでデザイナーとして働いていたんですけど。7年前ですね。2012年になるんですけど、徐々に本も実際売れなくなって、出版自体の…

谷□　そうですねぇ〜。

村田　コースがどんどん減って行くっていう状態で。

谷□　まぁ紙の本で見るっていうよりも、皆さんパソコンで

紙媒体の価値
紙媒体の需要はゼロにはならない

グラフィックデザイナー
村田 良平さん　＃036

みたり…スマホで見たりっていう…ことに、どんどんなって来てますねぇ、今。

村田　はい。で、うちの働いてた会社でも、電子化ってものに関して、どう取り組んでいくかっていうので、勉強会のいろいろな資料とか見て、まぁこれだけ出版数減ってます、印刷物が減ってます…そういうグラフなり、そういう動きがあったんですけども…

谷□　もう、なんか、ちょっと絶望的！みたいなんが出てくるんですよね。

村田　そうそう、はい。(苦笑)でも、それを見てると決してゼロにならないんですよ。紙の物っていうのは。

谷□　ポジティブシンキング！

村田　はっはっは。

谷□　無くならないと！

村田　すごく減ってるんですけど、無くなりは、ゼロにはならない。

谷□　え〜、じゃー、無くならないものどんなもんかって考えて…

村田　はい、そうなんです。…無くならないものは何かっていうのを考えた時に、ま、今の印刷、オフセット印刷っていう大量に印刷するっていうのが…

谷□　まぁ、大量に、みんながおんなじ品質のものを持てるっていうのが一ついい点でありますよね。

村田　はい、そうです、そうです、そうです。その、残っていくもの自体が、オフセットじゃなくって、もっと前の活版印刷、どうなんだ、っていうところで、本格的にそこで活版印刷をもうちょっと知ってみたい…。

谷□　は〜。まぁそういうふうに、活版印刷、活版印刷って思って見ると、そういうもの目に入って来ません？資料とか…

村田　そうですね。会社でもそういうことを言い始めてて…

谷□　(笑)

村田　会社にいた同僚が、新聞記事で活版印刷のことが載ってるよっていうのを教えてくれたんです。

谷□　やっぱりこれねぇ、言うとくべきなんですよねぇ。

村田　(笑)そうですね。それがほんとにうちの、自分が住んでた家の近くの印刷所で、ちょっと行ってみようかなって…

谷□　どういうふうに行くんですか？「あの〜」いうて？

村田　たまたま年末近かったので、「年賀状の印刷って、できませんか？」っていう感じで…

谷□　あ〜、仕事で。釣ったんですね。

村田　(笑)

谷□　行って、どうだったんですか？

村田　ほんとに、なんか普通に嬉しくって、はい。で、その年賀状自体も結構好評で…

谷□　そうか、出した人からこう返りがあるわけですよね。

村田　はい、そうです。活版印刷自体の可能性がやっぱり…あるんじゃないかな、という事を再認識というか…

谷口　そうですよね。自分だけじゃなくて、いろんな人が「いいやん！」って言う。じゃ、もっともっと実はあるんじゃないか。

村田　はいはい。

活版印刷を残したい

谷口　でも、それがビジネスになって行くわけですけども、その辺はどういうふうに流れていくんですか？

村田　活版の魅力も、知識とか魅力とか可能性とかっていうのを認識してたんですけども、実はその建物自体、印刷工場の建物自体を売却されるような話…

谷口　あぁ〜。そうですか。じゃ、もうそうなると廃業ということですよね。

村田　そうですねぇ。で、その売却の話がとんとん拍子に進んでしまって…

谷口　え〜、じゃ、ここどうなんの？って…

村田　はい。2か月後には閉めるってなって…僕もほんとに活版印刷に興味を持ち始めてたとこだったんで、印刷所に、僕以外にも来ていた人たちと…相談とかはしていたんですけども…なかなか現実的に難しい…

文字は「活字」から選ぶ

谷口　そうですね。いや〜、そうだと思いますよ。それこそその方の人生もやし、例えば自分がやるとなると、自分の人生も変わって来ますね。

村田　そうですね。で、もう、実際そんなに深く考える時間もなく、「やらしてください！」っていう感じで…

谷口　(笑)これ、もう、今から聞くと、「言っちゃった！」みたいな…(周り笑い)

村田　とりあえず時間がなかったんで…とりあえず、その、「モノ」を移動させる場所をまず…

谷口　ん？(笑)すごい現実的ですねぇ。

村田　はい。まぁ、廃業されるということも、会社とかには言ってはいたんですけど…実際、自分が会社辞めて、場所借りることになるので、自分でやるっていう…

谷口　退職という…

村田　そうですね。

谷口　1か月ぐらいの間に…。

村田　そうですね。はい。

谷口　それ、振り返って占い本とか見た方がいいですよ。

村田　(笑)(周りも笑い)

谷口　そこで「すごい激変の1か月」って書いてたら…その占い信じた方がいい。(周り笑い)なんか、それぐらい人生がもうそこで…

村田　そうです、そうです。

谷口　1か月の間に、ほんとに、なんか『大政奉還！』みたいになってますやん。はははは。

村田　そうなんです。

文字の魅力を伝えたい——

谷□　独立当初の話を聞きたいです。正直技術も…そんなにまだ無くてっていう…

村田　そうですね。

谷□　あるのは活字と機械…

村田　そうですね、はい。機械は譲り受けることができたんですが、実際電気を通すまでは動くかどうかわからなかった…（笑）

文字の魅力を伝えたい
実際電気を通すまでは動くかどうかわからなかった…（笑）

谷□　（笑）そうなんですか。行き当たりばったり…でも、やっぱり仕事としてやっていかないといけないじゃないですか。デザインするのはお手のものやとしても、実際の印刷の、活版の印刷の技術っていう…大変じゃ無かったですか？

村田　職人さんに来て頂いたりして…そこで、わからないこと聞いたりとか、あとはもう経験ですね。自分でやって、もう失敗して…

谷□　そうでしょうねぇ〜。

村田　それで、一度個展というか、自分の作品をそこでひとつまとめてみようかなという…

谷□　どういうタイプの個展なんですか？

村田　「白ヲ読ム展」これは、まぁその個展をするきっかけになったんですけども、「からたちの花」っていう童謡ですね。

谷□　個展されて、どうでしたか？どんな反響…？

村田　そうですね。いろんな方が来て頂けたし、自分のそういうデザインしたものも逆に見て頂けたので、活版印刷っていうものをいろんな人に知ってもらえたし…ま、うちのカラーみたいなものも、少しずつそこでちょっと発表できたんじゃないかな、と…

村田さんが活版印刷で製作した作品の個展

谷□　やっぱり、その「余白」っていう部分…

村田　はい、はい。

谷□　こっからどんなふうにしていきたいなって思ってらっしゃいますか？

村田　ま、最近、いろんなSNSとかで、人とのやり取り、コミュニケーション、すごい近くなってるし…言葉って普通に使うものではあるんですけども、簡単にそういうふうにできる時代だからこそもう一つ、その…文字の重みであったりとか、言葉の重みだったりとか…

谷□　はい。

村田　ツールとして活版印刷をもうちょっと使えるというか…

その辺で、大事なものとしてできるんじゃないかなと思っています。

谷口　んん〜。一つの印刷にいろんな意味が込められていて、言葉に意味があって…未来はこっから…

村田　そうですね。はい。

谷口キヨコの流々通信

「村田さん」

世界史のなかの最重要ポイントってどんな出来事だろう。

18世紀から19世紀にイギリスで起こった産業革命は、間違いなく人類の未来を大きく変えた。でもその前に確か大きなことがあったな…、授業でそう習った。こちらも政治的なことではなく、15世紀にヨーロッパで発明された活版印刷術が引き起こした印刷革命である。そうだそうだ！　この辺、世界史では王道の『絶対に試験に出るところ』だった。

手書きから印刷へ。これは人類が文字を発明して以来のコミュニケーション革命であり、その前後では文化のあり方さえも変わってしまったのではないだろうか。

そして21世紀の今ではオフセット印刷により大量で良質のものが瞬時にできあがる。しかも電子化によって、印刷すること自体の必要性がどんどん失われてきた。

産業革命により成立した資本主義社会では、安価で良質なものができることは善で、その反対は極端にいえば悪だ。

手間ひまかけて素晴らしいものを作る、という発想はこうなると悪になる。お金も時間もかかってしまうと儲けは少ない。

そこに敢えてチャレンジする村田さん。これはもう活版印刷に魅せられた、というしかないだろう。その魅力を語る目は本気だった。人間が作るものは、惚れ込んで作った人のものが一番美しい。だってその人は、そのものの美しさを知っているから。

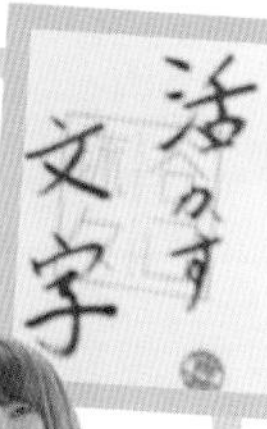

村田さんを表すことば

「活かす文字」

はい。私、こういうところに気の利いた絵を描けないことがコンプレックスだったんです。でもね、今日教えてもらいました。自分が気持ちを表す時、言葉とか文字を選ぶことはできるんやな、って。大切なことやと思います。

グラフィックデザイナー
村田　良平さん　＃036

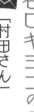

037

さとりえ工房

さとりえさん

祇園にあるスイーツバー「さとりえ工房」のオーナー。自らデザインするデコレーションスイーツや似顔絵ケーキ、フルーツカービングなどを手がける。

さとりえ工房　女坂店（HPなし）

☎ 075-541-7969

京都市東山区妙法院前側町451-1（MapⒶD-3）

#037

谷□　失礼しま〜す！初めまして。
さとりえ　初めまして。
谷□　あっ、すごいの見つけました。これ、フルーツカービングですよね。これは、さとりえちゃんがやってくれたんですか？
さとりえ　はい。
谷□　へぇ〜、ありがとうございます。お酒も…
さとりえ　そうですね。
谷□　じゃあお酒とスイーツがいっぱい出ちゃうという…
さとりえ　普通のフルーツカービングや、私オリジナルの商品を提供しているお店になります。
谷□　じゃ、一番いっぱいあるこれ…唇のやつがいっぱいありますけど…
さとりえ　はい、私のチャームポイントの唇をロゴにしてます。
谷□　あっ、すごいの出て来た！すっご〜〜い!!（笑）紫陽花？
さとりえ　紫陽花ですね。「盆栽パフェ」です。
谷□　すっごいなぁ、これ！これ何で出来てるんですか？
さとりえ　チョコレートです。
谷□　ええっ！青いで…
さとりえ　はい。ふふふ…色付けてます。
谷□　（紫陽花の花ひとつ食べて）おいしいです。はっはははは…（周り笑い）
さとりえ　まだあるんです。良かったら開けてみて下さい。
谷□　これ、ケーキの箱ですよね。
さとりえ　はい。
谷□　あ〜、よいっ（箱を開ける）あ〜〜！すごい!!これちょっと見て下さい、これ！（周り笑い）わ〜、うれしい!!私が一番きれいだった時の写真を…わはっははは（周り大笑い）ありがと〜！めっちゃうれしい！

里のりえちゃん

谷□　「喫茶レストラン里」ってご実家ですか？
さとりえ　はい、実家になります。
谷□　看板娘やね。
さとりえ　そうですねぇ。（笑）小学4年生ぐらいからもうすでにランドセル下ろして、ウエイトレスで働いてましたね。褒めてもらえることが嬉しかったんやと思います。
谷□　あ〜そうか。「よう頑張ってんねぇ」言うて…
さとりえ　そうです。
谷□　もうそのままつる〜っとお店にいはったんですか？

さとりえ　中学生ぐらいには、もう調理してたんです。

谷□　(笑) 作る人！でもまぁそれ、中学生。高校、そしてもうちょっと大人になって来るとだんだん家から離れてくる時期になりますけど…

さとりえ　はい。

谷□　私なんか、高校2年の時は、ようお父ちゃんとけんかしてましたけど…(笑) どうですか？そんなんは？

さとりえ　そうですね。洋服がすごい好きになって、アパレルで就職しましたね。

谷□　あ、洋服。どうですか？アパレルの世界？私も一瞬そうだったんですけど…

さとりえ　大変ですねぇ。人見知りだったので…トークして興味を持ってもらわないといけないので…

谷□　あぁ、アパレルの販売だったんですね。

さとりえ　販売ですね。やっぱり昔から真面目に仕事をするっていうのを自分ができないことがすごい悔しかったので、結構3年間いたんです。そのお蔭で人としゃべれるようにもなりましたし…

谷□　経験は役に立ってる？

さとりえ　だいぶ役に立ちましたね、ほんとに。

里のりえちゃんの頃

母の介護と父との葛藤

さとりえ　私が22才の時に、母がちょっと病気になりまして…様子がおかしかったんです。

谷□　はい。

さとりえ　とりあえず病院連れて行こうっていって診断されたのが「若年性認知症」。っていうことで、そこから介護が始まりましたねぇ。

谷□　でも、さとりえちゃんが22才ってことは、お母さん…

さとりえ　52才ぐらいですね。

谷□　あぁ～。お若いですねぇ。

さとりえ　受け入れるのにすごい時間がかかりましたねぇ。

谷□　うん。でも、そうしながらもお店を手伝わないといけませんもんね。

さとりえ　あ～、非常に店が暇になって、経営が苦しかったので、まず1年間は給料も無かったです。あの～、時代と共にお店の形態が変わってることに父がやっぱり解ってなかったんですね。

谷□　ふんふん。

さとりえ　こういう言い方をしちゃいけないんですけど…新しい発想とかが無かったので、頑固な父やったので…

谷□　(大きくうなずき) そうですね。お父さんの世代って言うのはそうですよね。

さとりえ　新しいものを入れるのがすごく嫌な方やったので…

谷□　はい。

さとりえ　新しいメニューをすごい提案してたんですけど、なかなか受け入れてもらえなくて。法人化して…でも私も退くに退けなくて、父が「もう好きにしたらええ！」って言うまでとことん喧嘩して、言わせてから「よし！」と思って辞めました。(笑)

私が22才の時に、
母がちょっと
病気になりまして…

谷□ (笑)あぁ〜、そうか。まぁ、でもやっぱり、いくら親子でも…お父さんと娘ってなんか甘い関係みたいに思われる方もいますけど…

さとりえ (大きく首を横に振って)いやいやいやいやいや、厳しかったですねぇ。

谷□ う〜ん。でもまぁ、とことんやってみて、じゃ〜、なんとか「好きにせぇ!」でやれることがあったわけですね。

さとりえ そうですね。「里」自体、京都女子大学の近くにありますので、女の方がめっちゃ多いんですよ。

谷□ 「女坂」いうとこですねぇ。

さとりえ 女の子受けする物を提案して…抹茶プリンを作ろうと言った時に、もう大反対をくらったんですけど、なんで作ったらあかんのかが意味が解らなかったんです。

谷□ (笑)せやねぇ。京都やし、おいしいし…

さとりえ でもごり押しで作って、そしたらめちゃくちゃ当たったんです。

谷□ あっはははは(二人で爆笑)

さとりえ めちゃくちゃ飛ぶように売れて…(笑)

谷□ 女坂を歩いている女の子たちが…

さとりえ そうなんです。

谷□ その時お父さんの反応はどういう感じだったんですか?

さとりえ フ〜ン、みたいな…「あぁそうか…」みたいな…

谷□ はははは(二人大爆笑)

自分色の店

谷□ お話伺ってると、口コミも増えて、お店に来てくださる人も増えて…

さとりえ ま、仕事が、お蔭様で忙しくなればなるほどやっぱり時間もなくなって来て…

谷□ そうですね。

さとりえ 体力もなくなって来て…で、母の介護だけじゃなく、兄も病気して、その後父が階段から落ちて頸椎損傷して、半身不随になってしまったんです。

谷□ あ〜〜。全部さとりえさんがいろんなことをしないかん!

さとりえ そうですね。

谷□ 普通の、いわゆる「忙しい」っていうレベルではないことですね。

さとりえ 家族全員が障害者になってしまって…生活費ももちろんそうですし、病院に毎日行かないといけないし…

谷□ 誰かが付いて行かないかんもん。

さとりえ もう、何のために生きてるんやろ、とか、もう辛い辛い思いばっかりしてきたので…

谷□ うん。

さとりえ 合間合間にやっぱりちょっとでも可能性、自分のやれることっていうのをすごく考えるようになって。自分が生きていくのに、将来振り返った時に後悔したくなかったんですね。親のせいにしたくなかった。カービングだったり、似顔絵ケーキを作り始めたのも、自分の息抜

自分オリジナルの物で、もっと
もっと人に喜んでもらいたいっていう
ので作り始めた似顔絵ケーキが
本当に喜んでいただいて

きでありながら、将来の可能性をすごく考えるようになってたんです。

谷□　すごい、でも、生きることに前向きやし、貪欲やし…

さとりえ　父が作った店を守り抜いて、さらに上げるっていうのが私の責任だと思ってたので。次の店舗を作りたいねって話をした時に、スタッフ達が、そういうものを作っていらっしゃるんであれば、それを活かした私色の店を作ったらどうですか？って背中を押してくださったんで…

谷□　うん。

さとりえ　私色の、私にしかできないものを作ろうと思って…カービングとかもしてたので、自分オリジナルの物で、もっともっと人に喜んでもらいたいっていうので作り始めた似顔絵ケーキが本当に喜んで頂いて…感激してもらえて…

谷□　はい。

さとりえ　スイーツはほんとに人を喜ばせるものだと確信したので…こういうものを作ってる時が一番ほんとに幸せやったんです。その時。

谷□　まぁ没頭できるというか…

さとりえ　没頭できる…

谷□　他のことは考えないというか…

さとりえ　現実を忘れられる…

谷□　そうやね。それにアートの素養があらはったから…っていうことですねぇ。諦めへんね。

さとりえ　（笑）諦めなかったですね。

谷□　う〜ん！その時のさとりえちゃんをよい子よい子（なでなでしながら）かわい子〜しながら、ねぇ…

さとりえ　（笑）

谷□　自分でもそう思わへん？なんか、その時の自分に…

さとりえ　そうですね。

谷□　なんか、「頑張ったなぁ〜！」って言ってあげたい…

さとりえ　そうですね。よく乗り越えたなとは思いますねぇ。

谷□　ねぇ。スイーツはすごく…出したらみんなも「わ〜!!」って感じで…

さとりえ　はい。

谷□　人を喜ばせるものだし、「やりたい」っておっしゃってたし、でも、なんか話を聞いてるとさとりえさんにとっても、スイーツに喜ばされたっていうか…それがちょっと…生きる支えだった…

さとりえ　そうですね。

谷□　時もあるんやもんねぇ。

さとりえ　おそらく自分が辛すぎたので、人に対しても…たくさんの方、嫌なこともたくさんあると思うんですけど、これを見て感激した瞬間だけ、この時間だけでも幸せになってほしいという思いがすごい強くて…あの〜、いつもそういう気持ちでは作ってますね。

谷□　その気持ちがこもってるから、それが伝わるから嬉しいんですよ。物だけじゃなくて…気持ちがここに入ってんのが、こう、こう来て、こう来て…

谷口キヨコの流々通信「さとりえさん」

さとりえさんは器用だ。フルーツカービングの腕前、似顔絵ケーキの出来映え…、今となってはどちらもプロなので器用という表現は違うかも、だけど、元々器用じゃないとあんな風にはできないと思う。

そんな器用なさとりえさんは、お家の色々なこともできてしまう。

家業のレストランでメニューにあるものを作ることも、新しいアイディアで抹茶プリンを作ることも、お店の経営のことも、お母さんの介護も、お父さんやお兄さんのお世話も。全部やれてしまうのだ。それがどれだけ大変なことか、どれだけ必死やったか。

そんなときの彼女の息抜きがカービングであり、似顔絵ケーキを作ることだった。しかも単に息抜きしているだけではなく、そのうちそれらに将来の自分の可能性を感じていくさとりえさん。

なんて強いんや、なんて前向きなんや！　自分の本意ではない、しかも自分では動かしようのない現状のなかでは、人はそこに埋もれてしまう。それでも、そのなかで生きていること自体が実は前向きで素晴らしいことやないかと思う。それぐらい、生きることが大変な状況がこの世にはある。

さとりえさんにとっては大変な状況を一瞬だけ忘れられるカービングや似顔絵ケーキを作っている時間。できあがったものは同じくつらい状況のなかで生きている人たちを、一瞬だけでも幸せにしてくれる。さとりえさんのスイーツにはその思いや願いが込められている。だから余計にわたしたちをハッピーにしてくれるのだろう。

さとりえ　あぁ〜

谷口　そう思うんですよ。

さとりえ　嬉しいですね。そう思っていただけると。

谷口　はい、嬉しさも二倍にも三倍にもなると思います。

さとりえ　はい。

さとりえさんを表すことば

「スウィーツは人也」

ジャン！さとりえさんは大変だったり、しんどっかったり、しょっぱかったり、そんな時間を過ごしてきたことだった、と思います。でもそんな彼女が私たちにほんまもんの甘さで癒してくれると思います。

さとりえ工房
さとりえさん　＃037

#040

つまみ細工職人

北井 秀昌さん

ハレの日に身に着ける髪飾りや小物を取り扱う「京都おはりばこ」の代表取締役。つまみ細工の魅力を伝えるべく、ワークショップや動画投稿など、様々な活動を行っている。

京都 おはりばこ HPあり

☎ 075-495-0119

京都市北区紫野下門前町25（Map L）

#040

七五三の髪飾り

成人式や卒業式に身につける髪飾り

谷□ こんにちは～。
北井 こんにちは。
谷□ うわ～、もうベタな感想言いますよ。可愛い！
北井 ありがとうございます。
谷□ 女子の夢が詰まってますねぇ。これは、どちらかと言うとちょっと大人っぽい感じですね。
北井 このあたりは、成人式ですとか卒業式とかに使って頂く髪飾りになります。
谷□ ねぇ～。こういうの、とびっきり可愛いです。こちらは、お子さん、ですか、お嬢さん用。
北井 そうです。七五三用の髪飾りですね。
谷□ んん～。可愛いなぁ～、これ…ま、花びらって言うんですか？
北井 はい。
谷□ これを全部、つまみで作らはるという…
北井 はい、そうです。指でつまんで作ってます。
谷□ だからこれやったら、パーツがものすごいことですよね。
北井 そうですね。下がりは特に大変です。
谷□ どれだけの手間がかかってるかなぁという…
北井 はい。
谷□ その手間がかかった物を七五三とかのアニバーサリーの時に、成長を願ってみんなで付けてあげるという…
北井 そうですね。
谷□ すごいハッピーなストーリーが出来上がりますね。

つまみ細工の世界

谷□ それでは、見せて頂いてもいいですか？
北井 じゃ、ちょっとつまんでみますね。ピンセットと指で生地をつまんで花びらにします。
谷□ だいたい、何分で何枚ぐらい…
北井 そうですね、30分で70枚から80枚ぐらいかな…
谷□ 70枚…（花びらができて）あ～！これ、下は糊ですよね。
北井 そうです。これ、澱粉のりです。次の作業ってのが花びら乗っけてお花にしていくんですけども…
谷□ おおお～！やっぱり、乗っける時もつまみながら。
北井 はいはい、乗っけます。後は、形を整えて…均等に、5枚が、お花が開くように…すれば、この通りになる、と。
谷□ はぁ～～!!お話しながら、手も動かして頂いて…
北井 ですかねぇ。
谷□ ほんとに…次は、桜？
北井 桜。桜はねぇ、最初、梅と形は一緒なんですよ。で、後から花びらの形をちょちょいと…
谷□ あ。
北井 ほぼおんなじような出来上がりに思うけど、先っちょ、ちょっとへこましてやるとこういう感じで…
谷□ 花びらの切れ込みを、キュッと…
北井 そうそうそう。

つまみ細工職人
北井 秀昌さん ＃０４０

つまみ細工の世界
均等に、5枚が、お花が開くように…
衣装協力 eLLa

谷口　真ん中に、この、花の芯みたいなものを入れて、整えると…わ～、つまみで蝶々もできるし…

北井　そうですね。

谷口　鶴とかもあるんですよね。

北井　鶴もできますね。

谷口　すごいですよ～!!いろんな世界が広がって…

海外で気付いた〝日本〟——

谷口　まず、お家は、やっぱりこういう関係の？

北井　そうです。家業が、元々祖父が糸屋をやってまして…

谷口　はい。

北井　で、糸を扱う関係で、親の代から小物とかを作るようになったんです。

谷口　でも、そういうお家に生まれると、男性はどうなんですか？北井さんは？

北井　就職とか、将来どうすんねん？と考えた時にやっぱり改めてそういうのは、何て言うのかな、意識しましたね。

谷口　「じゃ、やろう！」と。

北井　や、そう簡単には「やろう」とはならなかったんですけども、その時ちょうど就職氷河期…やったんですよ。もう、どピークで、当時、私、学部が哲学科やったんですよ。

谷口　出ました！私と一緒ですね。

北井　（意味ありげに）そうなんですよ。わかります？

谷口　はい、原理的にどうやねん、とか思っちゃうタイプ？別に働くことを否定するわけじゃないやろうけども…なんかようわからん会社に入って、なんかよう解らんことをやって、それはどうなんだ？みたいな…

北井　そう、そこでちょっとひねくれるわけですよ、僕は。素直に一回とりあえず就職したらいろいろ解るのに…そんな感じで、どや、どやねん？って。当時すごい日本がなんか閉塞感すごくあったんで…

谷口　あ～…2000年最初、そうでしたね。

北井　で、学生のころから、海外、ちょいちょい行くの好きやったんで、ま、貧乏旅行なんですけど…息苦しさみたいなんが耐えられなくて。海外行った時に…、ま、お客さんやから、歓迎もされますけども、それとは別の、ゆるさ…みたいなの、あるじゃないですか。日本って結構いろいろ…マナーとか口うるさく言うじゃないですか。

谷口　うんうんうん。はい。

北井　日本に居たら、そりゃそうやと僕も思うんですよ。電車の中でね、携帯とかでしゃべったらあかん、とか…

谷口　ん、ん。

北井　で、そういう小さいことから全部いろいろ常識っていうものが見直すきっかけになったんですよね。そしたら、逆に自分の国のことよくわかってなかったなと。

谷口　ま、気付いたというか…

北井　そうです。気付かされたというか…海外行った時にみんな集まってお国自慢

とかするじゃないですか。旅行者とかね。

谷口　あ、いろんな…はいはいはいはい。どんな自慢したんですか？日本の自慢。

北井　できなかったんですよ。

谷口　（笑いながら）してないの。

北井　そうなんですよ。それを、「ないよ。」って言いかけた時に「あ、あかんな。」と思ったんですよ。

谷口　他から見たらいいことやねんけど、そこを「いい！」と思わない自分をあかんなと思ったってことですよね。

北井　そうなんですよ。これは甘えてたな、と。だから、ちゃんと見なあかんな、と帰って来たら、帰って来たとこが京都じゃないですか…

谷口　はい。

北井　こりゃすごいな、と思って…京都に家があるってだけで、これなかなかすごいぞ！

谷口　だははは…

北井　で、家帰ってきたら、やってるもんつったら、こういう簪とか作ってるわけじゃないですか…

谷口　そうです！自分ち。あっはははは…

北井　すごいな、これ！

谷口　おいおいおい、家で作ってるで！みたいな…

北井　そうです。めっちゃ日本らしい、めっちゃ京都らしいことが身の回りにあふれてたのに、結局一個もそれに気付かへんまんま、なんか、なんとなくで、日本イヤ、みたいなんで、海外行ってた自分に気付いたわけですよ。

谷口　それが大体いくつぐらいのときですか？

北井　えっと、21ぐらいの時ですかね…

谷口　はぁ〜、まぁまぁかかりましたねぇ。

北井　かかりましたね。でも必要やったんかなぁとは思いますねぇ。

谷口　そりゃそうですよ〜。行かへんかったら、もう、今もう、心配します。どないしてはるか。

北井　（苦笑い）（周り笑い）

新たな可能性と挑戦

谷口　ユーチューバーなんですってね。

北井　そうなんですよ。

谷口　何にも驚きません。

北井　ほんまに？

谷口　ユーチューブに投稿しそうですもん。

北井　はっははは。

谷口　どういう思いでユーチューブ始めはったんですか？

北井　最初はインスタでライブを始めたんですよ。

谷口　インスタライブ。

北井　まぁ1時間一人でしゃべりっぱなしですよね。で、なんかコメントとかくれはったり…みたいなコミュニケーシ

つまみ細工専門
6匁羽二重
セルフレビュー
&実
コメントとか…
コミュニケーションが
できる事がすごく
楽しくなって来て

ヨンができる事がすごく楽しくなって来て…

北井　はい。

谷口　「自分もつまみ細工やるよ！」という方とかが結構見てくれてコメントとかくれはるようになって…

北井　いらっしゃるんですね、他にも。

谷口　いらっしゃいますよ。見てはる人も、すごいやっぱりつまみ細工に対する、こういうところどうしたらいいの？とかいう疑問や…こういうような材料、どうやって使ったらいいの？みたいなんを、結構質問とかでくれはるわけなんですよ。

北井　つまみ細工すごいね、面白いね、だけじゃなくて、やってる、やってみて自分もこんなふうにやりたいけど…みたいな、そういう欲求のような…

谷口　そうそうそう。じゃ、どうしよう？じゃ、ユーチューバーになろう…で、始めたんですよ。

北井　んん。その先に、ここ。この場所はお教室…になるんですよね。

谷口　はい、そうです。ここは、体験。一般の方に来て頂いて体験頂くんですけど…

北井　はい。

谷口　それとはまた別に、もう一歩踏み込んだ教室っていうのもやってるんですよ。で、教室の方はレベルアップして行けるっていう…教室の先に、後継者の育成っていうのも見据えてはいるんですね。

北井　あぁ、やっぱりね。私はもう単にきれいやなぁ、可愛いなぁと思っていたつまみ細工の世界にこうやって出会えて、一人の職人さんにも出会えたわけなんですけども、一人の職人さんとしての夢っていうのは、どんなところですか？

谷口　クリエイティブな方ですね、今まで作られてきたものを作っていくとかも大事ですけど、新しい形で、今までにないものを生み出せるような…髪飾りじゃなくてもね…

北井　ほ〜。例えばこういうものをつまみ細工で作ってみたい…っていうことは、ぼんやりあったりはするんですか？

谷口　はい。つまみ細工ってさっき言ったように誰かを飾るためのものなので、果たすべき役割からは外れてないように思うんですよ。

北井　はい。

谷口　ですんで、お部屋を飾るインテリアですとか、あと、洋装に付けて頂けるようなアクセサリーですね…そちらの方をやって行きたいな、と思います。

北井　ん、そうですよね。正直、私たち、普段洋服を着てますんで、そういう時にこれを付ければ晴れの日になるっていうようなものを、是非作ってほしいです。

谷口　はい。頑張ります。

谷口キヨコの流々通信

「北井さん」

海外に行って外国人に日本のよいところを訊かれ、答えられない自分がいる。その外国人はこれでもか、というぐらいお国の自慢をしだす。冷静にきいていると、ひとつひとつそんなによいとも思わないが、だんだんうらやましい気持ちがわいてくる。その理由はこうだ。「こんなに自分の国のことを知っているって、自慢できるって、よっぽど好きなんやなぁ。この人って幸せやろなぁ。」

　日本によいところがないわけない。いや、よいところだらけだと思う！　他の国に負けないレベルの、数の、よいところがたっくさんある。でも、具体的にどこがどうよいのか、その中でも私のおすすめはここだ、あなたにはここを特にリコメンドしたい！　なんてこと、言ったこともないし考えたこともない。ないわ…、全く。

　お国自慢ができる外国人さんたちは、日頃からそのことを考えているのだろうか。機会があれば外国人（その人たちにとっての）に、お国自慢をぶっぱなしてやろうと虎視眈々と企んでいるのか。いや、そうでもなかろう。そんなに暇でもないだろう。

　では、なぜ彼らがお国自慢を自然に、サラリと言ってのけることができるのか。

　それはきっと、自分の国のよいところを実感しているからだと思う。彼らにとって自慢の種はいつも自分のそばにあり、かけ離れたものではないのだ。本気でそう思っているから、例えば歴史上のことだとしても自分のなかで腑におちているから、スラスラと言えるのではないだろうか。

　北井さんは海外で色々な経験をし、帰国してから家業を見つめて、よいところを実感したのだろう。それまでふわっと感じてはいたけど、言葉にするほどでもない当たり前のよさや幸せを頭でも身体でも会得したのではないだろうか。

　つまみ細工のよさが本当にわかったからこそ、そこを基点にいろんなことにチャレンジできる。北井さんの世界が広がった。

つまみ細工職人
北井　秀昌さん　＃０４０

北井さんを表すことば

「つまみきれないシアワセ」

「つまみきれないシアワセ」…つまみ細工の一つ一つはとっても小さいんですけども、それが一つに集まって大きくなって、それをまとうと、つまむことのできないような大きな幸せに包まれると思いました。

#041

間取図クリエイター

大武 千明さん

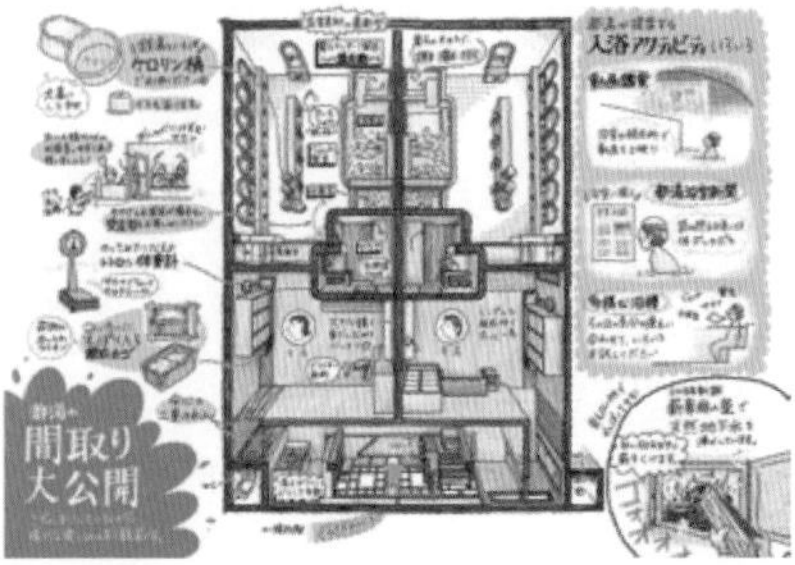

建物に関わる間取図やイラストを手掛ける「手描き図面工房マドリズ」の代表。銭湯の間取図を描き集めた「ひつじの京都銭湯図鑑」を出版。

手描き図面工房マドリズ HPあり

https://madori-zoo.tumblr.com
https://madorizoo.base.shop

#041

谷口 こんにちは～。

大武 こんにちは～。

谷口 「間取図クリエーター」って何なんだ？っていう（笑）

大武 間取図を描く建物の個性とか、そこにしかない魅力みたいなものをうまく引き出して表現するということを意識してやってます。

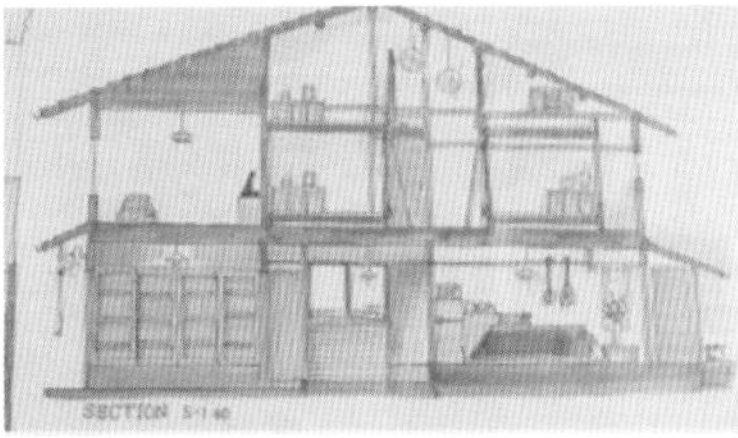

谷口 例えば、あれだとどこが？

大武 京町家を改装したゲストハウスなんですけど…

谷口 うん。

大武 京町家って「通り庭」っていう台所の部分が細～くあって、それを断面図の方で表現してたり…

谷口 なるほど。

建築の仕事をやめて京都へ移住

谷口 「間取図クリエーター」になるまでの大武さんの歩みを教えてください。

大武 元々は、建築の大学で建築を学んでまして…

谷口 ほぉ～。

大武 で、就職も建築関係の会社で、住宅の設計をしばらくしていました。その会社は、新築のお仕事がメインだったんですけど、仕事しながら休みの日に古民家のゲストハウスとかに泊りに行くようになったら、そういう古い建物って「すごい素敵だなぁ。」って…中には、宮大工さんが手を掛けて作ったという古民家を改装してるところとかもあって…

古い建物って
「すごい素敵だなぁ」って
会社を辞めて京都に移住

谷口 あぁ～、じゃ、旅行で行って、そういう古いものへの気持ちがだんだん高まってくるわけですね。

大武 はい。

谷口 そこで千明さんはどうされたんですか？

大武 そうこうしているうちに、京都の町家を改装したゲストハウスで、住み込みのヘルパーを募集していて…それで、ちょうどよくそこに住み込みさせてもらえることになって…会社を辞めることになりました。

谷口 あぁ、そうかそうか。住み込みを、やってみたい好条件だ、と思うか、住んでやるなんて絶対できない、と思うかですよね。

大武 （笑）そうですね。

谷口 で、住み込みいける！って、お金もそんなにかかんないって…当時の千明は思ったんですね。

大武 はい、思いました。

銭湯を記録に残したい！

谷口 当時京都に来て、一番はまったものってどういうものだったんですかね。

大武 あっ、実は、銭湯が面白いなぁって思いまして…

谷口 西陣とかだと多いでしょう。

大武 そうですね。ほんとに、歩いて行けるところとか、出かけた帰りに寄れるところとかもすごくいっぱいあって…気軽に銭湯に行けるなぁっていうのがありますね。

谷口 はい。そして、ここにありますけど、その絵を描きだすわけですね。

大武 最初は同じ銭湯にばっかり行ってたんですけど、ある時違うところに行ってみたら全然違う造りだったので…

谷口 あ〜〜！

大武 「あ、こんなに違うんだぁ！」っていうので、面白くて…

谷口 そうそうそう。銭湯って一つずつ全然違うんですよね。

大武 はい。

谷口 ほんとに違いますよね。配置も全然違うし…入って、右左も違いますよね。

大武 あ、そうですねぇ。

谷口 なんか、あぁ左なのかなぁと思ったら右かい？みたいな…右かなぁと思ったら左なんだぁ、とか…

大武 （笑）一回間違えて男湯入っちゃったことがあるんですよ。

谷口 （笑）やるでしょう。いや、わかります、わかります。

大武 この面白さを誰かに伝えたいとすごく思いまして…

谷口 はいはい。

大武 当時、フェイスブックが結構楽しくて…まぁ、銭湯に限らずいろいろと、せっかく京都に来たし、と思って地元の友達とかに、京都の情報を教える、みたいなつもりで…

谷口 あぁ〜、こういうのがあるよ！

大武 で、その一環で、銭湯のことも載せまして。銭湯の場合写真で載せようと思っても、みんな裸なので写真撮れないじゃないですか…

谷口 （笑）だいたい、携帯使っちゃダメなところもありますもんね。盗撮とかね、あっちゃいけないって…

大武 このまま見た感じの面白さを伝えたいな、と思った時に、あ、私は間取図が描けるなぁと思いまして…で、間取の形で描くっていうのを始めました。

谷口 それ、何？覚えて家に帰って、ふ〜んって描くんですか？

大武 そういうこともありますし、あの〜、脱衣所でしばらく描いて…怒られたこともあります（笑）。

谷口 （笑）ちょっとすみません。そういう人がいたら、私緊張するんですけど…

大武 （笑）

谷口 いやだ、私の絵を描いてるのかしら？と思って…それは自意識過剰かしら…

大武 （笑）いえ、そういう感じで声かけられることもあります。

谷口 じゃ、でもいっぱい描きためてくると、フェイスブックだけですか？

大武 あっ、その後は、ま、こういった冊子の形にしてみまして…

谷□　あ、ひつじちゃん、これは千明さんですか？
大武　はい、私がひつじになって銭湯を案内するという…
谷□　なんでひつじですかね？
大武　ひつじが好きで、元々…（笑）
谷□　（笑）うわ～、これは…これは、写真よりいいですよ。
大武　そうですか。ありがとうございます。
谷□　味が全然ありますもん。楽しいですね、これねぇ。
大武　あぁ、ありがとうございます。
谷□　ワンダーランドっていうか…
大武　あ、そうですね。あの、テーマパークみたいな感じで…
谷□　そうそうそうそう。
大武　行ってたりしますね。
谷□　んん。…そして、ご本になるんですね。
大武　あっ、はい。こちらが…
谷□　冊子から立派な本になりまして…
大武　はい。ま、いろんな銭湯が、個性的な銭湯がいっぱいあるなぁと思って…
谷□　ん、ん、はい。
大武　『松葉湯』さんっていうところが…
谷□　『松葉湯』さん…えっ！インコがいんの？
大武　インコがめちゃくちゃいっぱい、全部で、えっと、取材した時で60羽ぐらいインコがいて…
谷□　ええ～っ！2や3じゃないんですか。60も！
大武　はい（笑）
谷□　あれ、あ、亀もいんの？
大武　亀もいます。亀はちょっと隠れちゃってる時もあるんですけど…

谷□　ええ、ええ、ええ。そんなに…これ、お風呂入りながら、湯船に浸かりながら見れるんですか？
大武　あ、そうですね。ガラスの向こうにいるんです。
谷□　それは、男湯からでも女湯からでも…
大武　はい、両方から見れますので…
谷□　あらら、恥ずかしいですねぇ…
大武　ふふふ…（周り笑い）
谷□　そうか…しかも、これ、トルネードバスもあんの？
大武　あっ、そうですね。すごい強力なトルネードバスがありますね。
谷□　（笑）すっご～い。で、あの、露天もある。
大武　はい。
谷□　うわ～。でも、じゃこの中で、間取が一番好きっていうのはどうですか？
大武　間取が一番好き…こことかですかね。『源湯』っていうところなんですけど…普通は脱衣所から浴室まではまっすぐな壁を行くんですけど…こう、ちょっと斜めの壁にあえてデザインされていて…
谷□　はい。んん。
大武　そのお蔭で進む方向がまっすぐ行くだけじゃなくて、ちょ

谷口　っとくねくねってして入って行く感じが面白くって…
　　　この「魚にまたがる裸婦像」…で、またがられている魚の口から湯を吐くっていう、ちょっと、ほれ、シュールな…

大武　(笑) シュールですね…

谷口　セクシーな感じなんですか、これは?

大武　あ、ちょっとセクシーかもしれないですね。(笑)

谷口　…この『源湯』さん非常に私気になりますねぇ。

大武　今休業されてるんです…

谷口　あぁ〜、そうですか〜。

大武　もう少ししたら、リニューアルオープンします。

谷口　あぁ、そうかそうか。おススメいろいろありがとうございます。

風呂なし物件のススメ

大武　風呂なし物件をおススメする不動産事業みたいなことをやりたいな、と思って…

谷口　ふふふ (笑) はぁ、それはどういうことでございましょう?

大武　はい、お風呂の無い物件って、古くて、かつ、その風呂なしっていうだけで条件が悪いので、流通しにくいというか…不動産屋さんでもあんまりお客さんにおススメできないと思うので、実際私が今住んでいる家も風呂なし物件で…住んでみたら、結構面白いなぁと思いまして…

谷口　どこがどんなふうに面白いんでしょう?

具体的に、「ここがカワイイ」とか、「こんな使い方ができそう」とか、そういうことも自分の手描きの間取図で紹介していきたいな、と思ってます。

大武　まず家賃が安くて助かって…

谷口　家賃は安い!

大武　考え方の問題で、自分の家にお風呂がないって思うのか、私のお風呂は銭湯です、って思うのか、銭湯だと露天風呂のあるところ雰囲気のあるところ…選択肢もあるし、ま、それが自分のお風呂なんだって思ったら、それはすごい豊かな暮らし方かなぁと思います。

谷口　んん〜、そうかそうか。で、自分もそれですごくハッピーなので、人にそれを知らせたいというか…

大武　そうですね。宅建も取りました。

谷口　すご〜い!でも、せっかくですから、やっぱり大武さんの手描きの…

大武　はい。やっぱり古貸物件も、その物件ならではの、まぁ広いってのもありますけど、でも、具体的に、「ここがカワイイ」、とか、「こんな使い方ができそう」、とか、そういうことも自分の手描きの間取図で紹介していきたいな、と思ってます。

谷口　不便も、見方を見れば、「カワイイ」って思えるとこありますよね。なんか、段がこうあって、とか、「この段がカワイイ!」とか…大武さんに間取図描いてもらうと、なんかちょっとほんわかします。

大武　(笑)

谷口　何にもない無機質な、「古家」、じゃなくって、なんか、こう楽しさがあったり、「カワイイ」がいっぱい詰まった家に思えてくるかなぁ…って。

大武　(うなづいて)

谷口　でもほんとに、想いやもんね。どう考えるかやから…んん。

谷口キヨコの流々通信

「大武さん」

うちのポストにはチラシがたくさん入っている。二泊三日で韓国から帰国したとき…、ポストからはみ出るほど大量のチラシが入っている。夜逃げした部屋みたいで格好悪い。正直、迷惑に思うときもある。「誰が家買う言うてん!」「1億8千万円て誰がそんなお金持ってんねん!」「25年経ったマンションがなんでこないに高いねん!」こう文句を並べるとよいことはないみたいだが、実はそうでもない。買う気が全くないので家やマンションの間取り図を無責任に見るのは楽しい。そう、わたしは間取り図を見るのが好きだ。

元々、妄想癖があるので、ひとつの情報からいろんなことを想像するのが好きだ。そのなかでも間取り図からの想像は、まさに妄想の翼が大きく広がる。まずは方位を確認。大きな窓がある部屋やベランダがどの方角なのかはたいへん重要なポイントである。南、または東が望ましい。西、北でもその先が開けていれば我慢もできる(いや、実際に住むわけではないが)。部屋が明るいのか、それとも暗くて一日中灯りをつけないと暮らせないのか…これは要チェックだ。なぜって、設置する照明器具や観葉植物の位置がかわってくるから。明るい部屋なら大きな照明はいらない。ポイント照明もおしゃれ。観葉植物も大きなものを置いて日光に当てて、実をつける木を配置するのも素敵。暗い部屋に実のなる木は似合わない…、とか。

部屋をどう使うか間取りを見ながら考える前に、インテリアのコンセプトも重要。

陽のよく当たる部屋ならカントリースタイルのお部屋、そうでなければシンプルでスタイリッシュな部屋も人工の灯りで映えるだろう。

前が開けていていつでも窓から風がはいるような部屋ならカリフォルニアを思わせるような西海岸スタイルのお部屋に。あぁ楽しい!この部屋にはこんなカーテン、テーブルをここに置いてイスはこんな感じに。

このコーナーはネコちゃんのためにおいておこう。ネコちゃんのお手洗いは見えない位置にしておきたい…。あぁ楽しい!

この妄想、大武さんと話したらどんなに楽しいだろう。プロとしてのアイディアも色々もらえそう!(いやいや、そこで実際に暮らさないんでしょ!)

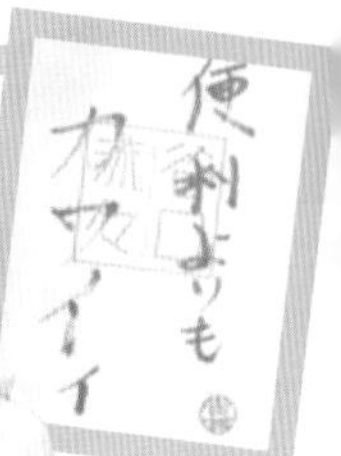

大武さんを表すことば

「便利よりもカワイイ」

「便利よりもカワイイ」。お風呂がないって不便かなぁと思ったんですけども、いや、そんな事じゃなくて、全部含めて「カワイイ」と思えるっていうこと…人それぞれ思うこと違うと思うんですけども、「カワイイ」がやっぱりいいなぁ。

間取図クリエイター #041
大武 千明さん

#043

鏡師

山本 晃久さん

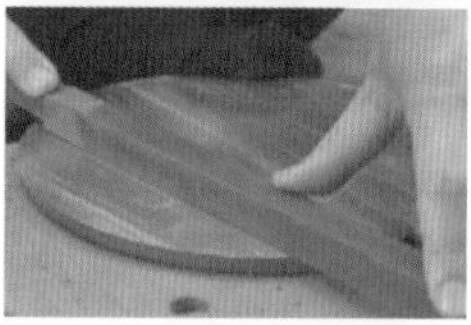

山本合金製作所の5代目鏡師として古来製法による和鏡を製作。神社仏閣の鏡の製作や修理、博物館所蔵の鏡の復元にも携わる。

山本合金製作所 (HPなし)
☎ 075-351-1930
京都市下京区壬生川通七条上ル夷馬場町6-6（MapⒶA-3）

#043

谷口　谷口と申します。鏡師さんですよね。

山本　そうです、そうなんです、はい。

谷口　"What is 鏡師?"って聞かれたら?なんて答えますか?

山本　そうですね。神社とかお寺に収める御神鏡、そういう銅鏡を作ってる職人ですね。

鏡師は、神社とかお寺に収める
御神鏡、そういう銅鏡を作って
る職人ですね。

谷口　まぁ一般に使う鏡ではなくって…っていうことですね。作ってる時何考えてはるんですか?

山本　よくそれ聞かれるんですけど、基本的にあまり何も考えずにこう、何か…一番集中してるときは、いつもラジオ聞かせてもらってるんですけど…

谷口　ありがとうございま〜す。んふふふ…

山本　でも集中してるときはお話しされてるのも耳にあんまり入ってこないぐらい…

谷口　そうでしょうねぇ。

山本　入っていくと、本当、無になってこう削っていくだけなんです。

谷口　今、だいぶかっこいいこと言ってますねぇ。

山本　(笑)いや、まぁ…

家業を継ぐ

谷口　こちらがここで作られた鏡、和鏡。

山本　はい、そうですね。

谷口　(手に持とうとして)あ、やっぱりね、ずっしりと重いですけども…こちらが写すほうで、それで、こちらが裏にはなるんですが、細工が施されてあるということで…

山本　漢字で「かねへん」じゃないですか、鏡という字も…だから元々金属のもので、だいたい江戸末期とかくらいまでは、こういう金属の鏡、皆さんお化粧するのに使われたんですよね。

谷口　お家が鏡を作ってらっしゃる。じゃ、子どもの時から、僕は継ぐぞ!と思ってはりました?

山本　逆にねぇ…祖父が鏡を作ってる姿とか見てたんですけど、何を作ってるかも興味がなくて、本当にただお小遣いをくれるいいおじいちゃんというイメージしかなかったんですよ。

谷口　(笑)

山本　父親も敢えてそういうなんを…ま、プレッシャーになるじゃないですか。本来やったらね、こういう物作りの仕

事に就かすのであれば、芸大行ったりとか…そういう方の道をね、進めて行かすっていうのも一個の手だと思うんですけど…お前のやりたいことを学んで、やりたいことを仕事にしたらええんちゃう、ってことで…育ててもらったんです。

谷口 それこそ、進路、高校から大学、専門学校とか、あと、働くとか、そういうのだんだんなってきますよね。そのへんで、なんかきっかけがあったんですか？

山本 大学に行って、飲食店でアルバイトしてたんですけど、ある日帰ったら父親が僕のところに来て、「お前、アルバイトしてるらしいな。」と「そこより50円時給多く出してやるからうちの工場にアルバイト来い。」って言われて…

谷口 へっへへへ…

山本 そしたらもう、行きますわねぇ。「よっしゃ、行くわ！」ってことがあって…

谷口 お父さん、その時多分満を持してんね。二十歳とかでしょ。

山本 そうです。はい。

谷口 二十年間、もう、言いたいけど、ものすごい我慢してて、「何て言うたらええんやろう？」「よっしゃ、50円時給を上げよう！」って…（笑）

山本 そこにまんまと一本釣りされたんですね。

谷口 お父さんすごい頭脳派ですね。

山本 あんまり器用なほうじゃなかったんで、物作りっていうのを積極的にやるほうじゃなかったんですけど、ほんとにコツコツやってて、ちょっとずつ上手になっていくじゃないですか。アルバイトの間でも。で、職人さんに教えてもらいながら、スピードだいぶ速くなってったりで、「あ、こういうなん、自分に向いてるんだなぁ。」っていうのを感じたんですよねぇ。

谷口 素直！めっちゃやりやすい。

山本 （笑）そうですかね。おそらくねぇ、やっぱりそういう家だったので、DNA的に、コツコツやるというのが、多分DNAにあるんじゃないかなぁというのを…

あくまで職人

谷口 この「和鏡」っていう業界自体、どうですか？正直。

山本 銅鏡っていうのは日用使いするのはもう完全に、ほぼ使われなくなったんですけど…

谷口 はい。

山本 私たちは、神社とかお寺の御神鏡っていうのを銅鏡で作らしてもらってるんですね。

谷口 御神鏡。

山本 はい。納めさしてもらうのがお寺とか神社なので無くなることはないってわかってたんですけど、やっぱり将来的にも自分の代とか、さらに次の代とか考えると、ほかのことで何か物作りをして、何か新しいものを考えていかないと、新しい販路を考えていかないといけないなと。だから、これ、鋳物で作ってるので、鋳物でお香立てを作ったりであったりとか…家の形のペーパーウェイト、とかを作ったりしてやってたんですけど…なんか、こういろいろ作ってやってる間に、あ、こっちじゃないな、って思ったんですよね。この仕事を維持して、技術を維持しようと思うと、やっぱり鏡作りの仕事を増やしていかないといけないなぁと…

谷口　この技術を使って他のものを作るのではなくて、ここをもっと突き詰めていく。その方が逆に細くなっていくようで実は広がっていく、というか…

山本　そうです、ね。

谷口　今写真に出てるこれは?

山本　これね、「Sfera」っていう祇園にあるショールームのデザイナーの方とコラボレーションしたんですけど…神具の職人ですね。お神輿とかお社とか作る、木工の部分がそうなんですけど…

谷口　はいはいはい。

山本　その木工の部分は木工の職人でこう足を作ってもらって…鏡がちょっと宙に浮いてるような、木が足になって、っていう感じで見えるようなオブジェみたいなんを一緒に作らしてもらって。で、発表さしてもらったら、すごい評判が良かったみたいですね、これは。

谷口　へぇ〜〜。

山本　最終的に技術者として、例えばデザイナーとかアーティストとコラボレーションすることによって、自分は職人なんだけど、自分が何か新しいもの考えて技術作るよりは、自分の技術を使ってもらって…コラボレーションしたプロジェクトで物作りをしていくという方が…ま、職人としてかかわれるし、自分たちのスキルアップとか、自分たちの経験もできるんじゃないかな?という方にシフトしていったんですよね。

技で人を助ける

谷口　なかなか見られないものを今日は見せて頂けるということで…

山本　はい。これがそうなんですけど。見た目は、普通の鏡…。普通に顔が映るんですけど、光を当てて反射させるとこのように…

谷口　お〜〜!これは…

山本　十字架に吊るされたキリストですよねぇ。

谷口　ジーザス!

山本　これはね、「魔鏡現象」って言いまして…見た目は普通なんですけど、裏っ側に隠されてる模様が光を当てることによって浮かび上がるっていう…

谷口　裏っ側、見せてください。

山本　はい。

山本　いい〜?裏っ側、ほら、普通ですよ。

谷口　鶴亀に松竹梅みたいな。こういう鏡、みんな持ってるよね、って感じでカモフラージュして、実は光を当ててみ

技で人を助ける

ると、裏っ側に隠れてるキリストが浮かび上がる、それを拝んでたっていう隠れキリシタンが使ってた、「キリシタン魔鏡」っていう…

谷□「キリシタン魔鏡」。

山本 当時の職人がこれを作った経緯ってのは僕はすごく関心があるんですけど…自分たちも作ってるときはダメじゃないですか。その作ってる姿を…

谷□ 多分作って、これ、だれが作ってん？ってことになったら、多分処刑されますよね。

山本 ですよね、多分。それでもそれも恐れずに、そういう人達のために自分の技術を使ったちゅうのがこの「キリシタン魔鏡」じゃないかなぁというので僕たちはそういう技術があったちゅうことを、やっぱり残していかないといけないなぁと思ってますねぇ。日本では半世紀、この魔鏡作りの技術途絶えてたんですけど…うちの祖父がこの技術復活させて、私の父と私が、日本ではこの技術作ることができる唯一の職人ですけど…。

谷□ ええ～っ!!俺たちだけ～？

山本 そうなんですよ。

谷□ この一家だけ?!

山本 そうなんですよ。

谷□ ほな、魔鏡の技術、せっかく受け継いでされるということですから、なんかこう、これから…

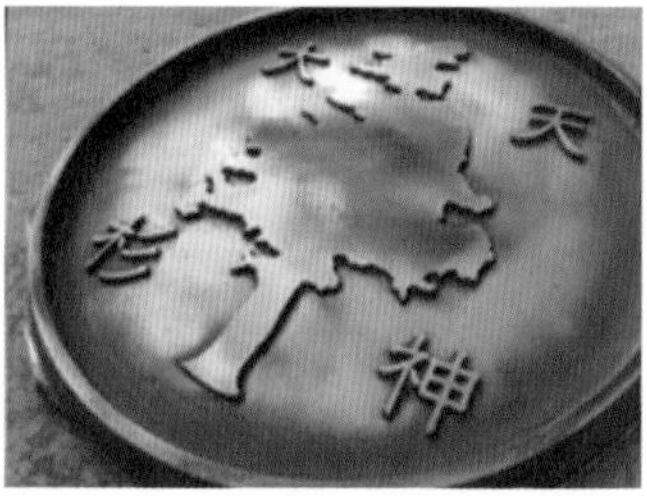

東日本の大震災の時に津波で被害を受けた神社に魔鏡を作って奉納

山本 「婦人画報」さんから、「日本の手仕事を残しましょうってプロジェクトをやりたいんですよ。」と。クラウドファンディングでそういう、プロジェクトをやっていきたいというお話し頂いて。そこで東日本の大震災の時に津波で被害を受けた神社に魔鏡を作って奉納したい、という話をさせてもらったんです。岩手県の陸前高田の今泉天満宮ってとこが津波で全部流されちゃったんですね。

谷□ 全部。

山本 そうなんですよ。だからお社とか全部流されちゃったんですけど、その中に御神木だけ唯一残ったんです。津波の塩害でやっぱり枯れて来てる…

谷□ あ～あ～。

山本 そしたら「在りし日の御神木が映る魔鏡を作ってもらえたら、在りし日の御神木をずっと残すことになるんじゃないかな。」ってこと言ってもらったんですね。

谷□ はい。

山本 そういう、やっぱり、社会に必要とされることが職人にとっては必要だと思ってるんですよね。僕たちがこの技術を残したい残したいと思っても、必要じゃないものは残らないじゃないですか。要らない技術はなんぼすごかっても残っていかないと思うので…そういう意味では、ちゃんと必要とされるためには社会と関わっていくっちゅうのが…昔キリシタン魔鏡を作った職人がやっていったように、必要と思ってくれる人たちのために鏡を作っていくっちゅうことはやっぱりやり続けないといけないのかなぁと思ってますねぇ。

谷口　そうですねぇ。

山本さんを表すことば

「磨く人」

「磨く人」！です。え～、金属を磨いて、鏡を磨いて、そしていろんなものを手入れをして磨いて、そしてご自身の腕を磨いて、ピカピカの職人さんです。

鏡師
山本 晃久さん　＃043

谷口キヨコの流々通信

「山本さん」

私の家には鏡が何枚あるだろう。洗面台、姿見、スキンケアのときに使う自分用のもの…携帯している鏡もいれるといくつもの鏡を持っている。

外出先ではメイク直しをするときに携帯用の鏡を使うが、それが汚れているのは本当にイヤだ。メイク崩れよりも汚れた鏡の方が見苦しいと思う。見えにくいという実用的な問題もあるが、鏡がツルツルピカピカじゃないとやる気が起こらない。そんな鏡を見ながらメイクしたって、きっときれいにはならないと思うからである。汚れた鏡に自分を写して、どうやってきれいになるというのだ、と本気で思う。

だからよく鏡を拭く。磨く。鏡を使うときは、まず拭いてから、である。鏡を拭くことによってキレイになるわけでもないけれど。友達の鏡が汚れていると、正直ショックだ。拭きたい、拭いてピカピカにしてあげたい！鏡のためにも彼女のためにも。しかしメイクに突入する彼女。わかった、あなたは拭かなくていい。だったら私に拭かせて！私がその鏡本来のツルピカの姿にしてあげるから。お願い、拭いてからメイクして。メイクして～！…でも彼女はそのままメイク終了、そして鏡を鞄にしまってしまう…、悲しい…、彼女のあの鏡はいつになったら本来のツルツルピカピカの鏡に戻れるのだろう。

鏡師の山本さんとお父さんは魔鏡作りができるたった二人の職人さんだ。鏡に光を当てたら、裏側に隠された模様が浮かび上がる魔鏡。見せてもらったが、その様はまるで神がかりのようだった。これはあくまで魔鏡として作られたから、なのだが…。

鏡を見ると写された自分が見える。でもその鏡本体から、鏡の奥の何かが私を見ているような気がするのである。私は鏡を単なる「もの」だとは思えない。だって人間は自分の顔を鏡の力なしでは一生はっきりと見ることができない。ちゃんと磨いておかないと、本来の自分を、わたしたちは鏡に一生見せてもらえないかもしれない。

#045

フレームビルダー

北島 有花さん

自転車のフレーム部分を専門に製作するフレームビルダー。
約100名の競輪選手のフレームを手掛けている。
趣味は日本舞踊。三味線。

※現在は東京サイクルデザイン専門学校に在籍されています。

#045

選手一人ひとりで
角度(パイプの)が
決まってるんですね。
全部違うんですか？

北島　どうも初めまして。

谷口　初めまして。

谷口　これがまさに自転車のフレーム…これ、どこにサドルが乗りますか？

北島　え〜と、サドルはここに乗ります。

谷口　あぁ、ここにハンドルってことですか？

北島　そうです。ハンドルの下の部分、ヘッドっていうところです。

谷口　はい。

北島　バラバラなパイプが最初にあって、それをガスで「ろう付け」って言うんですけど…熱を加えて、部品の一個一個を付けてって、最終的な形がこれ。これは選手一人ひとりで角度が決まってるんですね。

谷口　全部違うんですか？

北島　全部違います。シート角にサドルの乗る角度も違うし、ほぼ同じ人っていうのはまずいないです。

谷口　難しそうですねぇ。

北島　難しいですね。やっぱり選手も体が変わるので、1回作った角度は次また変わりますし…

谷口　あ、おんなじ人でもね。

北島　全然、もう…。一回落車とかして骨折ったりすればやっぱりどんどん変わるんですよ。競走とかで、バーンっと一着決まれば嬉しいですよねぇ。

谷口　選手の方は、「俺の…」って思うけども、

北島　私の…みたいな…

谷口　自転車のおかげやで…

北島　（笑）（周りも笑い）

谷口　ちょっと思っちゃいますよね。

北島　とても言えないですけども…（笑）

乗り物好き

谷口　私事ですが…自転車乗れたのは小学校1年の時…

北島　あ〜、そうですか。私の中ではその頃はもう日常に自転車が…昼間は郵便局の自転車、夕方になれば新聞のカブ、夜になれば、国道走るトラックっていうように、もう働く車が大好きな子供時代でした。

谷口　あっ、ほんとに〜。大っきなったら、自転車はまぁ乗れるし、じゃ免許取るってことになりますよね。それは？

北島　はい、免許、もう18で取りました。

谷口　やっぱり早い。最初何乗ろうと思ってたんですか？

北島　最初は西部警察に出てきた車とか…

谷口　あの、バズーカ、ぶっ放すやつですか？

北島　そうです。でも元々、働く車が好きだったので、ダットサンとか、サニーとか、ピックアップトラックみたいなん

になって、それから消防車とか、霊柩車とか…

谷□　すいません。消防車や霊柩車は乗るんですか?乗用車として?

北島　乗用車ですね。

谷□　ええ〜〜?

北島　若い時は自転車よりも、車に夢中になっていたんですけど、ある時免許が…停止になってしまって(苦笑い)乗り物がなくなってしまったんですね。

谷□　ええ〜。(大笑い)

北島　そしたら友人が、自転車ちょっと乗ってみる?って。乗ったらちょっと楽しかったんですよね。このスピードで何かあったらもう一発終わり、っていうスリルが…

谷□　ええ〜、そこ?

北島　ですね。で、友人に紹介してもらったフレームビルダーさんのとこ行って、作ってもらったんです。私のその自転車を作ってくださった方がたまたま競輪選手にも作ってたんですね。

谷□　はいはいはいはい。

北島　で、ある時、その仲間内で「競輪場に行こう!」っていう話になって。…でも私、ギャンブル自体はすごい苦手で、パチンコも競輪も競馬も全くしないので…競輪場って、なんかね、怖いなぁっていう…

谷□　そういうイメージがあるときもありましたね。

北島　仕方なく行ったんですけど…そしたら、もっとすごいスピード感と音!もう完全にやられまして(笑)

谷□　そうですよね。どう聞いてもやられますよね。

北島　はい。(笑)最初は自転車目的で、もう金網にへばりついて「自転車かっこいいなぁ、かっこいいなぁ」だったんですけど、その内ふと賭けてみようかなって思って…

谷□　あっはは…(笑)

北島　外れるとやっぱり悔しくなるんで、なんで負けてるんでしょう?みたいな…

谷□　ほぉほぉ…

北島　もし、私が自転車作ってたら…あの人、自転車合わないんじゃないかなぁ(笑)いろいろ思い始めて…

谷□　私は、競輪選手はもうこの辺しか見てません(太ももをさすりながら)(笑)

病気を乗り越えて

谷□　実際、そこの「作る」って過程まではどんなふうに?

北島　ちょっと大きな病気しまして…

谷□　あ、そうですか。

北島　あんまり回復の見込みがないようなことを医者に言われたので、それなら、やりたい事、全部片っ端からやってみようかなぁ…って思った時に、競輪で負けた悔しさみたいなのもありまして…

もうその時は
破れかぶれ、
怖いもの
何もなかった。

谷□ （笑）負けた…

北島 あの時、あの自転車じゃないものに乗っていれば私は万車券だったんじゃないか…とか、頭よぎるんですよね。

谷□ あっはは、すごいですね。もう何年も経って、病床でそれを思うって…

北島 もう、なんでしょう？ 破れかぶれというか、もうやけくそ状態だったんですよ。

谷□ じゃ、今それやんなきゃー、みたいな…

北島 んん（笑）私、自転車雑誌の編集部にいたもんで…ニュースが入ってきて、たまたまここの会社の工場長だった方が亡くなられたんですね。

谷□ はい。

北島 これは、失礼な話、チャンスかもしれない、今人手無いなら雇ってくれるかもしれないと思って…いきなり…でも工場長が亡くなったのと、自転車の雑誌の編集してるのとあまりにも??ですよ。

谷□ （笑）もうその時は破れかぶれ、怖いもの何もなかった。すごいなぁ。でも「苦労」みたいなものもあったと思うんですけど…

北島 はい。もう、初日に「失敗した！」と思いましたね。

谷□ あっはは…

北島 （笑）こんな大変なことだとは知らなかったと思って…

谷□ 女性っていらっしゃったんですか？

北島 いなかったですね。勝負の世界なんで、「女は入って来んな」っていう感じがあったんです。今でこそ女子競輪とかってありますけど…

谷□ あります、あります。

北島 でも、その当時は男子しかいなかったですし、競輪場も、結局男性ばっかりで。競輪場って勝負事なんでお清めの塩が置いてあるんですけど…女子を嫌がる人から塩投げつけられたりっていうこともありましたし…

谷□ あー…

北島 「お前みたいなん、入って来んな！」っていう感じで…

谷□ 「あ、変わったな。」っていう、きっかけとかはどうですか？

北島 直に話してると、「自転車知ってるな。」とか、「走ってるの、見ててくれてるな。」っていうのを選手の間でも少しずつ感じてくれたみたいで。相談する、注文くれる、注文した自転車で結果出せる…だんだんだんだん、「いい循環」というか…「僕も作ってくれ。」とか、そういうふうになっていきました。

谷□ 自転車なんですけど、人なんだなぁという…

北島 そうですね、コミュニケーションで作り上げていく部分があるので、顔も見たことのない人、とか、話したこともない人で寸法だけ送られてきて作るってことはほぼない…

想いをのせる

谷□ 人一倍熱い方だと思いますよ、きっと…すっごい熱い方。

北島 （笑）テンションは人間なので波があるんですよね。調

想いを のせる

子いい時もあれば、悪い時ももちろんあるので。思い出に残っているのは、ある香川県の選手だったんですけど、ちょっと不調だったんですね。練習にも身はいらずに…

谷□ んん、んん。

北島 でもなんとか打破したいってことで、新車作られたんですね。作り終わって、送って、箱開けた瞬間に、「すごいワッとした想いみたいなんを感じて、北島さんの想いみたいなんがすごい出て来て、早く首付けて走れ！みたいなんをフレームが言ってたんで、その日のうちに首付けて練習しました。」っていうのを後日言われたときに、「あ〜、やっててよかったなぁ、そんなふうに思ってくださる人がいたのかぁ。」って…それは一着を取るよりも嬉しかったですねぇ。

谷□ んん〜。もしかしたら、その選手の想いがきっちりとしたものになって…

北島 そうですね。自転車っていうのは人間がエンジンなので…そのエンジンの不調っていうのは、その人の快・不快にも通じるところがあるので…

谷□ あ〜、快・不快。

北島 そのエンジンごとの面倒を見るフレームになってくるんですよね。自転車は。

谷□ しっかりした仕事が彼の想いを乗せて、それでエンジン全開。

北島 …ってなってくれるのが一番嬉しいですね。だから、もちろん、一着とか、優勝とか、そういう華やかなものを聞くのも嬉しいんですけど、一番は「次につながる走りができたから今日は良かった。」って言われると、「良かった、エンジン全開にできた！」というふうに思います。

谷□ あの、ちなみにご自分の自転車は作ったりはされないんですか？

谷口キヨコの流々通信「北島さん」

北島さんはフレームビルダー、自転車のフレームを作る職人さんである。

谷口流々でもたくさんの職人さんに会ってきた。京都ならではの伝統的なものを作る家に生まれて、そのまま継ぐ形で職人さんになった方、そのよさがわからず一旦、家を出て戻る形で職人さんになった方。偶然が重なってこの仕事をやっています、という方もいた。そして、自分が好きで好きでやりたくてなりたくて職人さんになった方。北島さんはやりたくてなりたくてなったタイプ。それだけに熱量がすごい！　お話をしていても、その姿から湯気が出てきそうである。とにかく夢中でお話してくれる。自転車との出合い、なぜ好きなのか、フレームを作るようになってから出会った人たちのこと、その人たちとの関係、苦しみ、喜び…、自分の仕事のことをこんなに夢中でしゃべる人って、実はそんなにいないのではないだろうか。北島さんは趣味の話ではなく、仕事の話を夢中でする人だ。自分の仕事における功績を自慢しているわけでは全くない。失敗や挫折も含めて正直に、まっすぐに、話してくださる。愛がいっぱいあるんやろなぁ。何かを作るときも、愛は力になるから。愛は使ったら減るものじゃない。使えば使うほど、大きくなる。そして深くなる。北島さんの自転車愛は増幅している。

北島　アッ、作りますけど、なんか楽しくないんですよね。ついつい考えてしまうというか、仕事してるみたいな感覚になるので…私、自転車、他人が作ったのに乗ってます。

谷口　ははは…

北島さんを表すことば

「北島さん」

北島さんは、フレーム、自転車の骨組み作ってはりますけども、人間は全くフレームには収まり切れません！スケールが枠に収まらない。

フレームビルダー　＃０４５
北島　有花さん

#046

鍛冶職人

森　泰之さん

西洋鍛冶「kaji-fufu」のオーナー。
鍛冶の技術を用いて建築の装飾部分やインテリア、オブジェなどを製作している。

西洋鍛冶 Kaji-fufu HPあり

☎ 090-9059-7767

京都市北区紫竹西桃ノ本町5（Map I）

#046

谷□　こんにちは〜。

森　こんにちは〜。

谷□　（笑）ファミリーは初です。

森　うちのお店は、夫婦で作った、自分で作った作品を全部並べています。

谷□　実際に、鍛冶…カーン！カーン！カーン！カーン！っていうのは別のところでされてて…

森　はい、そうです。火とか煙とか音とかが出るので…

谷□　この辺に、パーツみたいなのがありますけどもこれは？

森　引き出しの取っ手にしてもらってもいいですし…こう、引き戸の取っ手にしてもらってもいいですし…

谷□　ふんふんふん。

森　まぁ、どう使おうかな、って考えるのも一つの楽しみみたいな…。ちょっと味のあるものを毎日触れるってことで…普通のノーマルな生活が自分の好きなものを1日に、ちょっと触れるみたいな…

谷□　あぁ〜…

森　そういう喜びがあるかな、と。

谷□　音楽物もありますね、楽器。

森　うちの奥さんの作品ですね。

谷□　…タッチが全然違う。どうですか？奥さんの作品は？

森　すごい細かいこととかラインを出すのがすごいきれいだと思います。

谷□　旦那様のやつをどうやって褒めてくれるんですか？「ここが、あなた、いいわよ。」みたいなんは。

森　あぁ、出てこない…（笑）

谷□　（笑）

Kaji-fufu

作家スタイルの鍛冶屋、西洋鍛冶「kaji-fufu」

大学で鉄の道へ

谷□　どういうところから鍛冶屋さんになっていくんでしょう？全然想像がつかなくって…

森　そうでしょうね。ま、そもそも絵を描くのが好きだった…それはもう幼稚園とか小学校入る前から絵を描くのがすごい好きで、それを捜したいけれども解らないというフラストレーションがずっとたまってるような子どもの時代だったかなぁ。小学校、中学校とかがあまり行かなかった方なので…

谷□　ふふっ、行かへんタイプね。私もいろんな方とお会いしましたけど、小学生で好きなもんがいきなり仕事、とか自分がやるべきことに直結するっていうのはなかなかな

くって…ふわっと、これかなぁ？みたいなのがなんやかんやで、仕事になる、みたいな…

森 そうですね。

谷 大学は、美大というかそっち系に行かはるんですよね？

森 はい。10個ぐらい受けたのかな、結局…

谷 でももう、美大や！思て…

森 はい、全部違う科を受けたんです。で、そん中から通ったやつをやろうと思って…

谷 うん。

森 やっぱり「縁」ってあると思うので…

谷 はっははは…

森 で、受かったのが成安造形大学の立体造形コース…

谷 立体造形コース！それってなんですか？

森 いや、立体を造形するぐらいしか最初知らなくて…(周り笑い)

谷 ちょっちょっ（笑）

森 どうやら絵は描かなそうやなっていうのが解って…

谷 ま、そうやね。「あんまり学校行ってませんでした。」って言ってたんですけど、大学は？

森 めっちゃ行きました。

谷 あぁ、楽しかった…

森 楽しかった、し、…もう正月も行ってました。

谷 作りに？

森 はい、作りにですね。なんか日曜日とかも関係なく、ドンはまりですね、ははは、はい。

谷 ドンはまり。

ものづくりの原点

谷 芸大とかね美大の人らの就職っていうのを勝手に心配してて…（笑）

森 （笑）

谷 例えば研究員なったりとか、その道をそのままプロで行くとか…

森 なんせ、生活の基盤は自分の制作を中心にして、それを続けるためにはどういうふうな環境を整えたらいいかなっていうのを考えて、滋賀県の長浜…ま、うちの田舎なんですけども、そこで作家活動を卒業してやろう、と思って、そこをお願いして借りて…近所も家がいっぱいあったので、あの～…

谷 あ、そうか、カーン！カーン！カーン！ってできひん。

森 そうです。なので、こんなパイプ切る時も手で切るし、静か～に夜こそこそ…電動器具はやっぱり使えないので、パイプ一個切るのに1時間半ぐらいかかって（笑）

谷 （笑）

森 僕だけが特別苦労してるって思ってなくて。これぐらいの人でこういうことやろうと思たら、これぐらいの苦労みんなしてるやん。と…

谷 お～、それ強いなぁ。へこたれる人いっぱいいると思いますね。就職しようとかは？

森　滋賀県の長浜なので、吹きガラスの会社があるんです。

谷　はいはいはいはい。

森　で、昼間は僕そこで吹きガラスしてたんです。

谷　そっちに行くってのもあったでしょう。

森　ありましたねぇ。吹きガラスやっぱりすごい面白いし。けど…そこでちょっと体を壊しまして、肺気胸って、肺が破れる病気に…

谷　（笑）よっぽど吹いてた…

森　テンション高かったから…そら、これぐらいやらんと、ほかの普通の人と違うことやりたいと思ってるんやから…

谷　ああ～。

森　普通じゃあかんやん。

谷　間違いなくね、吹きすぎ。

森　（笑）

谷　でもまぁ実際自分は吹きガラスではなく…

森　まぁ彫刻をやりたいと思ってもちろん続けているんですけれども、それだけじゃなかなか食べていけないっていうのも基本的にありますので、…実用品といいますか、やっぱり実際使ってもらえるものの依頼の方が多いですね。

谷　あぁ。それがさっき見せてもらった、何、この、ドアノブ的なものとかですか？

森　あ、そうですね。若い頃はずっと勉強や、と。ま、今もそうなんですけど、勉強やと思ってたので、来た仕事は絶対断らんとこと思ったんですよ。どんな仕事も、「これ、

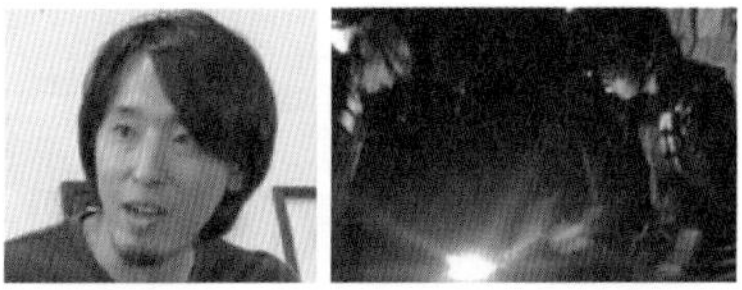

勉強やと思ってたので、来た仕事は絶対断らんとこと思ったんですよ。

こんな規模の仕事、俺ようやらんわ。」みたいなんも…

谷　それは、大っきいってことですか？

森　大きさもそうですし、例えばやったことないようなことできへんか？ってきても、「はい、できます！」っていうで、急いで勉強する、みたいな…ま、そういうので、先ほど体壊したって話もあるんですけども…

谷　（笑）また…し過ぎ…

森　実際体壊した話いっぱいあるんですけど、体壊すほど頑張ったら大体できるっていう…

谷　あっはは…（周り笑い）めっちゃくちゃ言うなぁ。

森　多分そこまでやったら、大体のことできるんちゃうかなとその時は思ったんですよね。

谷　で、今この京都で、こういう皆さんに見てもらえるところと、別の作業場みたいなのを持ってらっしゃるこのスタイルに落ち着いてるっていう…

森　そうですね。僕の原点は、やはり、あの～、何だろう？お母さんの絵を描いて、うまく描けるとお母さんに見せたくなるじゃないですか。

谷　はい。

森　結局、物作りって、原点そこでみんな持ってる経験だと思うんです。いいもんできたら見せたい人に直接見せたい。喜んでもらえると嬉しい。

谷　はい。

森　それを自分の仕事、物作りでも今でもず～っとそれを追い続けていきたいという想いがあるので直接お客さんと接してご注文頂いて、その人の気持ちであったりご希望をきいて、それにいかにどう自分なりに応えるものが提

示できて、「できましたよ！」って見せたらすごく喜んでもらえる。
それって結局直接接しやすいようなこういうお店、作家スタイルで鍛冶屋をやろうっていうふうに自分の中で決意をして、今「鍛冶屋」っていう名前で…

谷□ 作家スタイルの鍛冶屋さん。

森 そうですね。それをここのお店で表現できひんかな〜っていう…

谷□ んん〜〜。あっ、なんか今腑に落ちました。そういうお仕事のやり方が。

世界観を広げるために

谷□ 奥様も鍛冶職人さん？

森 そうです。

谷□ 鍛冶場で会う、みたいな、そういう…どういう？

森 あぁ、出会いですか？鍛冶屋さん同士が結構みんな仲良くってコミュニティーみたいなものがもうずっと何年も前からあって…年に二回ぐらいみんなで集まって、鍛冶のパフォーマンスを町でやったりとか…

谷□ へ〜〜。

森 作品を展示しようっていうイベントがあるんですね。その中でうちの奥さんと知り合って…。

谷□ 二人で同じ職業でお店の中で創作活動をしていくっていうのはどんな感じなんかなぁ？

森 芯のところでの意見交換みたいなのが夫婦間でもお互いの作家性を持った中で出来るっていうのはすごくいい関係性かなぁって言うのもあります。

谷□ んん〜。

森 一番自分が興味があるのが、もっともっと自分の世界観広げたいっていうところで、どういうことかって言うと…いろんな人と知り合う、いろんな人と話をして、いろんな人の価値観を聞いて、あぁ、じゃ自分の違う価値観を持ってる人が、「あぁこういう考え方もできるんや。」って自分の中での解釈の仕方とか…思考のシステムがまた別のツール、方向にも至る…

谷□ はい、はい。

森 枝葉が広がってくみたいな。今月もカリフォルニアから来られた方と、「じゃ、一緒に鉄たたこうや！」って工房に行って…

谷□ 「一緒に鉄たたこうや！」ないわ〜、私。(周り笑い)

森 ははは…

谷□ そうか〜、なんか自分のスタンスが固まってくると世界が閉じるような気になりますけれど…

森 逆ですね。

谷□ 逆ですよね。自分のこういうスタイルがあるんだぞっていうことを知って、いろんな人が来てくれて、世界が広がって行くっていう…

森 そうですね。

谷□ じゃ、もういろんな国の人と言葉

谷口キヨコの流々通信

「森さん」

職人さんとアーティストの違いってなんだろう。

こんなこと思ったこともなかったが、自らを鍛冶職人と名乗る森さんに会って初めて考えた。

だってお話を聞いたり作品を見ていると、森さんてその境が曖昧なんです〜。

実用的なものを作るのが職人で、（使えるか使えないかなんて関係なく）芸術性の高いものを作るのがアーティストなら、森さんが作る鉄製の小鳥なんかは全く実用的ではない。でも可愛くて、本当に飛ばなくたって家のなかにいたらよいのになぁ、と想像すると、見ているだけで顔がにやけてくる。

たぶんあの鳥は誰かに頼まれて作ったものでもなさそうだし…、でも森さんはご自身のことを鍛冶職人という。アーティストとは言わない。作家スタイルの鍛冶屋さんなんだそう。

日常にアートを！なんて何かのキャッチコピーのようだが、実際日常にアート作品を取り入れる生活なんてなかなかできるものではない。自分ちにアート…、ないなぁ。ただ20年ほど前に小さな絵を買ったことがある。東京神田で作家さんが本屋さんの片隅で個展を開いていた。それをふらっと見ていたら…、自分に似た（と当時思った）女性の絵があった。

横顔で描かれた彼女は絵の中で珈琲を飲んでいた。絵のタイトルは珈琲少女。私はその頃、すでに少女でもなかったし、珈琲も飲めなかったけど、とにかくその絵を気に入ってすぐに買った。長野で創作活動をしている作者によると、絵の彼女は想像の女性だそう。これが私の唯一の芸術作品購買体験である。今も部屋に飾って毎日眺める。あれから20年、あの絵は何かの役に立ったことはない。珈琲少女をいくら気に入って眺めても、私はまだ珈琲を飲めない。

でも買ってよかったというか、あの絵が家にあってよかったと思う。

道具はシンプルなものが好きだ。使い勝手のよさを追求したらこうなりました、という究極の形を美しいと思う。

芸術作品と究極の道具。森さんの作るものはそのちょうど中間なのかもしれない。

芸術性と使いやすさ。そのさじ加減が使う人の感性とマッチしたとき、森さんの作品は特別なものになる。

森さんが職人さんなのかアーティストなのか…そんなことはどうでもいいことだった。

森　を超えて鉄叩きまくって下さい。（周り笑い）

谷口　そうですね。次の機会はじゃぜひ一緒に。（周り笑い）あっははは。私は遠くで、遠くでいいです。

森さんを表すことば

「1538℃」

鉄はすごく重くて硬くて、でも1538度から鉄は溶けるんだそうです。きっとここから新しいご縁を結んで新しい世界にまた出て行かれるのかなぁと思いました。これは非常にポイントの数字だな、と。

鍛冶職人 ＃046
森 泰之さん

#048

おむつケーキデザイナー

槌本 靖子さん

おむつケーキや子供雑貨のブランドSEIKO TSUCHIMOTOを手がける。
日本におむつケーキを持ち込んだパイオニアとして知られる。

株式会社INECO　SEIKO TSUHIMOTOアトリエ HPあり
☎ 075-366-3794
京都市上京区千本二条下る東入る主税町809-8（MapⒶA-1）

#048

谷口　初めまして〜。谷口キヨコと申します。
槌本　よろしくお願いいたします。
谷口　これが、おむつケーキでございますね。要するにおむつがいっぱい詰まったケーキみたいなやつ。
槌本　そうです。（笑）
谷口　ここに、…見えますか？おむつがこういっぱい、ぎゅ〜っと入ってるんですよ。これやったら、一段、二段、三段、四段。
槌本　はい。
谷口　入ってますね〜。これは、土台ができたという感じですかね。
槌本　そうです。このベースにこの生地を付け始めて…ま、今から、こういうふうなリボンをわ〜っと付けていくっていう…
谷口　接着剤！
槌本　そうです。一番楽しいのは、おむつを一枚一枚たたんでいく、その工程で、もらわれる人の表情とか、その赤ちゃんの、どんな感じの赤ちゃんかな、とか、そういうこと想像しながら折りたたんでいって組み合わせていくのが、私はこのダイパーケーキ、おむつケーキの醍醐味やと思っているので…
谷口　あ、「ダイパーケーキ」っていうんですか？
槌本　あ、そうなんです。
谷口　じゃ、「ダイパー」っていうのはおむつっていう意味。
槌本　そうです。
谷口　あ、そういえば、おむつっていうのは今、高齢化してるから…
槌本　はい。
谷口　お年寄りも、まぁやっぱり履くパターンって…普通に、もうCMもありますもんね。
槌本　はい。
谷口　そういう方へのプレゼントってあるんですか？
槌本　はい、あります。例えば、古希のお祝いですとか、喜寿のお祝いですとかにちょっと贈りたいんやけど、って、テーマカラー決めてきてくださって、黄色だったり赤色だったり…
谷口　へ〜〜。
槌本　すごく老いていくことも喜びにして頂けるような文化に、こういうおむつケーキがなっていけばいいな、って私自身も感じてはいるんですけれども…

おむつケーキとの出会い

槌本　私は、結婚してから主人がアメリカに仕事で参ることになりまして…
谷口　はい。
槌本　私自身も帯同して一緒にアメリカに渡ったんですね。そこで第二子になる息子君を出産することになるんですけ

おむつケーキとの出会い

(笑)日本人にない発想ナニ？と思って…そのユニークさに私も
すごく惚れてしまって…自己流の
ダイパーケーキを作り始めたんです。

れども…その時にアメリカの特有の「ベイビーシャワー」っていう出産の前祝いのパーティーがありまして…

谷□ 「ベイビーシャワー」かわいい名前ですね。

槌本 でしょう。で、その席でダイパーケーキを作って持ってきてくださった方がいらっしゃって…

谷□ あ〜、ステキな出会い！

槌本 そうなんです。「実は、紙おむつでできてるケーキなんよ！」って教えてくれはって…「えっ⁉」って。もう‼その発想‼(笑)日本人にない発想ナニ？と思って…

谷□ (笑)

槌本 そのユニークさに私もすごく惚れてしまって、その翌日からそれこそ手芸屋さんに買い物に行って…材料を買い集め、自己流のダイパーケーキを作り始めたんです。何しろこれを、日本人の人たちに知ってもらいたいという気持ちが、もう…モクモクモクモク湧いてきて…

谷□ 知ってもらうためには自分で作らなきゃ、みたいな…

槌本 そう、そう。で、アメリカで拝見したダイパーケーキは、ま、大雑把な感じで、衛生面だったりとか…あまり細やかさは正直感じられなかったんですよ。

谷□ (笑)衛生面、そうですか。

槌本 そうです。それで、これ日本人の人に知ってもらうためにはもう少し日本人が好きな、衛生面だったり、もっと手間のかかった素敵なもん出来るんちゃうかな、と思ったんで…

谷□ あ、もう出会いとともにひらめいてしまったんですね。靖子ちゃんは。

槌本 はい。

谷□ まぁまぁ作れるもんなんですか？

槌本 もう、取りつかれたのでね、どんどんどんどん出来てきて…

谷□ 家ん中…

槌本 そう、おむつケーキだらけ。誰にあげるわけでもないのに。(笑)

谷□ 息子君が消費するにもまぁまぁかかるくらい作ったってことですか？

槌本 (笑)そうです。そんなん、全然追い付かないですよ。

谷□ (笑)泣いてもないのにおむつを替えるぐらいの…

槌本 あはははは…はい。

谷□ で、ほんで、実際伝えてたんですか？例えば、人にあげるとか、作り方教えるとか…そんなんは？

槌本 ママ友だったり、アメリカ人の友人たちを呼んで…小さな、まぁレッスンですけども、お茶飲みながら、「こんなん、私やろうと思ってる。」って言って…

谷□ 「どう思う?」って言って…で、どうでしょう?皆さん、食いついたんですか?

槌本 「わぁ、すごい!」って言ってくれました。「靖子ちゃん、絶対いいわぁ!」って

谷□ あ、そうですか。一旦作ってみて気ぃ済んだもうええわ、いう感じにはならなかったんですか?

槌本 全然ならなかったですよ。もう早速日本に住まわれてるグラフィックデザイナーの方に連絡取って…日本に帰国したらすぐにダイパーケーキ屋さんできるような手はずをちょこちょこちょこちょこやり始めるわけなんですよ。

谷□ あ、あっはは…

プレッシャーに追われる日々

槌本 日本に帰ってきて、もっともっと種類を、ケーキの種類を増やそうと思って…まずはオンラインショップの立ち上げのために商品を増やすことと…

谷□ だいたいそれは何年ぐらいですか?

槌本 2006年の話ですねぇ。

谷□ で、そっからは?

槌本 そっからね、やっぱりその、市場におむつケーキ自体がなかったので、何の苦労もなくあれよあれよという間に、ものすごい数の注文頂けるようになってしまって…

谷□ 1日24時間、どのぐらい作ってはったんですか?

槌本 もう、24時間中23時間30分ぐらい作ってました。

谷□ え、そりゃ、無理やわ!(笑)死ぬって。

槌本 (笑)ほんまに。

谷□ あ、そうですか、もうそれぐらい、じゃ、ずっと、考えてるし、手も動かしてるし、みたいな…ウトウトなりながらでもさっきのグルーガンを…みたいな。

槌本 火傷して、目覚める、みたいな。ほんま。

谷□ 『ダイパーケーキ!』『おむつケーキ!』、やっぱりそれがどうしても自分の頭の中…そして時間もほぼ占めていた。

槌本 そうです。

谷□ ほんまそうなるとじゃもう立ち止まることもできないけれども、そのまま、なんかもう馬力で…

槌本 そうですねぇ。もう、とにかく走り続けるっていう、ほんとにそんな状況でした。

谷□ はい。

槌本 それはそれは忙しい毎日を過ごしてたんですけれども、やっぱりそれはずっと続かないもので…

谷□ あぁ、出てきますよね。「それ、儲かる。」と捉える人が出てきますよね。

槌本 そうなんです。ふと気付いた時には数えきれないぐらいのおむつケーキ屋さんがオンライン上にも、そして店舗さんにも増えて来ていて、なんかどうしよう、このままではどんどんどんどん数字、売り上げ下がっていく…

谷□ 想いより、売り上げのほうが比重かかってません?最初はみんなに知ってもらいたいという目標で…

槌本 そうなんですよ。私たちがここで沈んでいくわけにはいかない、っていう責任感だったり…わけのわからないプ

レッシャーだったり…そういったものが、どんどん自分を、追い詰めていくんですね。…もう目標も何ももうなくなってしまっていて…

谷□　もう、作ってるだけ、みたいな…

槌本　あ〜、そうです。

谷□　おっしゃってた、一個一個たたむときに、赤ちゃん元気に大きく育ってね、みたいな想いは。

槌本　なかったですね、正直。今振り返ってみると、ほぼほぼなかったですね、もう。

谷□　んん〜。

自分ではなく人のために

谷□　空中分解というかそういうふうになってしまう恐れもあるような事態だったんですよね、２０１１年の靖子さんは。

槌本　はい、そうです。どうしようかな？これからおむつケーキ自体やめるかどうかってことで、ほんとに選択の余地も狭められてたんですね。

谷□　はい。

槌本　そんな時にね、昔っから長いこと私共のケーキをご注文くださってた方々から、ちょうど同じ時期に、3台大きなダイパーケーキのオーダーを頂いて…

谷□　大きいし、装飾もしっかりするものが3台。

槌本　でも、私、ご注文頂いたけれど自信がなくて…

谷□　だって一番落ち込んでる時期でしょう。

槌本　そうなんです。何作っていいかもわからへんし…

谷□　アイデアも湧かへん。

槌本　湧かへんのですよ。でも、まぁ、どうしても作ってほしい、ってありがたいことにおっしゃってくださったので…

谷□　はい。

槌本　もう一回頑張ってみようと思って取り掛かっていくんですね。そしたら、心はやっぱり、できひんできひんって思ってるんですけど、手が突然急に動き出した。

谷□　ほぉ〜〜。

槌本　そして、動き出すと同時に、ほんとに今作るべきケーキの絵が、3台の絵がコンコンコンと頭の中に浮かんできて…

谷□　すご〜い!!

槌本　そしたら、だんだん楽しさがよみがえってきて…喜んでもらってるあの表情を見たいから私は今作ってんのや、とか、そういう思いがほんとにどんどん込み上げてよみがえってきたんですね。

谷□　ふんふんふんふん。

槌本　我ながら美しい、本当に美しいデザインのものが出来上がって…私今まで、間違うてたなぁって…私、自分の能力を自分のために使おうといつの間にかしてたけれども、そうじゃなくて、この能力を私シェアしなあかんねんな、って…もう、ほんとに、原点に返れるような、そういう出来事が…

谷口キヨコの流々通信

「槌本さん」

おむつケーキ＝ダイパーケーキ、実は私、ほとんど知らなかった。

話には聞いたことがあるなぁ、みたいなかなりうっすーいご縁。

で、今回初めて実物を見た。可愛くてゴージャスで、ピラピラで、キラキラで、いかにも「アメリカ生まれ〜」な、「高校の卒業パーティーはプロムっていうダンスパーティーあるねん。ドレスとタキシード着るんやで」みたいな、要するに日本人には全くない発想の世界がそこにあった。

とにかく、おむつをきれいにラッピングしてケーキにしちゃう！なんて、なんかアメリカ〜ンやと私は思った。だっておむつやで、おしめやで！

靖子さんも最初はいい意味で度肝を抜かれたようである。しかし、それを知った翌日から手芸屋さんに走って自ら作り始める。出会いの衝撃と感動に突き動かされたかのように。

そして、ここからが日本人である靖子さんの本領発揮。もっと衛生的に、もっと細やかに、とアメリカ生まれの大雑把な（靖子さん談）、ダイパーケーキをバージョンアップさせていく。

挙げ句の果てには、当のおむつ消費者である息子くんの消費が追い付かないほどのダイパーケーキを作ってしまった靖子さん。

人にも誉められ、気分もよくなり、大量に作りまくり、帰国後、日本でダイパーケーキ屋さんをやる手はずを整え、実際にオンライン上に開店！

そして売れまくるのである。そして作りまくるのである。一日24時間中、23時間30分作っていた！（靖子さん談）。そのときの靖子さんはもう人間ではない、ダイパーケーキマシン。おむつマシンです。

そこまでいくと…できなくなるんですね、あんなに作れていたものが。だって靖子さんはマシンじゃないもん、人間だもん。

可愛い、素晴らしい、日本のみんなに伝えたい、作ってみんなに喜んでもらいたい。人間靖子さんにはそのとき感情があった。だからダイパーケーキをたくさん作った。でもマシンのように注文をこなす靖子さんの原動力はもう感情ではなくなっていた、なぜ作っているのか自分でもわからない日々。

私は今回、靖子さんを『大感覚人間』と表現したが、靖子さんは大感情人間でもあると思う。

感情のないマシン時代を経て、今は「自分の能力をシェアしなあかん」という他人との共有に目覚めた靖子さん。それは能力のシェアだけではなく、作る自分も、受けとるお客様も喜び、満足する感情のシェアだと思う。

人間靖子さんはこれからもガンガンダイパーケーキ作りまーす！

谷口　あ〜。まぁ、でもシェアするからこそそれが自分に返ってきて、それが自分の喜びになるっていう、ことですよね。

槌本　そう。

槌本さんを表すことば

「大感覚人間」

「大感覚人間」です。おむつケーキに出会った時から、そして「私はおむつケーキを作るんだ！」と悟った日まで、本当に感覚で生きてらっしゃる。でもその感覚を確信に変えて、行動するというのは、靖子さんの「人間力」だと思います。お肌つるつるでした。

おむつケーキデザイナー
槌本　靖子さん　＃０４８

#050

スタチューパフォーマー

Mr. Kidsさん

四条河原町で銅像パフォーマンスをする大道芸人。
ストリートパフォーマンス集団「ストレンジョイ」の代表も務める。

Mr. Kids HPあり

https://mr-kids.com

https://mrkids.theshop.jp

@kixxds

@kixxds

#050

谷□　河原町〜。今日の主人公です。スタチューパフォーマー。こんにちは。谷口キヨコです。どうぞよろしくお願いします。めちゃくちゃ西日がきついんですよ。そんな中でも彼は銅像になり切っているのでございます。さぁ、今日はどんな想いでパフォーマンスをしているかちょっと聞いてみたいと思います。

さ、そんなスタチューパフォーマーの彼、素顔を見てみたいです。本当に今回は、「素顔」へっへへ。

Mr.Kidsの素顔

谷□　皆様、世紀の一瞬がやってまいりました。先ほどの、あの河原町の銅像の方の素顔をご覧ください！

Mr.Kids　ははは。

谷□　自己紹介、お願いします。

Mr.Kids　Mr.Kidsこと、今戸隆成です。

谷□　今日はありがとうございます。

Mr.Kids　こちらこそ。ありがとうございます。簡単に言うと、ぼくがやってるのは銅像に扮するパフォーマンスってことですね。

谷□　銅像に扮するパフォーマンス…銅像って動かないじゃないですか。

Mr.Kids　そうです。

谷□　でも全く動かないことはないですよね。

Mr.Kids　僕の場合は銅像の格好をして、お客さんを楽しませるっていうことをコンセプトにやってて…例えば、投げ銭が入ったりした時とかにアクション取ったり、写真撮影とかでお客さんが横に来てくれた時に、ピースしたりとか、人が見てない瞬間に、ふっと動き出したり、っていうので、なんか人に楽しんでもらうっていうのが僕のパフォーマンスの醍醐味です。

谷□　んん〜。

Mr.Kids　ノリのいい人は、なんか、こう歩いてきて、「イエッ」みたいな…やってくるんで、僕も「イエッ」みたいなん、やるんですけど。

谷□　子どもたちはどんな反応しますか？

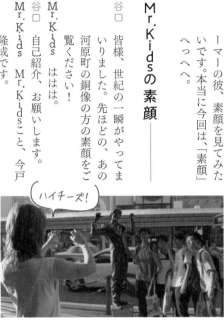

Mr.Kids　子どもたちはもう、ほんと、元気な子が多くて…
谷口　んん。
Mr.Kids　でもやっぱり怖がる子もいるんですよね。動くロボットかな、みたいな。でトコトコトコって近寄ってきて…
谷口　はい。
Mr.Kids　で、ツンツンって触ったりするんですよ。ふふふ。そこで僕がフッて動きだすと、「フェ～ッ!!」ってなってどっか行ったりとか…（笑）
谷口　あっはははは。Mr.Kidsっていうお名前ですけど、それはどういう…？

Mr.Kidsこと今戸隆成

Mr.Kids　僕が、子どもが好きっていうのが一つ…あとは、自分自身が、大人になっても遊び心を忘れたくない。っていう想いがあって、「童心に返る」じゃないですけど、そういう意味で子どもっていう、二つの意味を付けてます。
谷口　あ～。もしかしたら大人がちょっと子どもの気持ちに戻ってビックリしてるっていうところは、なんか、素になってというか、あるかもしれないですね。
Mr.Kids　そうですね。（笑）
谷口　あ～、そうかそうか。

スタチューパフォーマンスに魅せられて——

谷口　どんなきっかけでならはったか、教えてください。
Mr.Kids　きっかけですか？　へへへ。僕は元々、京都精華大学…という大学に在学してたんですよ。
谷口　何科ですか？
Mr.Kids　芸術学部洋画コース、に入ってて、その一環で、僕も別の活動何かしてみたいなぁって思ってたんですよ。
谷口　勉強だけじゃなくて、それプラス何か、みんなしてはったんですか？
Mr.Kids　そうです。アメリカとかでフラッシュモブが流行ってて…
谷口　あ～、フラッシュモブ。はい。
Mr.Kids　周りの仕掛人が急に、時が止まったように止まるっていうのがあったんですよ。これしかない、と思って…当時何も考えずに普通の私服で、大学内で、こう、歩いてるポーズで止まってみたんですよ。
谷口　あっははは。
Mr.Kids　で、京都精華大学ってオブジェが多いんですよ。
谷口　あ、学校の中に…
Mr.Kids　そうです。学生が作った作品とかが多くて…人が歩いてきて写真を撮りだしたんですよ。
谷口　あ～、ふんふん。
Mr.Kids　なんでかな～と思って話を聞いてみたんですよ。そしたら、これは人間じゃない、作品なんだと思って、写真を撮ってたらしいんですよ。そこからもう、めちゃくちゃこれ面白いな、と思って…そこでなんか初めてスタチューパフォーマンスに対する火が付いたっていうか…。当時は真っ白い格好でやってたんですよ。

谷口　白〜い人。

Mr.Kids　そうです。白〜い人ってことでパフォーマンスしたら、これが爆発的に受けて…

谷口　はい、ははは。

Mr.Kids　めちゃくちゃ写真撮られるようになってから、もっともっと面白くなってきて、で、遂には学校出て…国際会館の…手前の入り口のほうで…パフォーマンスしてみたりとかやってましたね、昔は。

谷口　外の人の反応は、違うんですか?やっぱり。

Mr.Kids　外に出ると、ま、社会の目に触れるじゃないですか。

谷口　そうですね。

Mr.Kids　「何してんねん。」とか、「気持ち悪いねん、どっか行け!」とか…(笑)いろんな人に言われたりとか…

谷口　ふんふんふん。

Mr.Kids　その中でも、

もっといろんな人に
見せたいという思いで
河原町に進出!

自分のパフォーマンスを見て楽しんでくれる子どもとか大人がいて…それが僕はすごく楽しかったですね。

谷口　あ〜、そっか〜。

Mr.Kids　もっといろんな人に見せたいという想いで河原町のほうにどんどん進出していったんです。

谷口　で、この、シュリ〜ンっていうか(笑)、あると思うんですけど、いかがですか?新京極は人が多いとそういうんもあるんかな〜?と思うんですけど。

Mr.Kids　ああ〜、全然違いますね。儲かります。

谷口　はっははは。

Mr.Kids　あはは。ぶっちゃけ言うと。国際会館にいた時は、なんか３００円とか５００円とか…１日１０００円とかだったんですけど、ま、それが新京極行くとなると、10倍20倍は…

谷口　そうよね、人数もたくさんの人に見てもらう…

Mr.Kids　そうです。

谷口　増える、クオリティーも上がるからまた増えるっていう、そういう相乗効果みたいなん…

Mr.Kids　絵を仕事にすんのは、なかなか難しいなって思って…パフォーマンスで稼げてるし…で、やる気がなくなって…で、親に相談したんですよね。母親と父親と。そしたら休学して1年間で結果を出せ、と。で、ほんとにそれで生活できるんやったらもう辞めていいって言われたんです。もう1年後、バリバリ稼いでて…はははは…(笑)

谷口　はっははは!

Mr.Kids　バリバリ稼いでて。

谷口　それ、もう私が河原町で見た頃ですよね。

Mr.Kids　（笑）当時は僕、パフォーマンスがほんと楽しくて…こっちの業界でほんとに生きていきたいっていうのを伝えて…で、大学を辞めることになったっていう経緯ですね。

谷□　まぁきれいすぎる言い方かもしれないけど、ほんとにやりたいものが見つかったっていうことですかね。

Mr.Kids　（笑）

ボランティア活動

Mr.Kids　2018年の…6月30日に「ストレンジョイ」という団体を立ち上げました。ストリートとエンジョイを掛け合わしたものなんですけど…

谷□　ストリートとエンジョイで、「ストレンジョイ」。

Mr.Kids　今のメイン活動がゴミ拾いと募金活動になるんですよね。

谷□　ゴミ拾いと募金活動。

Mr.Kids　普段京都の街を使わしてもらってるし、お世話になってるから、恩返しとして、僕たちで何かできないかな？って考えた時に、いろんなストリートパフォーマーを集めてみんなでゴミ拾いをしよう、みたいな。普通の人がゴミ拾いをするよりは目立つんですよね。

「ストレンジョイ」という団体を立ち上げ、普段京都の街を使わしてもらってるし、お世話になってるから、いろんなストリートパフォーマーを集めてみんなでゴミ拾いをしよう、みたいな活動をしています。

谷□　ふんふんふんふんふんふんふん。

Mr.Kids　だからそこに注目してくれて…ちょっとでも、ポイ捨てをやめようと思う人が…出てくれたらなぁっていう想いもあって…銅像の格好でゴミ拾い、僕はしてますねぇ。地域の人に信頼されるっていうか、認められるっていうか…

谷□　河原町でやってるから、使わしてもらってるからっていう、その町に根差して、ここで一生懸命芸を磨こうとしてるんだなぁっていう想いがきっと通じると思いますよ。Mr.Kidsさん、どうですか？これから、将来未来のことは？

Mr.Kids　スタチューパフォーマーとして活動する、もっとさらに一個上を行く活動をしたくて…イベントを開催するってことを今目標に活動してて…ただパフォーマンスをする、じゃなくてもっと大勢の人を巻き込んで…違った活動をしたいなぁって思ってて…

谷□　楽しそうじゃないですか。

Mr.Kids　ふふふふ…楽しみです。

谷□　きっと今まであるのと全然違う新しいイベント…私が司会します。

谷口キヨコの流々通信「Mr.Kidsさん」

四条河原町の角…、正しくは東南角を少しだけ東に行ったところに彼はいる。真っ黒の銅像になりすまして彼は立っている。まるで呼吸もしていないようだ。ただジーッとしているだけなのに、存在感が半端ない。

初めて彼を見たとき、いや、見つけたとき、まず何者かわからないことに恐怖を覚えた。「わけがわからんもんがいる！」一度は通りすぎたが何なのかを確かめたくて、わたしは遠目に彼を見る。盗み見る。私が見ていることを彼に気付かれてはならない。だって何者かわからないのだから。観察する。人間かな、いや、オブジェかもしれんな…、それにしても動かんな…、近づいたらわかるかな、いや、でも怖いから近づくのは危険だ…、相手は何者かわからないのだから、予想もしないようなとんでもないリアクションが私を待ち受けているかもしれない。早く見当をつけたいと、ただただ盗み見る。

そのうち、動いたとか、まばたきしたとか、その瞬間を見たわけでもないのに、それは銅像ではなく生きていることがわかる。真っ黒な彼を包む空気が張りつめすぎているのだ。単にオブジェの周りの空気が張りつめることはない。しかし、彼の周りの空気は彼と同様に動こうとしない。動かずにいる彼の緊張感が周りの空気をピンと張りつめさせる。

しかし、その緊張が一気にほぐれる瞬間がやってくる。誰かが彼に触れたり、笑いかけたりするのだ。そのとき、銅像に見えた彼は、一気に人間の血を顔に通わせ喜びの表情で相手の顔を見る。それまで何も写っていなかった瞳に相手の顔が写るのである。

銅像を演じていたときの彼は、どちらともいえないどこかを見ていた。目は閉じずに、確かにどこか一点を見つめていたのである。そして、銅像かもしれないと見ていた観衆の一人が彼の瞳をのぞいて彼と目が合ったとき、静止していた空気は熱を帯び、大きく動き、彼と観衆の一人は人として通い会う。

Mr.Kids　あっははは…

谷口　ははは…よろしくお願いします。

Mr.Kids　お金貯めときます。

谷口　はい。はははは（周りも大笑い）

Mr. Kidsさんを表すことば

「絵＜銅像＜〇〇」

絵より銅像よりほにゃらら。絵より銅像だったんですね。今やってるスタチューパフォーマンスよりももっと何か大きなものをこれからさらに私たちに見せてくれる人だと思いました。

スタチューパフォーマー
Mr.Kidsさん　#050

#051

京都デニム

桑山 豊章さん

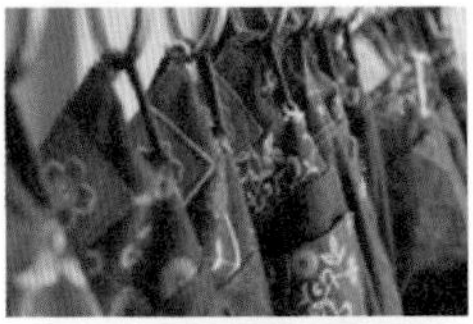

京友禅染めや京小紋染めなどを融合させたオリジナルデニム「京都デニム」を展開するデザイナー。伝統産業の活性化や後継者の育成に力を入れている。

京都デニム HPあり

☎ 075-352-1053　https://kyoto-denim.com

京都市下京区小稲荷町79-3（MapⒶC-3）

営業時間：9～19時　無休

#051

京都デニムは横から見たデザインを意識して製作

谷口 谷口キヨコと申します～。

桑山 こんにちは。桑山です。

谷口 お店、ショールームみたいですね。

桑山 一番初め、ほんと、ショールームって形でパラパラパラパラ置いてたんですけど…お客さんが買いに来てくれるようになって、たくさん並べるようになってきたんです。で、日本の流水をイメージして例えばジーンズの形を作ったりとか…

谷口 あ、そっか。

桑山 普通、デニムって前と後ろと作るんですけど…京都デニムはどっちかっていうと横から見てどうなのか、とかってのも作ってます。

谷口 これは、染めの見本？

桑山 はい。これはほんとに染めの見本で…

谷口 桜ですね。

桑山 はい。これは色を抜いて、色を挿していく京友禅染めです。

谷口 はいはいはい。

桑山 で、この京友禅染めをデニムに施すのが、どちらかって言ったら京都デニムのすごい特長。

工房を見学させていただく
衣装協力 eLL

呉服屋を継ぐも…

谷口 すごくほんわかした雰囲気もあるし、でもやっぱりお仕事やってるときは厳しい目つきで、そんなにご苦労されてなかったのかな…

桑山 (笑)

谷口 …って思ったんですけど～

桑山 19歳の時が結構転機で、普通に呉服屋だったんです、ずっと。やっぱりそういうとこで育ったんで…ほんとに苦労もなく、楽しく、親の仕事も、実は全然知らなくて、仕事どんなんかも…

谷口 (笑)ちょっと待ってください。自分ちはお店屋さんをしてる。何やと思ってたんですか？

桑山 もう、全然、興味がないっていうか…

谷口 それぐらい順風満帆っていうか…

桑山 はい、でしたね。中学、高校も私学行きましたし、大学は大阪芸大に行って…19歳ぐらいの夏かな、ある日、姉から電話があって、「ちょっと戻っておいで。」みたいな感じやって…

谷口 ええ。

桑山 で、普通に戻ったら、親父が倒れて…治療室にずっといて、後で病院の先生とかに呼び出されると、心筋梗塞で…

谷口 めっちゃ大変じゃないですか。

桑山　もうあと数日か数か月後に死ぬって言われて、で、お父さんの仕事を手伝わなあかんって、姉とか母親から言われて…んな、まぁ手伝うわ～みたいな話で…

谷口　ほんなら、そん時初めて自分、家業が分かった…？

桑山　そうですね。あ、そういえば、こんな感じかな、みたいなこと。

谷口　手伝わなあかんっていうか、リアルにもう継ぐことになりますよね。

桑山　はい。もう、そうやなぁって感じでしたねぇ。

谷口　そうやなぁ～はははは（膝を叩いて）…

実家は呉服屋

桑山　そうやなぁ～って思って…

谷口　会社を、実質は継いでいくわけですよね。そういう引継ぎもできないわけじゃないですか。そんなん、すぐ会社ってできるもんなんですか？

桑山　できるかなぁって思ってました。お店もあったし、やること覚えたらいいのかなぁと思って…日々1～2か月やってたら、銀行の方から借金っていうか、借財の取り立てが来てて、「あ、すごい借金あるのかなぁ。」と思って…母親に、「借金とかあんの？」って聞いたら「あるよ～」っていう感じで…

呉服屋を継ぐも
その時が何歳ですか？
二十歳くらいですかねぇ。
それ（借金）、一生懸命やってても、なかなか返していけないんで、会社二つ作ろうと思って…

谷口　「あるよ～。」

桑山　僕もあんまり把握はしてないんですけど、毎月毎月こんなにあんねんなぁっていう感じでした。

谷口　毎月の返済が何百万だったわけですねぇ。

桑山　はい。で、それ、一生懸命やってても、なかなか返していけないんで、会社二つ作ろうと思って…

谷口　その時が何歳ですか？

桑山　二十歳くらいですかねぇ。

谷口　二十歳で会社作ること思いつく。

桑山　作らへんと返せないんですよねぇ、やっぱりねぇ。

谷口　止めようとか逃げようとかは思わなかったんですか？

桑山　全然。あの～、逆に燃えましたね。がんばろう！って。

谷口　あはっはは…（二人笑い）取引先の方とか、そういう関わりもあるでしょう。そっちはうまくやってたんで

桑山　すか?だって、大学生でしょ、単なる。熱意と情熱だけでぶつかる姿勢で仕事してたんで…社会経験がないんで。例えばね、夏の時だったら、呉服屋だから、下駄履いて営業に行ってもいいんかなぁって思って…

谷口　スーツ着て下駄、みたいなんですね。

桑山　はい、はい。「裸足で来るって、どういうことや?」みたいなんで、もう1時間ぐらい説教受けまくって、帰りしに空箱を投げつけられて、「痛っ!」

谷口　ええ~?!（笑）昭和の根性物のドラマみたい…

桑山　ほんと、そんな感じ…でも、経験がないんで、それ、普通だと思ってたんで…

谷口　でも、やっぱり、そこでね、逃げ出さないんですね。

桑山　そうそう、選択肢はなく…与えられた条件をクリアしていこう!

谷口　すごい!

桑山　っていう感じです。

谷口　選択肢がなくてもクリアーするタイプと、選択肢がないから、はじかれて、パーン!って逃げちゃうタイプがあるかなと思うねんけど…突き進んで行ったんですね…

桑山　ですね、ただただそれだけです。

京友禅の技術を〝着る〟

谷口　最初は社会経験がなかった。でもいろんなことやりながら家族一丸となって…だから借金減っていくわけですよね。

桑山　減っていきましたねぇ。ちょっとずつちょっとずつちょっとずつ減ってって、まぁ自分も仕事っていうものができるようになってきて…ちょうど26ぐらいの時にお父さんが亡くなったんですよ。

谷口　あぁ、そうですか。

桑山　はい。で、そん時、亡くなる前に、もう好きなことしてお前生きていったらいいし、みたいなこと、遺言みたいな感じで言われたし、じゃ僕も、ちょっとお金稼ぐのと違うことしていこうと思って…

谷口　あ~、そっか。

桑山　もう今、呉服の会社を解体していて、借金はその時、土地とかいろんな貯金とか崩して、ある程度はもう清算して…

谷口　はい。

桑山　着物を作る職人さんらとそういう話をしてた時に、こういう技術を広めるっていう活動をしたらどう?と。着物っていうものは着る物って書いて着物…

谷口　はい。

桑山　あの形が着物じゃない、こういう技術を着るものに使うことが着物って呼ぶんや、と。伝統工芸士の方とか何十年も仕事されてる方がそう言われるんで…

谷口　こう（狭く）思ってはるんかと

伝統工芸士の方とか何十年も仕事されてる方が「あの形が着物じゃない、こういう技術を着るものに使うことが着物って呼ぶんや」と。

新しい伝統産業へ
なんとなくデニムだったんですか？
洋服で、孫の代までっていうか、使ってってても価値が上がるものってデニムやったんですよ。

思ったら、こう（両手を広げて）思ってんねや。

桑山 結構みんなそう思ってはって…自分が食えるような着物作らないと、着物なんて広まんないし、着る物になんないよねぇって、みんな思ってるなんて言ってはったんで、自分と職人さんらで、いろんなものに京友禅染めをしていって…

谷口 はい。

桑山 今はデニムになりましたけど、加工して、ショールームを作って、で、土日だけ開けてやってたら、ちょくちょくちょくちょく観光客の方が来られて、面白いっていうことで買われるようになって…

谷口 なんとなくデニムだったんですか？それはさっき言わはった日常ってことですか？やっぱりデニムってもうめっちゃ日常着じゃないですか。

桑山 着物ってずっと使っていっても、孫の代まであげられるじゃないですか。

谷口 はいはい。

桑山 で、洋服で、孫の代までっていうか、使ってってても価値が上がるものってデニムやったんですよ。

谷口 あ！そうですね！

新しい伝統産業へ

谷口 これからは、どんな風に？もっともっとっていうところがあると思うんですよ。

桑山 そうですね。

谷口 意外に野望家やから。

桑山 はっははは。でもやっぱり、文化を、知ってもらおうと思って…

谷口 文化を知ってもらう。

桑山 物にしなきゃわかんなかったんで、物にしてますけど、やっぱり文化を知ってもらいたい。だから日常の物、デニムとかに友禅染が…本当の京友禅染めができるよってことをもっと知ってもらって、ま、うちのやってるのを例えば真似してもらったりとか、見て買って自社で作ってもらったりとか、いろんな企業がそういうことしていくと、京都でもいろんな京都デニムがいっぱいできて来て、物を作る人たちもまた発展するし、雇用も生まれるし…産業にも発展していくと、やった甲斐があるなって…

谷口 お、じゃ、あれですね。こういう技術を持った、デニムでこういう技術の京都デニムはうちだけ！ではない、と…

桑山 そうですそうです。それが何十社にも

谷口キヨコの流々通信

「桑山さん」

桑山さんには驚かされた。

まず、その鈍感力。

自分家の稼業が何かよく知らなかったってすごいし、引き継ぎしないで会社の跡継いでやっていけるやろうって思うのもすごいし、借金あるのも（かなり多額やったらしい）商売してたら当然やし返していくためにべつに会社二つ作るっていうのもすごい。

すごいことだらけの鈍感力。ここまできたらそれはまさにもう力である。

次に拘らない自由な発想力。友禅の伝統工芸士さんと一緒に、着物ではなく現代の「着る物」に友禅の加工を施していく。これは職人さんからの提案でもあったそうだが、これをいえる雰囲気、やれる雰囲気を桑山さんが持っていたからこの提案になったのだろう。孫の代まで着ることができる日本の着物。日常着として完全に定着しているデニムも、使ったり古いものにこそ価値が上がっていくものである。この二つにはこういった共通点があったのだ。友禅加工した元来の着物→着物とは元々日常に着る物→今、日常に着る物はデニム→デニムに友禅の加工という発想は私にはない。

そして文化を作ろうという開かれた大きな力。本物の友禅の加工をしたデニムは、日常に友禅染めを引き戻した。これを自分の会社だけではなく、色々な企業がやることによって京都デニムという文化になると、桑山さんはいうのである。大きくなれば、切磋琢磨で技術もより一層磨かれ、雇用も増え、仕事としてやりたい人も増え、それはやがて京都の産業になると。

着物から着る物へ。京都はそのどちらもの都になりうる。

なれば世界中にも行くし、何十年後かにそういう、なんか、京都デニム委員会みたいなんとか産業みたいなんがちょっとでも形作れたらいいなぁって思って…今もやってます。

谷口　すごいなぁ。

桑山さんを表すことば

「桃の種」

「桃の種」です。桑山さんは桃太郎さんみたいだったんですよ。自分がその種になって続けていこうとしてはる。種でした。

京都デニム　＃051
桑山　豊章さん

谷口流々

TANIGUCHI RYU-RYU

EXERCISE

#014

ウォーキングインストラクター

坂口 久美子さん

一般財団法人Cs'代表。
ウォーキングアドバイザーとしてスクールレッスンや企業研修、セミナー講師として活動。

一般社団法人シーズ HPあり

☎ 075-757-7513
京都市北区衣笠東尊上院町16-1-306（Map J）

#014

谷口 初めまして〜。

坂口 こんにちは。初めまして。

谷口 うわっ、シュッとしてる！

坂口 (笑)

谷口 私が実際に出会った女子の中で一番シュッとしてはりますよ。(周り笑い)

坂口 一番嬉しい言葉です。

谷口 「ベストシュット」です。(笑)

坂口 ありがとうございます。

コンプレックス

谷口 正直「背高ガール」ですね。

坂口 「超」が付くぐらいですね。もうでも物心ついた時から「自分は大きいんだ」ってのがあったのでもう常に母親の後ろに隠れるっていう…私の姿が見えない状態を作ってました。

谷口 何が嫌やったんですかねぇ、思い起こせば。

坂口 小学校に入ってからは、「わぁ、背たか！」っていう言葉と、「わぁ、ガリガリ！」っていうその二つの言葉。それでどんどんこう小っちゃくなって行って、それで、「いじめられてる」ってこう決めつけるって言うか…

谷口 その一言は、自分を傷つける言葉、傷つけられてると…

坂口 そう。だからもう結構引きこもった子どもでした。

谷口 でも、どう考えても、今はね、スッとした華やかな女性

坂口 ですからやっぱり何かきっかけがあったりとか…3年生か4年生の時に転校生が来て、で、たまたまその子と友達になれて…

谷口 うん。

坂口 で、その子も一緒に地域の中学に上がるんです。その子は何を思ったか、「私陸上部に入ろうと思うねん。」

谷口 はっはっはっは。

坂口 「陸上部⁉」家帰って、「また中学3年間一人か…一人でお弁当か…」って思って…

谷口 他のクラブとか入る気なかったんですよね。

坂口 全く！

谷口 で、運動もできひんと思ってたんですよね。

坂口 すぐ家に帰りたい子やったから。

谷口 うん。

坂口 でも、2〜3日悩んで、「私も陸上部入るわ〜。」言うて…

谷口 思い切ったわ〜も〜〜！

坂口 思い切った、思い切った。で、私6年生で既に１６４センチでしたからね。そしたら顧問の先生から「背高いか

ウォーキングインストラクター
坂口 久美子さん ＃０１４

コンプレックス
走ったこともないし。でも、やってると楽しくて…そう、2年生ぐらいには記録がどんどん伸びて
体力が付いて来た頃に、それまでは心が折れてたのに、折れにくくなって
体強くするって、心も強くなっていくことあるんですね。

ら、走り高跳びやれ！」言われて…

谷□ 今まで、走り高跳んだことあったんですか？

坂□ ないですよ。

谷□ 走り高跳んだことない。

坂□ 走ったこともないし。でも、やってると楽しくて…そう、2年生ぐらいには記録がどんどん伸びて、

谷□ 走り高跳びの！

坂□ そうなんです！『京都府代表』みたいな。

谷□ すごいじゃないですか。

坂□ 近畿大会行った！みたいな。体力が付いて来た頃に、それまでは心が折れてたのに、折れにくくなって…

谷□ ん、継続してね。

坂□ 強くなって、で、陸上部の同じ学年の友達もできて、クラスでもちょっとしゃべれるようになって…

谷□ はぁ～、やっぱり体強くするって、心も強くなっていくこと、

坂□ そうなんです！

谷□ あるんですね。

ショーモデル

谷□ まぁついに弾けちゃったわけですけど…

坂□ 弾けました。

谷□ そこからぶっ飛んでますよ。ショーモデルってもう弾ける頂点じゃないですか。

坂□ そうですよね。まさかでも私もそんなことになるとは思わずに、普通に高校、大学行って、で、普通に就職活動するじゃないですか。たまたま大学の同級生にニュージーランドから留学来てた190センチくらいの男の子がいて、で、その子が、「クミコ、背が高いんだから…」言うて「モデルなったらええねん。」言われて。

谷□ へへっ。「ええねん。」って。

坂□ 「ええねん。」って言われて。

谷□ いわゆる、あのぅ『無責任』っていう…

坂□ そうそう。「え～、モデル～!!」いうて。で、もうやるしかないと思って、多分事務所に入ったのが8月ぐらいやったんですよ。

谷□ すごいですね。もうどんどん人生変わって来てますね。

坂□ そうなんです。9月ぐらいに、おっきい仕事のオーディションがあったんです。で、それは関西のモデルが全員狙う、今は無いんですけど、「大阪コレクション」と言われる…

谷□ 東コレ、パリコレ…

坂□ そうです。そうです。その1個に大阪コ

レクションがあったんです。たまたまうちの事務所の社長が力のある元モデルで、大コレに出展するデザイナーのところに私を連れて行って、「この子新人やけど、いいから使って、先生～」言うて。なら、それ、通ったんですよ。

谷□ すご～いですね。

坂□ あの、ファッションショーのライトを浴びて、

谷□ ランウェイですよね。

坂□ そう。一人で歩いて、どっかでポーズ決めて、っていう快感というか、もうブワ～ってアドレナリンが出るのがもうやめられない状態というか、「こんな楽しいことあるんや！」って。

谷□ あぁ～、んんんん。

坂□ 今まで、ねぇ、自分の身長を活かせる時が来るなんて思ってなかったのに…

谷□ なんなら、小っちゃすぎる！みたいな…

坂□ そうそうそうそう。

谷□ 要するに、概念がもうそっくり変わっちゃったんですよね。

坂□ もっとおっきくなったら良かったのに！って。ず～っと思ってました。

谷□ 今からでも食べるのに！ぐらいの。

坂□ そう、そしたら今度、太りだしたんですよ。あんなガリガリで、食べても食べても、「ガ

リガリ！」って言われてたのに…

谷□ 体質が完全に変わって来ましたね。

坂□ 変わりました。いろんなダイエットをする中で、過食症なったんですよ。

谷□ 逆にねぇ。あ～。

坂□ もう隠れて食べるようになって、でも精神的にもボロボロになって…で、体もボロボロやし…

谷□ あ～、負担がかかって来るねんね。

坂□ むっちゃ負担がかかって…。しょっちゅう捻挫したり、しょっちゅう腰痛めたり…で、28でもう辞めたんです。

谷□ じゃ、もうここでこれは一旦終わろうと。

坂□ ん。ま、それも、結婚するっていうきっかけがあって、ま、結婚してからでもやろうと思ってたんですけど、子どもできたんですよ。子どもが可愛すぎて…

谷□ んん～、ね。

坂□ こんな子を置いて、仕事、無理！と思って、もう辞めます。

谷□ うん。結構、「すぐ帰って来ます。」いう人に限って全然帰って来てくれないですよ、うちの事務所もね。（周り笑い）

坂□ すみませ～ん。

谷□ いやいや、いいんです。

歩いて輝く

谷□ ま、そこから今の仕事にってなる訳で。

坂□ モデルの時にめちゃめちゃ体も痛めて、心もボロボロになって、でも歩くことはすごい好きやったんですね。せやし、今度は、姿勢とか歩き方、正しいのを伝えたら、もっと体が元気になったりとか、健康になったり…するんちゃうかなと思うて。

谷□ あのぅ、どんな方がいらっしゃるんですか？

坂□ やっぱり、30代以上の女性、が、すごい多かったですね。後は、ちょっと引きこもりというか、あんまり外に、学生時代に不登校になってしまってお家でしか過ごせない女の子がいて、ま、最初はほんとに私と目が合わせられないような女の子で…

谷□ んん、んん。ま、出るのが精一杯ですよね。

坂□ そうなんですよ。でも、どんどん変わっていって。で、うちはスニーカーのレッスンから始まって、ヒールのレッスンもするんですけど、ヒールのレッスンをしてからは、その子、

正しく歩くことって、なんか、今の自分よりも、さらにキラキラと輝けると思うんですよね。

靴に目覚め始めて、で、そっからおしゃれに目覚めて、で、スクールの生徒さん同士の中でお友達もできて、なんか、昔の自分を見ているようで、めちゃめちゃ嬉しかったんですよね。

谷□ 人に何か、「こういうやり方があるよ」って教えてあげることが、一つの最大の喜びなのかなぁというふうに…

坂□ そうですねぇ。

谷□ 思いますけど、やっぱり「歩く」ということに一番特化してるのかなぁと思いますけど。

坂□ はい、そうですね。

谷□ 歩くことっていうのは坂口さんにとってはどういうことやなぁって思いますか？

坂□ 正しく歩くことって、なんか、今の自分よりも、さらにキラキラと輝けると思うんですよね。なんかそのきっかけになるような気がして、どんな人でも正しい姿勢をして正しく歩けるようになったら、輝くと思います。

谷□ 正しい姿勢！正しい歩き方をこれからもしていきたいと思います。

坂□ 頑張って下さい。

谷口キヨコの流々通信

「坂口さん」

外見に対する誉め言葉…、どんな風にいわれたいですか？

　私は「シュッとしてはる」がいいですねぇ。最上級です、私にとってベストオブ外見誉め言葉です！　いわれてみたいですねぇ、「キヨピー、シュッとしてはる！」

　背が高くて顔が小さいからバランスがよい！　ここまではくるんですよ、私に対する誉め言葉。でもそこからがすすまない。声が可愛い、とかの評価は私が求める誉め言葉とベクトル違うんですよ、僭越ながら。せっかく誉めてもらっているのにすみません。

　外見をもっとストレートに誉めてほしいんですよ、「シュッとしてはる！」と。

　背が高くて顔が小さいからバランスがよい…、いい線きていると思うけど、私は何かが足りないんやろなぁ「シュッとしている」に…。

　この「シュッとしてはる」にはセンスとか、全体的な雰囲気がひとつの、でも大きな要素だと思われる。一般的な外見に対する誉め言葉の、顔がキレイ、可愛い、カッコいいだけではない全体的な雰囲気。これはなかなか、一朝一夕にまとえるものではない。だからか、シュッとしている子どもはほとんどいない。キレイでも可愛くても、子どもはシュッとしてないのだ。子どもはまだ生きてきた歴史が浅いから、雰囲気があまりない。だから全体的なシュッと感が出せない。

　たまにオーラが出ている子どもがいるが、あれは生まれ持ってのものか、その子をとりまく環境のせいだろう。

　内面からにじみ出る…、みたいないい方がある。そこやな、きっとそこが雰囲気には大切な部分なんだろう。

　にじみ出したい！　ええ雰囲気！しかし！雰囲気なんてものこそ、出したい！　と思っただけで出せるものではないのだろう。

　でもね、人間は努力すれば報われると信じたい（ある程度）。

　なりたいと本気で思い具体的に努力すれば、近づけるのではないか、と。

　目標は決まっている。「シュッとすること」。さて、何から始めたらよいのかしら…。

ウォーキングインストラクター
坂口　久美子さん　＃０１４

坂口さんを表すことば

「歩くことは生きること」

ジャン！歩くことは生きることです。坂口さんにとってもそうだと思うし、もちろん私たちにとっても歩くことは生きることです。前に進む！というそんな気持ちも込めました。

#044

カポエイラインストラクター

西村 晃輔さん

カポエイラ教室「京都カポエイラアカデミア」のインストラクター。カポエイラの魅力を日本に広めるべく世界大会を誘致するなど様々な活動を行っている。

京都カポエイラアカデミア HPあり

☎ 075-211-1050

京都市中京区松本町583-1（MapⒶC-1）

#044

谷口　初めまして。谷口キヨコです。
西村　よろしくお願いします。
西村　谷口さん、実は…カポエイラにも挨拶がありますので、カポエイラの挨拶を一緒に是非やってください。
谷口　どんなふうにやったらいいですか？
西村　まずはですね…手を取り合って…
谷口　はい。（手を組む）
西村　そして、協力すれば（恋人つなぎのように指を組んで）力になる（拳骨を突き合わせる）。そして、ハグです。（ハグする）。
谷口　（笑）手を取り合って、（周り笑い）協力すれば（周りさらに笑い）力になる。
（ハグ）
（二人、ガッツポーズ）

カポエイラを体験――

西村　カポエイラはダンスと格闘技がミックスしたスポーツです。
（西村、カポエイラを披露）
谷口　お～～！
（西村、カポエイラの技を次々披露）
谷口　わ～～！（拍手）

西村　ありがとうございます。ステップのリズムに乗りながら、キックを繰り出したり、それをよける動きをしたり。ちょっとアクロバティックな動きも挟まりますね。
谷口　ＯＫ、さぁ、音楽が鳴ってきました。
西村　やりましょうか？　はい、まずは基本のステップの「ジンガ」っての、やってもらいます。
谷口　「ジンガ」！イェイ！
西村　いいですか、まず、足を開いて…

～谷口ジンガ体験～

…

＼＼撃沈ww～!!//

カポエイラに没頭――

谷口　どこでやろうと思ったきっかけに出会ったんですか？
西村　きっかけはですね、大学一回生の時に、アルバイト先の先輩が、もう習うてはったんですよ、カポエイラを。ちょうどいいやん、ってことで行ったんですけど、やっぱ、見た目ですね、まず。ブレイクダンスの動きの要素も入

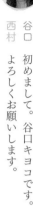

ってるんですね。それを見たときに、「かっこいいな」って思ったのがきっかけですね。

谷口　本場はブラジルなんですよね。

西村　そうなんですよ。

谷口　となると、やっぱりあれですよね。そっちの方にも…

西村　そうなんですよね。ま、関わる時間が増えてくると、やっぱりカポエイラの動きの部分以外の、カルチャーの部分にもすごい興味出てきたんで…

谷口　はい。

西村　まぁ、それがきっかけでブラジル料理屋さんでアルバイトしたり、とか…

谷口　ブラジル料理…ま、いきなり行くのは遠いですもんね。

西村　そこでいろいろブラジルの文化のこととかも知りながら続けていくうちに、やっぱりだんだんブラジルも行きたいなぁって気持ちになってきたんですよ。

谷口　そうですね、はいはい。

西村　で、ちょうど三回生の時に、それまで習っていた日本人のカポエイラの先生、今は先輩にあたる方がいるんですけど…その方も、「ブラジルに行きたいな。」という話をされてて、「あ、じゃ、僕も一緒に行きたいな。」っていうことで、大学お休みして…ま、行こかな、と。で、まぁどこに行こかなって悩んでるときに…

谷口　ブラジル、大きいんやんね〜。

西村　はい、そうなんですよ。このマークは僕のグループなんですけど…ブラジルに本部があるんですね。で、ミナスジェライスっていう州の中にベロリゾンチっていう…都市があるんですよ。

谷口　はい。

西村　その中にある道場、ここの道場の先生、かっこいいなと思って…この道場に行きたいから…当時働いてたブラジル料理屋さんの店長、エドっていうんですけど…

谷口　エドさんに…

西村　「ちょっと電話してくれないか？」と…

谷口　(笑)電話！

西村　で、「じゃ、いいよ！」って言ってくれはったらしいんで行ったんですけどね。

谷口　実力はどうだったんですか？彼らと、日本でやった、カポエイラ…

西村　日本で練習してた時と違う印象って思ったのは、案外基礎練習をものすごいするんですよね。

谷口　じゃ、もう、ジンガ〜、ジンガ〜、ジンガ〜…

西村　そうです、そうです。なんか、ちょっと退屈な部分もあったんですけど…

谷口　はいはいはい…え〜？みたいな…

西村　もっとすごいこと練習できるんじゃないかな、と思ってたんですけど…でもやっぱりやっていくうちに、すごい、下半身の筋肉も強化されるし、あ〜、結局はやってよかったなぁって…

谷口　んん、んん〜。

西村　やっぱり本物ってこういうことなんやな、みたいな…シンプルな中に本質があるんやな、ってのは感じましたけどね。

谷口　私はよくはわかんないですけど、スピリッツが絶対あるじゃないですか…空手道だったらこうしなきゃいけない、とか、カポエイラにはあるんですか？

西村　カポエイラでは「リスペクト」尊敬するっていうことがすごく大切ですね。

谷口　それは、相手を、ってことですか？

西村　相手もですし、自分のことを知ることも大事ですし、カポエイラでエネルギーを高めるっていうのは一人がアクロバティックなことができたらオーケー、っていうわけじゃなくて、二人で掛け合った時のエネルギーの高まりがカポエイラのエネルギーなんですよ。そうするためには相手のことを尊敬するってことがまずないと、成り立たないんですよね。

ブラジル留学時代の師匠

谷口　あぁ〜、要するに、自分だけが〜、自分だけが〜とか自分がうまく見せよう、とか…ではダメ。

西村　そうなんですよ。

谷口　そういう考え方なんだぁ〜。

西村　だからカポエイラを通じて、普段は引っ込み思案であんまりしゃべらへん子どもたち、だけど道場に来たら、みんなと挨拶しっかりできるようになった、と。まぁ、ハグまでやりますからね、挨拶の中で…

谷口　はいはいはい。

西村　だからコミュニケーションの能力も付くし、そういうところが僕はカポエイラの道、日本の道にもその要素が入ってくれたらな、と思ってカポエイラやってるっていうのが大きいですね。

谷口　そういうことも含めて、だんだんはまって行ったってことですね、その三か月の中で…

西村　そうですね。だいぶはまりました。ま、今もはまり続けてますけど…

世界大会を日本で開催したい！

谷口　やっぱり、そのカポエイラっていうものをよくわからないので、今日はね、そこをいっぱいお話聞いたんですけど…

西村　はい。

谷口　そのわからないものにチャレンジしていく、しかもそんなわからない人がもうジャンジャンいる日本で世界大会をするっていう…無茶ともいえる…

西村　はい。でもやっぱり、一つはカポエイラっていうものをまず知って頂く、というか、たくさんの人にカポエイラの楽しさを知ってもらうっていうのが、今の僕の目標でもあるんですけど、そうするために、何かいろんな形で取り組みをしていくことがすごく大事だなっていうふう

にずっと感じていて。ま、競技会っていうのを実際に打ち出してやってみたんですけど、まぁ、そりゃ最初は、身内からもちょっと…

谷口　(笑)

西村　(笑)反感を買うというか。スポンサーもいろいろ探すじゃないですか。でも、やっぱりみんなカポエイラ知らないんで、知らないものにお金出ないんですよ、当然…

谷口　(笑)そりゃそうですよ！

西村　だから、どうしようかな、ってなった時に、僕がカポエイラ始めた当時からずっと一緒に練習してる戸崎君って、ま、今は社長なんですけど…戸崎君って子がいて、ほんとはカポエイラで行きたかったたん、らしいんですね、彼も…

谷口　んん、んん。

西村　でも、やっぱり仕事とかあるしって離れてる期間があったんですけど、交流が続いてたんでお願いしに行ったんですよ。「あ、ほんならぜひやろう！」って力貸してくれて…で、そこからまた繋がりが戻ってきて、第1回、2回、3回と…手伝ってくれたんですよね。で、僕も初めてのイベントなんでわからないじゃないですか。運営委員会みたいなん作ってとか。

谷口　はい。

西村　この人集めてとか、何にもしてなかったんで、結局ほぼ一人でやったんですね。いろんなケアも回らへんし、自分のケアも回らへんし。自分もその第一回の競技会に出場してたんですけど…そこで靭帯を切って…

谷口　ははははは…

西村　(笑)自分の大会で…

谷口　エネルギー、もう喪失してますやん。

西村　3回目までやった時に…その戸崎社長、今の社長が「ちょっと大変ちゃうか？」っていうふうなこと言ってくれて…

谷口　社長、1回目で言うてくれたらええのに！

西村　(笑)ま、そりゃそうすね…じゃ、ちょっと一緒にカポエイラのその事業やろうか？って声かけてくれたんですよね。

谷口　はい。

西村　そこから、僕がカポエイラとか、競技会のこととかに専念できるようにサポートしてくれることになって、僕は今、戸崎社長の会社のカポエイラ事業部門の人間なんですけどね、それで…(笑)

谷口　社員。

西村　社員なんです。はい。

谷口　最終的な目標は？

西村　日本全国にカポエイラを広めるということです。

谷口　広める！

西村　はい、そうです。もう、みんなが知っている。公園でも、子どもたちが日曜日にはカポエイラをしてる！みたいな…

谷口　なんか、昨日カポっちゃった、みたいな…

西村　そうそうそう。それぐらいにはなりたいですね、はい。

谷口　でも、そのためにはやはり今までのような活動を含め、そうじゃないのもしたほうがきっと広がるんじゃないいんですか？

西村　そうですね。今ここの道場ではですね、子どもさんと、大人の方メインにやってるんですけど、例えばエクササ

谷口キヨコの流々通信

「西村さん」

ブラジル生まれのカポエイラはダンスと格闘技をミックスしたスポーツだ。

西村さんのパフォーマンスは力強く、流れるように美しかった。それに惹かれ、色々な動画を見てみた。すごい！ 身体からあふれる躍動感が半端ない。空手や合気道をみていても、一流になると身体からエネルギーが塊のように放出されているのを感じる。その動きは流れ、というより動と静にはっきりと区切られたキレのよさがエネルギーに還元されているように思う。張り詰めた空気のなかでの冷気にも似たエネルギーである。

それに対してカポエイラは熱気のなかにある。奏でられる音楽がやがてうねりとなり、そこで繰り広げられる熱風のような演舞。汗のパフォーマンス。

西村さんにカポエイラのスピリッツを訊いた。「カポエイラでは、リスペクト＝尊敬するってことがすごく大切ですね」と。西村さん、さらっというけどそれって人間関係の基本じゃないですか！ そして西村さんはこう続けた。「二人でかけあったときのエネルギーの高まりがカポエイラのエネルギーなんですよ。そうするためには相手のことを尊敬するってことがまずないと、カポエイラが成り立たないんですよね」と。に、に、に、西村さん、それこそが人間関係なんですよね！

わかっていてもできないのが人間でもあるわけで…、カポエイラは音楽を用いてわたしたちの心をほぐしてくれる。心の緊張を解いてからからだを動かす。こころとからだで高めたエネルギーを二人によって倍以上のものになるように、相手をリスペクトしながらエネルギーを高める。人としての関係が成り立たなければそこには素晴らしいカポエイラのエネルギーは生まれない。そして、その関係を成り立たせるために必要なのは相手へのリスペクトである。いやいや、それってほんまに人間関係そのものですやん！ カポエイラすごい！ 西村さん、そりゃはまるわ。私もはまりそうやもん。

イズの要素を取り入れてみたり、とか、後はちょっとストレッチ的な要素とか入れてみたり、できるだけ幅広い皆さんに楽しんでもらえるようなレッスン、クラスを考えて、打ち出してますね。

西村さんを表すことば「沼」

「沼」。はまったんですねぇ。カポエイラ沼に。でもその沼はねぇ、きっと誰にも邪魔されない、ほんと居心地のいい沼なんですよ。「沼」ある人は幸せです。

カポエイラインストラクター
西村　晃輔さん　＃０４４

あとがきにかえて

谷口流々

TANIGUCHI RYU-RYU

谷口キヨコを表すことば

谷口キヨコに縁のある皆様から
「谷口キヨコを表すことば」を
いただきました。

キヨコ観音さま

京都清水寺執事補
塔頭泰産寺住職
森　清顕

「谷口キヨコ」という名前を知ったのは、いつ頃だったでしょうか。何気なく聞いていたラジオから、流れてくる心地よい語り口に引き込まれ、ひとりのリスナーになっていたのです。それから二十数年の星霜を経て、思いもかけないことが起こりました。それは、どう言う星の巡り合わせか、キヨコさんと一緒にラジオ番組を始めることになったのです。寺や大学などで人を前にして話すことはありました。ところが、伝える相手の姿が見えないラジオは初めてで、緊張のなか初収録を終えました。この日を境に私の心の中では、「キヨコ師匠」として勝手に「キヨコ一門」に入門したのであります。収録がすでに一六〇回を越えても、話すスピードや表現、言葉の配慮など、毎回学ぶことが数多くあります。

しかし、最も気付かされるのは、キヨコさんにはラジオの前にいるリスナーの姿が、しっかりと見えていると言うことです。だからこそ、リスナーに寄り添えるのであり、沢山の人びとに長く愛されていることが何よりの証左です。

実は、この世界こそが観音さまの世界なのです。観音さまは「観世音」と言い、「観」は観音さま、「世音」は私たちです。観音さまは、私たちの喜怒哀楽に寄り添い、一緒に喜び一緒に悲しむ、ある時は叱咤激励をする存在であり、しかも、私たちに自他の境を越えて互いを敬い大切にし合うよう説かれます。まさにキヨコさんの対話は、リスナーや会われる様々な人と、自らとが共にある存在として、主客の境界が融け合う融通無碍の世界と言えましょう。この力は、天賦の力だけではなく、見えないところでの大変な努力があります。社会人となっても大学院に進み、法学や『我と汝』の著者である哲学者マルティン・ブーバー（一八七八～一九六五）の研究などをはじめ、幅広い分野を学ぶことで確固たる自己の心眼を研鑽されているのです。

テレビやラジオを通して伝わる、元気でしかも華のある「谷口キヨコ」という世界は、自身の経験や感性、心眼を研磨する弛まない努力を基とし、他者の喜怒哀楽に耳を傾け寄り添い、共にある観音浄土のようなところだと思います。

そして私は、今では「キヨコ一門」を卒業して、これまた勝手に「キヨコ観音さま」と心の中で呼び、後ろからそっと拝む信者のひとりになっております。

『キヨチャンネルは楽しさ無限大∞』

αステーション・ラインキャスター
百鳥　秀世

谷口キヨコさんとは、30年近く前にラジオ局で出会いました。その後、ＤＪとキャスターという立場で毎週土曜日にご一緒するようになってからも二十数年という時が経ちました。改めて、出会えたことに感謝しています。そんな長いおつきあいなので、いつものようにキヨちゃんと言わせてもらいます。

私は常々、キヨちゃんは年を重ねていくと、黒柳徹子さんのような存在になると思っています。関西の黒柳徹子。徹子さんは、トットチャンネル。だからキヨちゃんはキヨチャンネルです。仕事もプライベートもキヨちゃんのチャンネルは、どれもこれも本当に楽しい。ラジオから流れるおしゃべりは、まるで目に見えるようです。更に話の例えがバツグンに面白く、想像力をかき立てられます。ニュースの前のおしゃべりに大爆笑して困った事が何度もありました。それから、私が楽しみにしているのが、ゲストの方との会話です。大物・新人ミュージシャン、著名人にアーティスト、一般の方々や学生さん等々。みんなキヨちゃんの世界に引き込まれて、ついつい、いろいろしゃべってしまう。内面を引き出してしまう話術は天性のものと感心するばかりです。時に漫才のようなやりとりにニヤニヤして聴いています。そして、プライベートのキヨチャンネルも楽しいよ！勉学に励むキヨちゃん。旅行でのハプニングやいろんなパーティーでのキヨちゃん。企画力も天才的。面白いよ。私の50歳半世紀パーティーでは、特殊な鏡開きを考案。（アゴ開き）還暦祝いではマリリン・モンローに扮して盛り上げてくれました。

仕事も学びも遊びも、全て一生懸命なのがキヨちゃんの魅力です。これからもいろいろな事があると思いますが、お互いにずっとお仕事を続けていけるように頑張りましょう。

最後に、キュートなキヨちゃん、大好きです。いつもありがとう。愛してまぁーす!!

いつでも燦めく28歳

Fレンタリース株式会社
代表取締役会長
平木　幹泰

初対面は、平成11年9月22日だった。広告代理店に誘われ、ＦＭラジオで流す我社ＣＭの収録に立ち会わせて貰えたのである。黒い薄手のニットのノースリーブにゼブラ模様のパンツ、黒いベレー帽がとても似合っていた。銀のNecklace、左前腕に巻かれたBangleと右手首のBraceletは、White Goldにキラキラと輝き、恰も長身で細身のモデルさんが、ファッション雑誌から今抜け出して来たかと見えて、私は少し動揺してしまった。

ＦＭで何度もキヨコさんのＤＪ番組を拝聴しており、聴取者の我儘で創るカクテルに果敢に挑戦し続ける姿勢や豊富なお喋りで、私は自分勝手にイメージを抱いていた。

当時「年齢不詳」とされていたが、何故か出会った瞬間「28歳だ」と感じ、自分勝手にもそう決めつけてしまった。顔立ち・容姿も美形で、ＤＪでの若々しいイメージとも重なり、「28

歳だ」との想いを生じてさせたのである。

「初めまして」とお互いに簡単なご挨拶の後、キヨコさんは直ぐガラス貼りの収録用ＢＯＸに入り、椅子に腰掛けヘッドホンを装着、原稿を小声でさっと一読、間を置かずキヨピー節の我社ＣＭが勢いよくスピーカーから流れ始めた。

原稿は初見の筈なのに、初回からピッタリ20秒で収まった。その後、様々に調子を変えて10数回吹込んだ中から最上のものが選ばれる迄、20分すらも掛けないプロの手際良さは、誠に見事で心地良かった。

予定時間より早く収録が終わり、暫し歓談出来る時間が生まれた。そこでキヨコさんは番組内で映画紹介するため、毎年２００本もの映画を観続けていると知った。毎日の如く番組やイベントの司会やらで超多忙な中、それでも仕事の合間に映画を２００本観る時間を創っている私の眼前の〃28歳の女性〃の存在は、私自身の怠惰な生活態度が時間と人生を、どれほど無駄に消費しているかを痛切に想起させ、慙愧の念で逃げ出したくなった。

その日以降今でも、キヨコさんは私にとって〃眩しいほどに燦めく28歳の女性〃であり続けている。

令和３年２月４日

谷口流々

TANIGUCHI RYU·RYU

MAP

付録

TANIGUCHI 谷口流々 RYU-RYU 京都MAP

番組のゲストさんのお店をご紹介！

A P.346〜347

- 大行寺 住職 英月
- 四葉タクシー運転手 林洋介
- 地域づくりコーディネーター 野池雅人
- HOSTEL NINIROOM 代表 西濱萌根
- 女性バーテンダー 今泉玲
- バリスタ 岡田章宏
- 苺専門家 渡部美佳
- 味噌ソムリエ 床美幸
- 木山 料理長 木山義朗
- カレー料理人 佐藤圭介
- まるき製パン所 木元広司
- タオルソムリエ 益田晴子
- 古道具店 店主 仲平誠
- 万華鏡ミュージアム 伊藤知子
- ゾウ飼育員 米田弘樹
- 家紋研究家 森本勇矢
- 銭湯活動家 湊三次郎
- カラーセラピスト 藤田たかえ
- 占い鑑定師 HAMA
- さとりえ工房 さとりえ
- 摺師　森愛鐘
- 針金アーティスト ハイメ・ロペス
- 花結い師 TAKAYA
- 京仏師 冨田珠雲
- 鏡師　山本晃久
- おむつケーキデザイナー 槌本靖子
- 京都デニム 桑山豊章
- カポエイラインストラクター 西村晃輔
- 日本茶カフェオーナー 須藤惟行

B 〜 D P.347

- 坂ノ途中 代表 小野邦彦
- 招徳酒造 杜氏 大塚真帆
- たけのこ農家 清水大介

E 〜 O P.348〜349

- 京都産業大学 神山天文台 台長 河北秀世
- 京都産業大学 准教授 久禮旦雄
- 喫茶店オーナー 宮澤記代
- 発酵食堂 カモシカ 関恵
- 松山閣 松山 代表 松山吉之
- 藤原食品 藤原和也
- 京都花室 おむろ 島本壮樹
- 猫猫寺 加悦徹
- 陶板画作家 SHOWKO
- 履物作家 野島孝介
- つまみ細工職人 北井秀昌
- グラフィックデザイナー 村田良平
- 鍛冶職人 森泰之
- ウォーキングインストラクター 坂口久美子

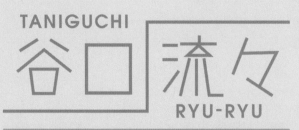

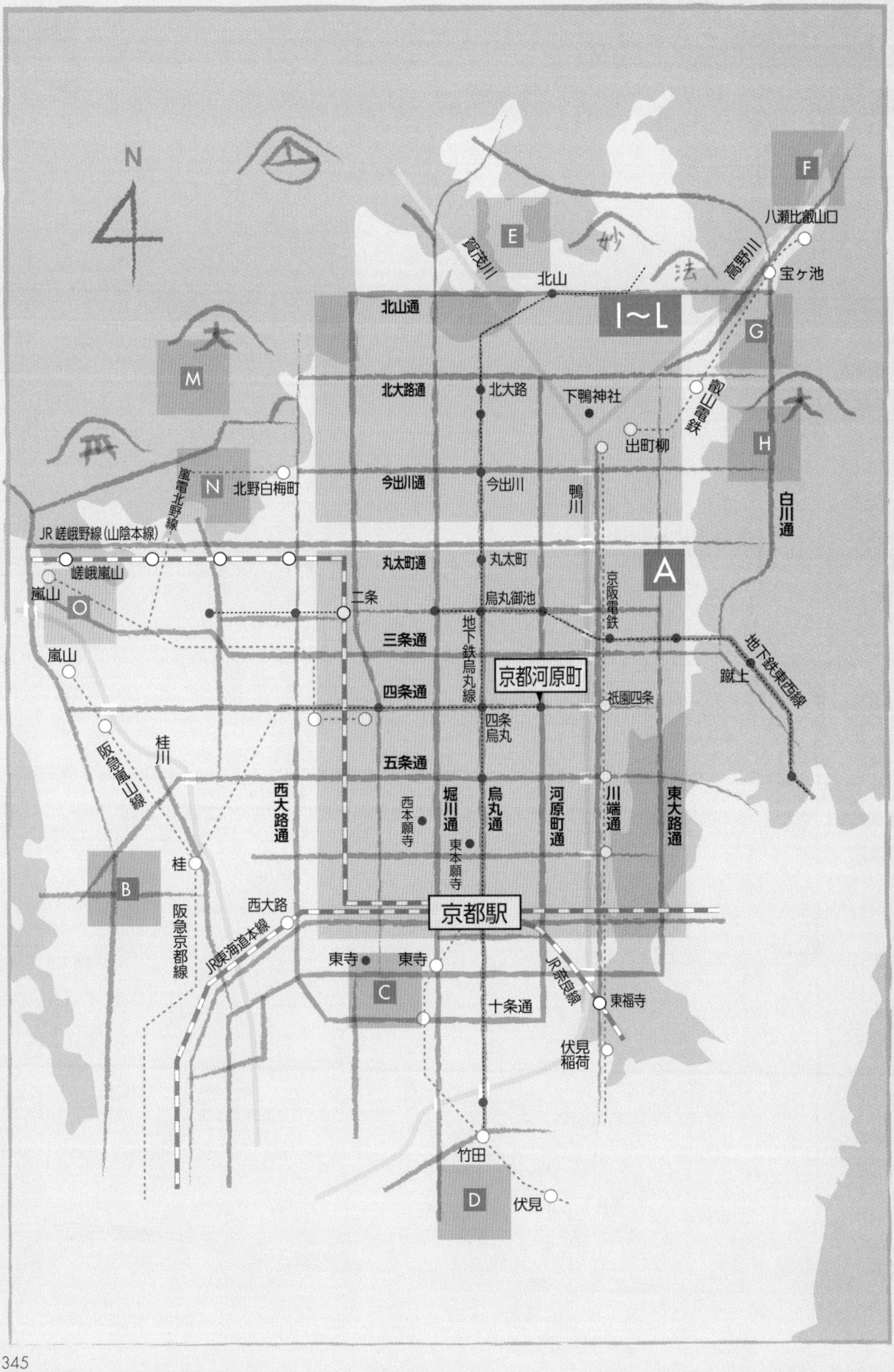
N
E
F
八瀬比叡山口
妙
法
賀茂川
高野川
宝ヶ池
北山
北山通
I〜L
G
大
M
北大路通
北大路
下鴨神社
叡山電鉄
大
丹
出町柳
H
嵐電北野線
N
北野白梅町
今出川通
今出川
鴨川
白川通
JR 嵯峨野線(山陰本線)
嵯峨嵐山
丸太町通
丸太町
A
嵐山
O
二条
烏丸御池
京阪電鉄
三条通
地下鉄烏丸線
地下鉄東西線
嵐山
京都河原町
蹴上
四条通
祇園四条
四条烏丸
桂川
阪急嵐山線
五条通
西大路通
西本願寺
堀川通
烏丸通
河原町通
川端通
東大路通
東本願寺
桂
B
阪急京都線
西大路
京都駅
JR東海道本線
東寺
東寺
JR奈良線
C
十条通
東福寺
伏見稲荷
竹田
D
伏見

京都MAP

京都駅～丸太町

A

C
D
京都御苑
プラスソーシャルインベストメント株式会社
地域づくりコーディネーター　野池雅人　P26
神宮丸太町
株式会社 NINI
HOSTEL NINIROOM 代表 西濱 萌根
P38
太町通
丸太町
木山
木山　料理長
木山義朗
P76
京都カポエイラアカデミア
カポエイラインストラクター
西村晃輔
P328
竹屋町通
地下鉄烏丸線
堺町通
御幸町通
京阪本線
河原町通
岡崎公園
京都 ビンテージアンティーク Soil
古道具店 店主 仲平誠
P158
京都市動物園
ゾウ飼育員
米田弘樹
P178
仁王門通
京都万華鏡ミュージアム
京都万華鏡ミュージアム
伊藤 知子
P172
姉小路通
烏丸御池
京都市役所前
IKEUCHI ORGANIC KYOTO STORE
タオルソムリエ 益田晴子
P152
三条
三条京阪
東山
東大路通
メゾン・ド・フルージュ
苺のお店
苺専門家
渡部美佳
P58
MISOPOTA KYOTO
味噌ソムリエ
床 美幸
P94
富小路通
鴨川
アンドレイ
女性バーテンダー
今泉玲
P46
古門前通
新門前通
花見小路通
TAKAYA Design Office
花結い師 TAKAYA
P236
知恩院
室町通
京都河原町
祇園四条
八坂神社
烏丸
四条
Okaffe Kyoto
バリスタ 岡田章宏 P52
綾小路通
大行寺
大行寺
住職 英月
P8
YUGEN
日本茶カフェオーナー
須藤惟行
P88
高台寺
烏丸通
東洞院通
カラースクールT.A.A
カラーセラピスト
藤田たかえ
P204
高瀬川
八坂通り
Happy Bicycle
針金アーティスト
ハイメ・ロペス
P224
清水坂
冨田工藝
京仏師 冨田珠雲
P248
清水五条
五条
清水寺
川端通
大和大路通
サウナの梅湯
銭湯活動家
湊三次郎
P190
花屋町通
河原町通
木屋町通
東大路通
東本願寺
渉成園
豊国神社
七条
さとりえ工房 女坂店
さとりえ工房 さとりえ
P266
女坂
占い処「Key&Door」
占い鑑定師 HAMA
P210
京都デニム
デザイナー 桑山豊章
P314
塩小路通
高倉通
京都
1
2
3

桂

B
桂
阪急京都線
新西国街道
清水農園
たけのこ農家
清水 大介
P132
京都市立
樫原小学校
京都府立
桂高等学校

東寺

C
梅小路公園
京都
大宮通
東寺
九条通
東寺
九条
坂ノ途中
Soil(そいる)
坂ノ途中 代表
小野邦彦
P164
地下鉄烏丸線
京阪本線

伏見

D
伏見
202
近鉄京都線
第二京阪道路
新高瀬川
招徳酒造
杜氏
大塚 真帆
P126
丹波橋通
丹波橋
京阪本線
115

A
椹木町通
(有)染色補正森本
家紋研究家 森本勇矢
P184
大宮通
千本通
株式会社 INECO
おむつケーキデザイナー
槌本靖子
P302
二条城
1
二条
二条
二条城前
御池通
三条通
JR嵯峨野線
堀川通
阪急京都線
大宮
四条通
京福嵐山本線
2
ムジャラ
カレー料理人
佐藤圭介
P100
大宮通
高辻通
松原通
ヤサカ自動車(株)
四葉タクシー運転手
林 洋介
P14
まるき製パン
まるき製パン
木元 広司
P114
五条通
丹波口
壬生川通
西本願寺
3
山本合金製作所
鏡師 山本晃久
P284
七条通
梅小路
京都西
梅小路公園
A

付録

TANIGUCHI 谷口流々 RYU-RYU

京都MAP

番組のゲストさんのお店をご紹介！

一乗寺 G

白川通今出川 H

京都産業大学 E

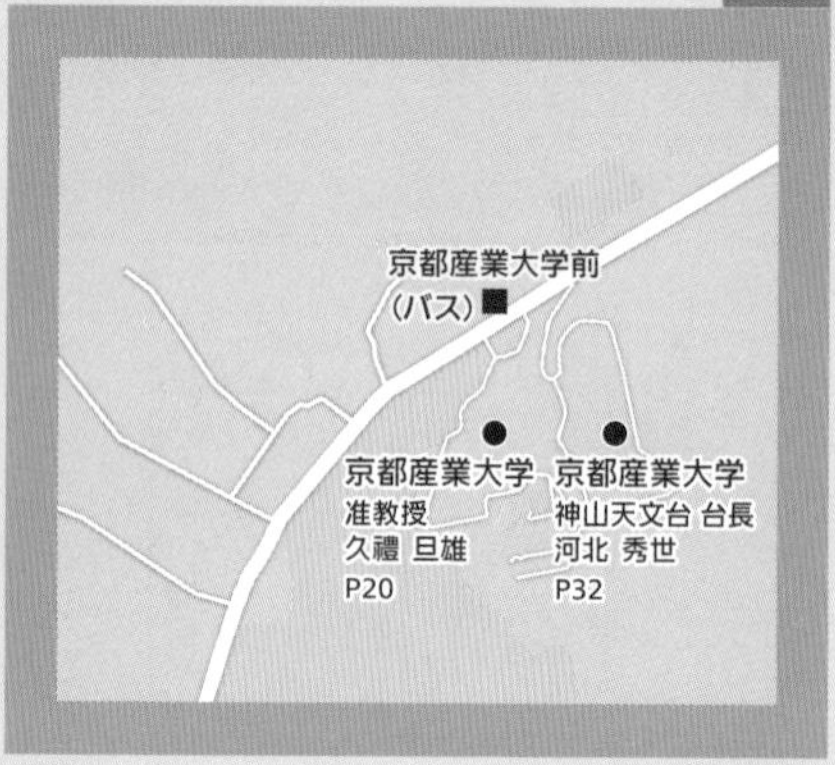

北山 I

八瀬 F

原谷 M

松山閣 松山
代表 松山 吉之
P106
原谷弁財天
原谷苑
原谷(バス)
立命館大学
第二尚友館

仁和寺 N

仁和寺
蓮華寺
きぬかけの路
京福北野線
宇多野
京都花室
おむろ
店主 島本 壮樹
P146
御室
仁和寺
妙心寺

嵐山 O

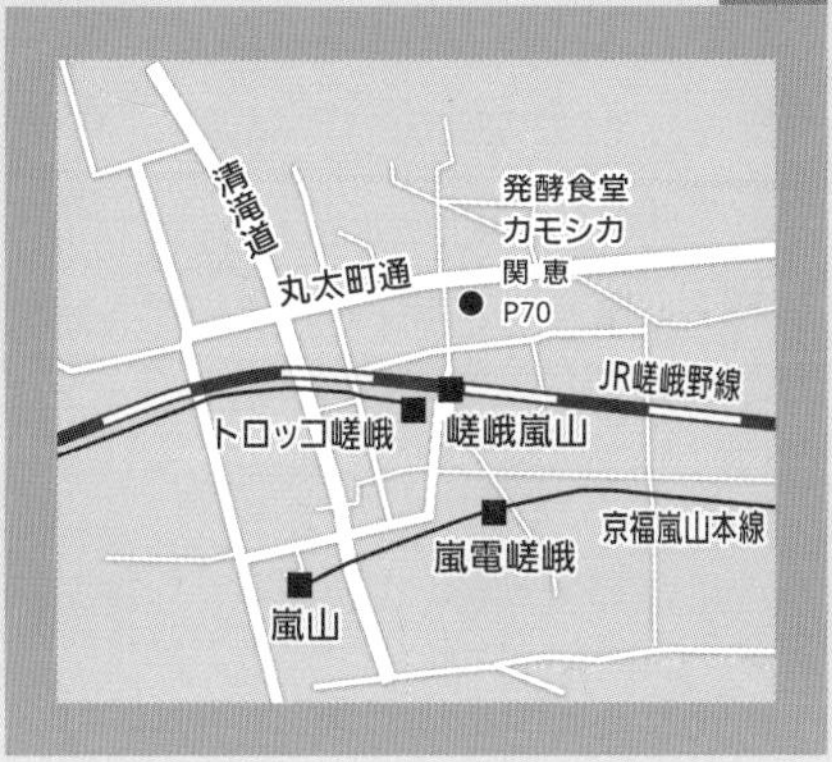

清滝道
発酵食堂
カモシカ
関 恵
P70
丸太町通
JR嵯峨野線
トロッコ嵯峨
嵯峨嵐山
京福嵐山本線
嵐電嵯峨
嵐山

千本北大路 J

一般社団法人シーズ
ウォーキングインストラクター
坂口 久美子
P322
佛教大学
千本通
天神川
北大路通

北大路 K

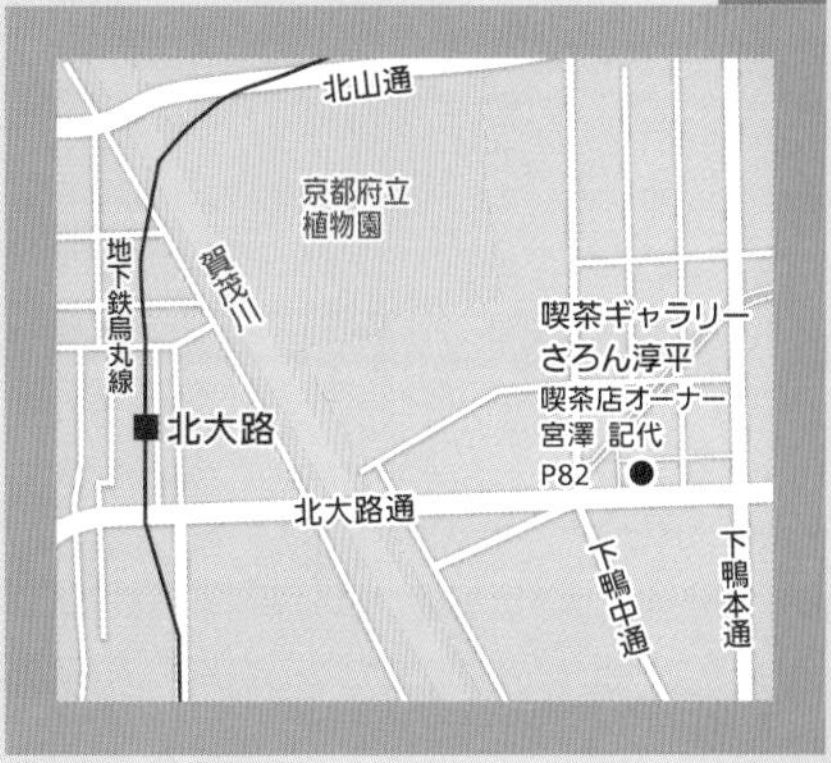

北山通
京都府立
植物園
地下鉄烏丸線
賀茂川
喫茶ギャラリー
さろん淳平
喫茶店オーナー
宮澤 記代
P82
北大路
北大路通
下鴨中通
下鴨本通

鞍馬口 L

京都 おはりばこ
つまみ細工職人
北井 秀昌
P272
北大路通
地下鉄烏丸線
堀川通
藤原食品
藤原食品
藤原 和也
P120
鞍馬口通
鞍馬口
大宮通
烏丸通
吉靴房
履物作家
野島 孝介
P230
寺之内通

Special Thanks
（順不同・敬称略）

株式会社元気な事務所
　代表取締役社長 東郷一重
　山崎大佑、中山勇太朗、川上雅史、松下紗子、福井直哉、数田哲也

株式会社エフエム京都
　代表取締役社長 杉本雅士

eLLa 景山晶子

株式会社マーノ 平塚陽子

京都新聞企画事業株式会社
　京都新聞出版センター長 岡本俊昭
　大井美穂

立生株式会社
　代表取締役社長 佐藤靖之
　久保田晴菜

有限会社ともだち
　代表取締役 津川聖子
　寺尾泉、香月友子、渡邉ゆか、川﨑敬子

番組に出演いただいたゲストさまやご家族・ご関係者さま

谷口キヨコ

ラジオDJ・タレント ／ 京都産業大学現代社会学部客員教授

兵庫県出身、現在は京都市在住。大学卒業後、OL経験を経て、知人の紹介でDJ・タレントへ。仕事のハードスケジュールの中、向上心・探究心を常に持ち続け、2006年には韓国延世（ヨンセ）大学に１ケ月の語学留学。2010年には母校、京都産業大学大学院で国際法を専攻し修了。2018年３月、大谷大学大学院文学研究科哲学専攻を修了。2012年には「リリィ喜代口＆ホセ雅口」としてポニーキャニオンよりメジャーデビュー。演劇や歌、その他スポーツエンターテイメントの演出等も手掛け、幅広く活動中。

テレビ番組 TANIGUCHI 谷口流々 RYU-RYU

流流とは流派によるそれぞれのやり方。流儀。物事は種々様々であること。京都を中心に活躍する人々の仕事現場に谷口キヨコが潜入！今、京都で輝く人物の流儀！それぞれが歩んできた十人十色の人生哲学を紐解く番組です！番組の最後に谷口キヨコがゲストを表す言葉を披露します！

（KBS京都にて、土曜日９:30～９:45放送）

（書籍収録回　第１回:2018年10月６日～第52回:2019年９月28日）

谷口流々

発 行 日　2021年６月18日　初版発行

著　　者　谷口キヨコ

発 行 者　前畑知之

発 行 所　京都新聞出版センター
〒604-8578
京都市中京区烏丸通夷川上ル
TEL 075-241-6192　FAX 075-222-1956
http://www.kyoto-pd.co.jp/book/

装丁・デザイン　立生株式会社　久保田晴菜

印刷・製本　株式会社図書印刷 同朋舎

ISBN978-4-7638-0751-9 C0095